ERI 독해가
문해력이다

7단계 (심화)

중학 1 ~ 2학년 권장

KB190238

교과서를 혼자 읽지 못하는 우리 아이?
평생을 살아가는 힘, '문해력'을 키워 주세요!

'ERI 독해가 문해력이다'
독해 학습으로 문해력 키우기

1
학습 수준에 따라
체계적인 독해 학습이 가능합니다.

단순히 많은 글을 읽고 문제를 푸는 것만으로는 문해력이 늘지 않습니다.
쉬운 글부터 어려운 글까지, 글의 난이도에 따라 체계적인 단계 학습이 가능하도록 구성하였습니다.

2
특허받은 독해 능력 수치 산출 프로그램(특허 번호 제10-2309633)을 통해
과학적으로 구성하였습니다.

EBS가 전국 문해력 전문가, 이화여대 산학협력단과 공동 개발한 ERI(EBS Reading Index) 지수에 따라 과학적인 독해 학습이 가능합니다.

3
다양한 교과의 핵심 개념과 소재를 반영한
학년별 2권×4주 학습으로 풍부한 독해 훈련이 가능합니다.

독해의 3대 요소인 '낱말', '문장', '배경지식'의 수준을 고려하여 기본, 심화 단계로 구성하였습니다.
인문, 사회, 과학, 예술 영역 교과의 핵심 개념과 소재를 다룬, 다양한 글을 골고루 수록하였습니다.

4
관용 표현, 교과서 한자어까지 문제를 통해
어휘력의 깊이와 넓이를 동시에 키워 줍니다.

독해 능력의 40% 이상을 차지하는 어휘력은 독해 학습에 필수적입니다.
다양한 어휘 관련 문제로 어휘 학습까지 놓치지 않도록 하였습니다.

5
'한눈에 보는 읽기 방법'과 'STEAM 독해'로
문해력을 UP!

읽기 방법을 그림으로 표현한 '한눈에 보는 읽기 방법'으로 독해의 기본 원리를 확실히 잡을 수 있도록 하였습니다. 또한 지문 하나로 여러 과목을 동시에 학습하는 'STEAM 독해'를 통해 융합 사고력을 키우고, 문해력과 함께 문제 해결 능력을 쭈욱 올릴 수 있도록 하였습니다.

ERI 독해가
문해력이다

7단계 (심화)

중학 1 ~ 2학년 권장

우리 아이 독해 학습, 잘하고 있나요?

* 실제 학부모님들의 고민 사례

독해 교재 한 권을 다 풀고 다음 책을 학습하려 했더니 갑자기 확 어려워지는 독해 교재도 있어요. **차근차근 수준별 학습이 가능한 독해 교재 어디 없을까요?**

저희 아이는 여러 독해 교재를 꾸준히 학습하고 있어요. 짧은 글이라 쓱 보고 답은 쉽게 찾더라구요. **그런데, 진짜 문해력이 키워지는지는 잘 모르겠어요.**

어떤 독해 교재는 갑자기 어려워졌다가 쉬워졌다가 난이도가 가늠이 안 돼요. **그냥 풀고는 있는데 아이 수준에 맞는 교재인지는 모르겠어요.**

국어 독해, 이제 특허받은 ERI로 해결하세요!

EBS·전국 문해력 전문가·이화여대 산학협력단이 공동 개발한 과학적 독해 지수 'ERI 지수' 최초 적용! 진짜 수준별 독해 학습을 만나 보세요.

* ERI(EBS Reading Index) 지수는 글의 수준을 체계화한 수치로, 글의 난이도를 낱말, 문장, 배경지식 수준에 따라 산출하였습니다.

당신의 문해력
ERI 독해가
문해력이다

3단계 기본/심화
초등 3~4학년 권장

4단계 기본/심화
초등 4~5학년 권장

5단계 기본/심화
초등 5~6학년 권장

6단계 기본/심화
초등 6학년~
중학 1학년 권장

7단계 기본/심화
중학 1~2학년 권장

ERI 지수가 무엇인가요?

ERI(EBS Reading Index) 지수는
아이들이 읽는 글의 난이도를 단어, 문장, 배경지식에 따라 등급화하여 정량화하고, 독해 전문가들이 정성평가를 통해 최종 보정한 수치로서 EBS가 전국 문해력 전문가, 이화여대 산학협력단과 공동 개발하였습니다.

ERI 지수는 어떻게 산정되나요?

각 학년마다 꼭 알아야 하는 읽기 방법, 교과의 핵심 개념과 학습 요소들을 중심으로 체계적으로 지문을 구성합니다.
구성된 지문의 단어 수준과 문장의 복잡도, 배경지식이 학년 수준에 적합한지 여부를 계산합니다.
전문가들의 최종 정성평가와 보정을 거쳐 최종 지수와 적정 학년 수준과 단계가 산정됩니다.

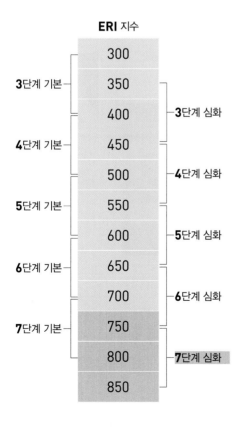

교재명	ERI 지수 범위	학년 수준
3단계 기본	300 이상~400 미만	초등 3~4학년
3단계 심화	350 이상~450 미만	
4단계 기본	400 이상~500 미만	초등 4~5학년
4단계 심화	450 이상~550 미만	
5단계 기본	500 이상~600 미만	초등 5~6학년
5단계 심화	550 이상~650 미만	
6단계 기본	600 이상~700 미만	초등 6학년 ~중학 1학년
6단계 심화	650 이상~750 미만	
7단계 기본	700 이상~800 미만	중학 1~2학년
7단계 심화	750 이상~850 미만	

이 책의 구성과 특징

회차별 지문을 미리 확인하고 공부 계획을 짤 수 있도록 했어요.

단어, 문장, 배경지식 각각의 수준이 학년 수준 내에서 어느 정도인지 막대그래프로 표현했어요.

막대그래프가 제일 높은 것을 어떻게 공부해야 할지 안내했어요.

이번 주 지문들의 수준이 어느 정도인지 한눈에 볼 수 있어요.

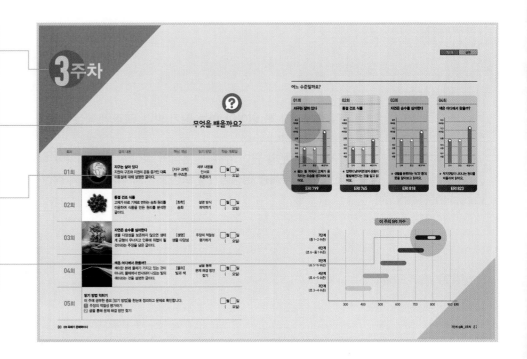

지문을 이해하는 데 도움을 주는 사진이나 그림을 넣었어요.

지문의 핵심 개념, 내용, 읽기 방법을 간단히 요약했어요.

지문의 핵심 개념을 미리 떠올리고 확인할 수 있도록 문제로 구성했어요.

간단한 문제로 핵심 읽기 방법을 확인할 수 있게 했어요.

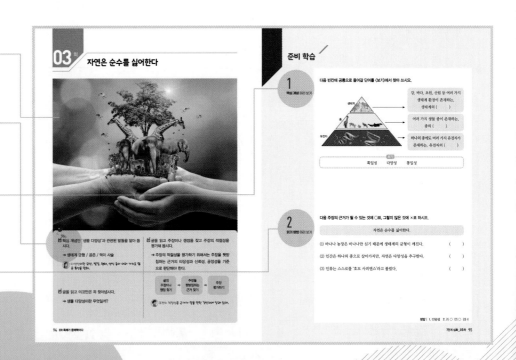

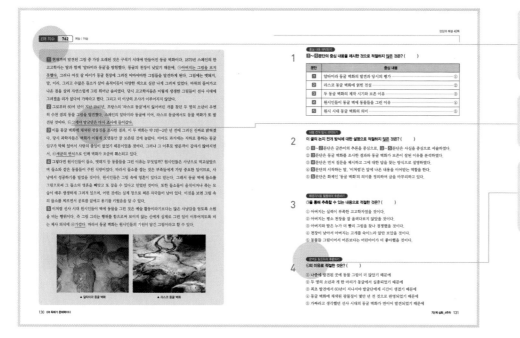

지문의 ERI 지수와 해당 영역, 교과를 표시하여 글의 난이도 수준과 교과서 학습 연계를 나타냈어요.

어려운 단어에는 노란 형광색 표시를 했어요.

다양한 읽기 방법을 적용한 문제들로 지문을 꼼꼼히 이해하고 사고력을 확장할 수 있게 했어요.

핵심 읽기 방법을 적용한 문제를 제시했어요.

지문의 노란 형광색으로 표시한 어려운 단어들을 공부하도록 했어요.

지문 내용과 관련된 속담, 관용어, 사자성어 등 관용 표현을 공부하도록 했어요.

지문과 관련된 한자어를 익히고 쓰는 연습을 하도록 했어요.

한 주를 정리하며 그동안 배웠던 핵심 읽기 방법 두 개를 심화하여 공부할 수 있도록 했어요.

읽기 방법과 관련된 개념과 과정을 간단히 요약하여 정리했어요.

읽기 방법을 적용한 문제로 문해력을 향상시킬 수 있도록 구성했어요.

사회, 과학, 수학, 미술, 음악 등 다양한 교과의 내용을 융합한 지문과 문제들로 지식과 사고력을 확장할 수 있게 했어요.

쓰기, 그리기, 표시하기 등 다양한 유형의 문제를 제시하여 학교 수업과 연관될 수 있도록 구성했어요.

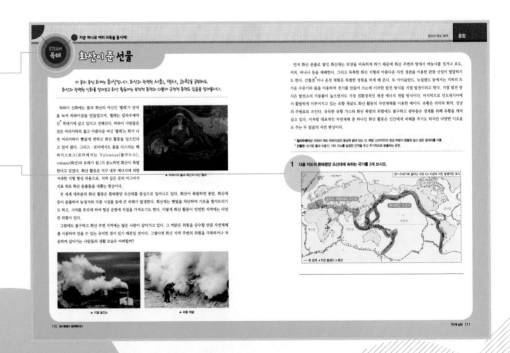

이 책의 차례

자료를 참고하며 읽기

★ 글을 더 잘 이해하기 위해 다른 여러 자료를 참고할 수 있습니다.

화제에 대한 관점 비교·평가하기

★ 동일한 화제를 바라보는 다양한 관점이 존재합니다.

의도나 관점 추론하기

★ 글쓴이는 때때로 자신의 의도나 관점을 숨겨 놓습니다.

생략된 내용 추론하기

★ 글의 생략된 부분은 추론하며 읽어야 합니다.

주장의 적절성 평가하기

★ 글쓴이가 하고자 하는 주장이 무엇인지, 그것이 적절한지 잘 평가하며 읽어야 합니다.

글을 통해 문제 해결 방안 찾기

★ 글을 읽다 보면, 나의 고민과 문제를 해결할 수도 있습니다.

비유적·함축적 표현의 의미 파악하기

★ 비유적 · 함축적 표현은 글을 좀 더 생동감 있게 만들어 줍니다.

함축적 표현

비유적 표현

논증의 타당성 평가하기

★ 글을 읽을 때에는 주장이 타당한지, 그 근거가 적절한지를 끊임없이 판단해야 합니다.

1주차

무엇을 배울까요?

회차		글의 내용	핵심 개념	읽기 방법	학습 계획일
01회		**사대문에 숨겨진 비밀** 조선 왕조의 유교 정치 이념이 도성 한양의 사대문에 구현되어 있음을 설명한 글이다.	[역사] 조선의 정치와 유교 이념	자료를 참고하며 읽기	☐월 ☐일 (요일)
02회		**격대 교육의 가치** 우리 조상들의 전통적 교육 방식이 드러나 있는 격대 교육의 방법과 가치를 설명한 글이다.	[역사] 우리나라의 전통적 교육 방식	논지 전개 방식 파악하기	☐월 ☐일 (요일)
03회		**로봇을 받아들일 준비가 되어 있는가?** 인공 지능 로봇이 인간과 공존할 수 있는가를 화제로 하여 과학과 윤리의 문제를 제기하고 있는 글이다.	[도덕] 과학과 윤리	맥락을 활용하여 관점 추론하기	☐월 ☐일 (요일)
04회		**정의로운 전쟁은 가능할까?** 정의로운 전쟁의 요건을 제시하고 있는 학자의 입장을 소개하고 정의로운 전쟁이 존재하는가에 대한 문제를 제기한 글이다.	[도덕] 국가와 사회 정의	화제에 대한 관점 비교 · 평가하기	☐월 ☐일 (요일)
05회		**읽기 방법 익히기** 이 주에 공부한 중요 [읽기 방법]을 한눈에 정리하고 문제로 확인합니다. 1 자료를 참고하며 읽기 2 화제에 대한 관점 비교 · 평가하기			☐월 ☐일 (요일)

어느 수준일까요?

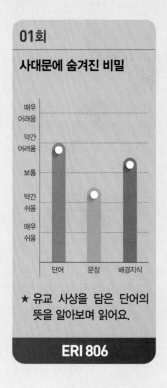

01회

사대문에 숨겨진 비밀

★ 유교 사상을 담은 단어의 뜻을 알아보며 읽어요.

ERI 806

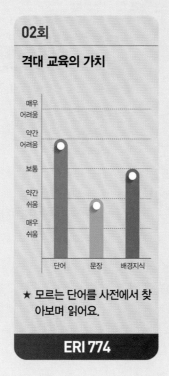

02회

격대 교육의 가치

★ 모르는 단어를 사전에서 찾아보며 읽어요.

ERI 774

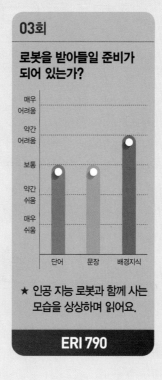

03회

로봇을 받아들일 준비가 되어 있는가?

★ 인공 지능 로봇과 함께 사는 모습을 상상하며 읽어요.

ERI 790

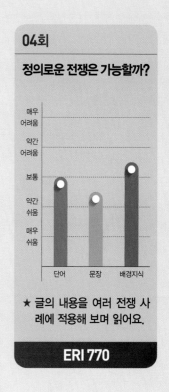

04회

정의로운 전쟁은 가능할까?

★ 글의 내용을 여러 전쟁 사례에 적용해 보며 읽어요.

ERI 770

이 주의 ERI 지수

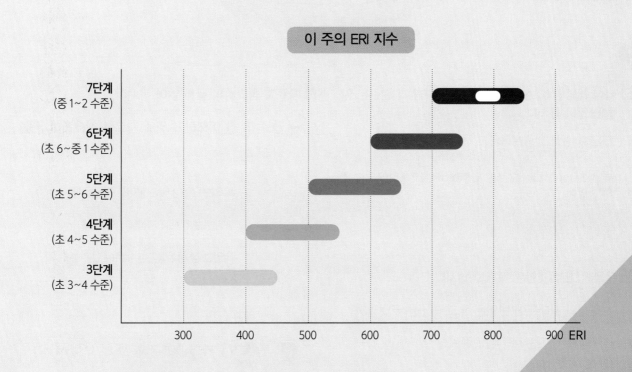

01 _회 사대문에 숨겨진 비밀

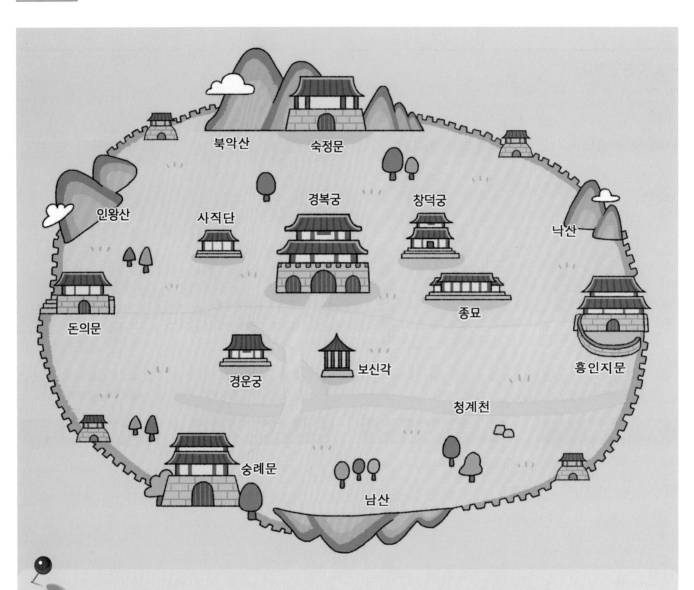

북악산　숙정문

인왕산　사직단　경복궁　창덕궁　낙산

돈의문　종묘

경운궁　보신각　흥인지문

숭례문　청계천

남산

☑ 핵심 개념인 '조선의 정치와 유교 이념'과 관련된 말들을 알아 둡시다.

→ 민본 사상 / 왕도 정치

😊 조선의 정치는 유교 이념을 통치 기반으로 삼았음을 알 수 있어.

☑ 글을 읽고 이것만은 꼭 찾아냅시다.

→ 조선의 사대문에 반영된 유교 이념은 무엇일까?

☑ 자료를 참고하며 글을 읽어 봅시다.

→ 글을 더 잘 이해하기 위해 자료를 참고하며 글을 읽는다.

> 모르는 단어나 낯선 용어를 만났을 때

> 새로운 정보나 지식을 접했을 때

> 더 알고 싶거나 궁금한 부분이 있을 때

↓

> 자료를 참고하며 읽기

😊 자료를 찾을 때에는 통계 자료, 인터넷 사전 등을 활용할 수 있어.

준비 학습

1
핵심 개념 미리 보기

다음 조선의 정치 이념에 대한 설명에 해당하는 단어를 〈보기〉에서 찾아 쓰시오.

<보기>
민본 사상   왕도 정치

(1) 무력이나 힘이 아닌 인과 덕으로써 정치를 하는 것. 맹자의 핵심 사상이다. 힘으로 강제적으로 다스리는 패도 정치와 반대되는 말이다.

(2) 백성을 나라의 근본으로 삼아야 한다고 보는 사상. 백성들의 마음인 민심을 살피는 것이 국가를 다스리는 데 가장 중요한 것으로 본다.

2
읽기 방법 미리 보기

다음과 관계있는 자료 찾기 방법을 〈보기〉에서 찾아 기호를 쓰시오.

<보기>
㉠ 사전 찾아보기   ㉡ 도서관에서 자료 찾기   ㉢ 인터넷 검색하기

(1) 검색창에 검색어를 입력하여 다양한 사전, 신문, 전자책, 동영상 등을 통해 필요한 정보를 손쉽게 찾을 수 있음.

(2) 국어사전, 백과사전, 분야별 전문 사전 등을 통해 모르는 단어의 뜻이나 예, 낯선 용어의 개념 등을 정확히 알 수 있음.

(3) 학교 도서관이나 지역 도서관 누리집에서 찾고자 하는 자료의 핵심 단어를 입력하여 검색한 뒤, 책의 제목이나 차례 등을 통해서 자신에게 필요한 자료를 가려내 서가에서 찾음.

정답 | 1. (1) 왕도 정치 (2) 민본 사상 2. (1) ㉢ (2) ㉠ (3) ㉡

가 조선의 국가 통치 이념은 유교에 따른 민본 사상이었다. 민본 사상이란 백성을 나라의 근본으로 생각한다는 것이다. 이는 '민심은 천심'이라는 말 속에 잘 담겨 있다. 민본 사상과 관련된 정치사상이 바로 왕도 정치이다. 이는 왕이 인(仁)과 덕(德)을 바탕으로 백성을 다스려야 한다는 정치사상이다. 이러한 유교적 정치 이념은 조선의 도성인 한양에도 잘 반영되어 있다.

나 한양은 한반도의 중앙에 위치하고, 한강이 흘러 교통이 편리하다. 또한 주변이 산으로 둘러싸여 있으며, 외부의 적을 막는 데 유리하였다. 전체적으로 '산을 등지고 앞에는 물이 흐르는' 땅의 모양새를 갖추었다. 여기에는 이러한 지형을 중요하게 여겼던 당시의 이념과 사상이 반영되어 있기도 하다.

다 조선은 왕조의 틀을 만들면서 한양의 주요 건축물에도 유교의 통치 이념을 반영하였다. 이에 따라 유교 이념을 강조한 건축물 명칭을 사용하고, 건축물의 위치를 정하였다. 이는 경복궁을 중심으로 양옆에 건설된 종묘와 사직단을 통해 확인할 수 있다. 특히 경복궁을 호위하고 있는 한양의 사대문은 유교 정신을 잘 반영하고 있다.

라 한양에는 성곽으로 둘러싸인 경복궁과 동, 서, 남, 북으로 총 네 개의 큰 문이 있다. 이들의 이름은 각각 흥인지문, 돈의문, 숭례문, 숙정문이다.(후에 숙정문의 역할을 새로 만든 홍지문이 대신하게 된다.) 이 네 문의 이름은 모두 유교의 가르침에서 가져온 것이다. 즉 유교에서 사람이 마땅히 지켜야 할 도리라고 여긴 인의예지신(仁義禮智信)을 구체화한 것이다. 동쪽 문인 흥인지문은 어짊[仁], 서쪽 문인 돈의문은 의로움[義], 남쪽 문인 숭례문은 예의[禮], 북쪽 문인 숙정문은 지혜로움[智]을 뜻한다. 그리고 중앙에 시간을 알려 주는 종을 보관하는 보신각을 세웠는데 이는 믿음[信]을 뜻한다.

마 그런데 이와 같은 조선의 통치 이념을 담은 오래된 건축물들이 일제 강점기에 철거되거나 철거의 위기를 맞기도 하였다. 특히 돈의문은 교통에 방해가 된다는 이유로 일본에 의해 철거되었다. 전차가 다니는 데 방해가 되는 그런 낡아 빠진 문은 대포를 쏘아 부숴 버려야 한다는 것이었다. 당시 일본 군인들의 이러한 주장에 숭례문과 흥인지문도 위기에 처하였다. 그러나 정말 다행스럽게도 숭례문과 흥인지문은 철거의 위기를 넘겼다. 임진왜란 때 왜군들이 부산에 상륙한 지 20일 만에 숭례문과 흥인지문을 통하여 한

▲ 숭례문 정면

양에 들어왔다는 사실 때문이었다. 즉 이 두 문은 일본의 승리를 기념하는 역사적 가치가 있다는 것이다. 당시 일본인 신문사 사장의 이러한 주장으로 숭례문과 흥인지문은 철거를 면하게 되었다. 다행이라고만 보기에는 ㉠가슴 아픈 역사의 아이러니가 아닐 수 없다.

세부 내용 파악하기

1 이 글의 내용으로 적절한 것은? (   )

① 돈의문은 일제 강점기에 철거될 위기를 면했다.

② 숭례문과 흥인지문은 임진왜란 당시 파괴되었다.

③ 사대문은 흥인지문, 돈의문, 숭례문, 보신각으로 이루어져 있다.

④ 임진왜란 당시 왜군들이 사대문 중 일부 문을 통해 한양에 들어왔다.

⑤ 사대문은 한양의 사방에 세워진 문들과 중앙의 보신각을 가리키는 말이다.

중심 내용 파악하기

2 가~마의 중심 내용으로 적절하지 <u>않은</u> 것은? (   )

① 가: 조선의 국가 통치 이념

② 나: 한양의 지리적 특성

③ 다: 유교 이념을 반영한 종묘와 사직단

④ 라: 유교의 주요 가르침을 반영한 사대문의 명칭

⑤ 마: 사대문의 역사적 운명과 아이러니

글쓴이의 태도 파악하기

3 마에 드러난 글쓴이의 태도에 대한 설명으로 가장 적절한 것은? (   )

① 시적 표현을 사용하여 일제 강점기 돈의문의 운명을 강조하고 있다.

② 사건들을 비교·대조하여 설명하며 중립적인 태도를 유지하고 있다.

③ 숭례문과 흥인지문의 운명에 대해 일제가 내린 결정을 지지하고 있다.

④ 조선의 통치 이념이 담긴 사대문이 일제 강점기에 겪은 시련에 대해 안타까워하고 있다.

⑤ 역사적 사실을 제시하며 예방할 수 있었던 일을 막지 못한 데 대한 아쉬움을 드러내고 있다.

세부 내용 파악하기

4 이 글을 읽고 유교 이념과 관련된 한양의 건축물을 다음과 같이 정리할 때, ⓐ~ⓓ에 알맞은 내용을 쓰시오.

덕목	인	(ⓑ)	예	지	신
뜻	어질다	의롭다	예의 바르다	지혜롭다	믿음직스럽다
방위	동	서	남	북	(ⓓ)
명칭	(ⓐ)	돈의문	(ⓒ)	숙정문	보신각

표현의 의미 추론하기

5 다음에 제시된 '아이러니'의 뜻을 참고할 때, ㉠과 같이 표현한 글쓴이의 의도를 추론한 내용으로 적절한 것은? ( )

아이러니(irony) [명사]

「1」 표현의 효과를 높이기 위하여 실제와 반대되는 뜻의 말을 하는 것. 못난 사람을 보고 '잘났어.' 라고 하는 것. =반어(反語).

「2」 예상 밖의 결과가 빚은 모순이나 부조화.

---

① '아이러니'를 「1」의 뜻으로 사용하여 일본인 신문사 사장을 비판하고 있어.

② '아이러니'를 「1」의 뜻으로 사용하여 숭례문과 흥인지문이 철거된 아쉬움을 표현하고 있어.

③ '아이러니'를 「2」의 뜻으로 사용하여 돈의문이 철거되지 않은 것에 대한 느낌을 표현하고 있어.

④ '아이러니'를 「2」의 뜻으로 사용하여 일제 강점기에 사대문의 일부가 철거를 면한 사실을 표현하고 있어.

⑤ '아이러니'를 「2」의 뜻으로 사용하여 임진왜란 때 왜군이 한양에 들어온 것을 기념한 것에 분노하고 있어.

자료를 참고하며 읽기

6 〈보기〉의 자료는 '돈의문'에 대해 더 알아보기 위해 인터넷에서 찾은 내용이다. 〈보기〉를 통해 돈의문에 대해 추가적으로 알 수 있는 내용으로 적절하지 않은 것은? ( )

보기

▲ 옛 한양의 돈의문 전경

돈의문은 서울 성곽의 사대문(四大門) 가운데 서쪽에 있었던 큰 문으로 일명 '서대문(西大門)'이라고도 한다. 일제 강점기인 1915년에 일제의 도시 계획에 따른 도로 확장을 핑계로 철거되어 지금은 그 흔적조차 찾을 길이 없다. 다만 원래 자리는 경희궁 터에서 독립문 쪽으로 넘어가는 고갯길쯤이었을 것으로 짐작된다. 1890년대 말쯤에 찍은 사진을 통해 대략적인 모습을 알 수 있는데, 견고하게 쌓은 돌축대 한가운데에 위쪽을 반원형으로 만든 출입구를 큼지막하게 내어 도성의 출입을 가능하게 하였다. 그리고 양옆 둘레에 낮은 담을 설치하였다.

– 한국민족문화대백과사전

① 돈의문의 출입구 모양

② 돈의문의 대략적인 구조

③ 돈의문의 건축 과정과 철거 과정

④ 한양의 사대문 중 하나인 돈의문의 역사

⑤ 돈의문의 대략적인 위치와 돈의문의 흔적

어휘 익히기

1 ─── 단어 뜻 알기

다음 빈칸에 들어갈 알맞은 단어를 〈보기〉에서 찾아 쓰시오.

보기

| 이념 | 명칭 | 호위 | 철거 |

1. 조선 총독부 건물이 마침내 (　　　　　)되었다.

　뜻 | 건물이나 시설 같은 것을 허물어서 없애거나 치우는 것.

2. (　　　　　)의 대립은 심각한 갈등을 초래할 수 있다.

　뜻 | 어떤 일의 밑바탕을 이루는 생각. 또는 가장 좋다고 여겨지는 생각.

3. 왕은 신하들의 (　　　　　)을/를 받으며 화려하게 행차했다.

　뜻 | 중요한 사람을 곁에서 따라다니며 보호하는 것.

4. 우리 시는 새롭게 복원될 역의 (　　　　　)을/를 공모했다.

　뜻 | 사물에 붙인 이름.

2 ─── 관용 표현 알기

다음 빈칸에 알맞은 말을 쓰시오.

"바람 앞의 ☐☐"

　전차가 다니는 데 방해가 되는 그런 낡아 빠진 문은 대포를 쏘아 부쉬 버려야 한다는 일본 군인들의 주장에 숭례문과 흥인지문도 철거의 위기에 처했다. 이 속담은 이처럼 매우 위태로운 처지에 놓여 있음을 비유적으로 이르는 말이다.

3 ─── 한자어 익히기

다음 한자어를 소리 내어 읽고 빈칸에 따라 쓰시오.

政	治
정사 **정**	다스릴 **치**

정치(政治): 나라를 다스리는 일. 국가의 권력을 획득하고 유지하며 행사하는 활동.
- 정치 체제는 역사에 따라 변하기도 한다.
- 청소년들의 정치 활동이 활발해지고 있다.
- 그러한 시도는 새로운 정치의 본보기가 되었다.

政	治						
정사 **정**	다스릴 **치**						

격대 교육의 가치

☑ 핵심 개념인 '우리나라의 전통적 교육 방식'과 관련된 말들을 알아 둡시다.

→ 가정 교육 / 손주 양육 / 무릎 학교

🙂 전통적이란 예로부터 이어져 내려오는 것을 뜻해.

☑ 글을 읽고 이것만은 꼭 찾아냅시다.

→ 격대 교육이란 무엇이며, 어떤 장점이 있을까?

☑ 글의 논지 전개 방식을 정리해 봅시다.

→ 글쓴이는 자신의 논지를 구체화하여 효율적으로 전달하기 위해 다양한 방법을 사용한다.

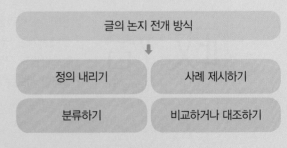

글의 논지 전개 방식

정의 내리기	사례 제시하기
분류하기	비교하거나 대조하기

🙂 논지란 글쓴이가 글을 통해 주장하거나 설명하고자 하는 핵심적인 내용이야.

준비 학습

1
핵심 개념 미리 보기

다음 단어의 조합을 보고, (1)~(2)의 의미와 관련된 뜻을 찾아 연결하시오.

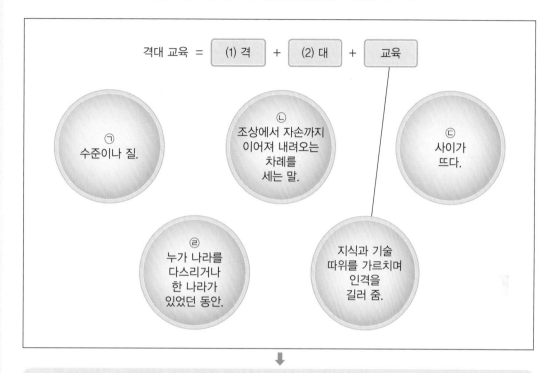

격대 교육 = (1) 격 + (2) 대 + 교육

㉠ 수준이나 질.

㉡ 조상에서 자손까지 이어져 내려오는 차례를 세는 말.

㉢ 사이가 뜨다.

㉣ 누가 나라를 다스리거나 한 나라가 있었던 동안.

지식과 기술 따위를 가르치며 인격을 길러 줌.

⬇

아버지나 어머니가 자식을 교육하는 것이 아니라 할아버지나 할머니가 대신 교육하는 전통적인 교육 방식을 '한 세대를 건너뛰어서 가르친다.'라는 의미에서 격대 교육이라고 한다.

2
읽기 방법 미리 보기

다음 글에 쓰인 설명 방법을 찾아 바르게 연결하시오.

(1) 조선 시대에 여성들은 주로 집의 안채에서, 남성들은 주로 대문 옆에 위치한 사랑채에서 생활하였다.

㉠ 인과: 어떤 일의 원인과 결과를 중심으로 설명하는 방법

(2) 조선 시대의 대표적인 유학자로는 퇴계 이황, 율곡 이이 등을 들 수 있다.

㉡ 비교·대조: 어떤 대상들 간의 공통점과 차이점을 중심으로 설명하는 방법

(3) 임진왜란과 병자호란은 조선에 인구 감소와 문화재 손실은 물론 신분 제도가 무너져 가는 결과를 가져왔다.

㉢ 예시: 대표적인 예를 들어 설명하는 방법

정답 | 1. (1) – ㉢ (2) – ㉡ 2. (1) – ㉡ (2) – ㉢ (3) – ㉠

　　전통적으로 우리나라에서는 어린아이들의 교육을 그 조부모가 맡아서 한 경우가 많았다. 이처럼 자식을 부모가 직접 교육하지 않고 한 세대 위인 할아버지, 할머니가 교육하는 것을 '격대 교육'이라고 불렀다. 아버지, 어머니가 자녀 교육을 하지 않고 조부모가 맡게 된 이유는 무엇일까? 자녀가 많았던 옛날에는 1~2년 차이로 아이를 출산하는 경우가 많았다. 엄마들은 새로 태어난 갓난아기들을 돌보아야 한다. 그래서 먼저 태어나서 그사이 젖을 뗀 아이들은 엄마 품을 떠나 따로 보살핌을 받아야 했다.

　　이때 젖을 뗀 아이들은 안쪽에 있는 집인 안채에서 할머니와 함께 생활했다. 할머니는 손주들을 보살피면서 일상의 기본 습관 등을 가르쳤다. 배변 훈련부터 옷 입기, 밥 먹기, 언어 습관을 비롯해 각종 놀이와 노래를 가르쳤다. 오늘날로 치면 안채는 일종의 어린이집이나 유치원이었다. 이 시기에 대부분의 교육이 할머니의 무릎 위에서 이루어진다. 그래서 이를 오늘날 ㉠'무릎 학교'라고 부르기도 한다.

　　예닐곱 살 즈음 철이 들기 시작하면 성별에 따라 머무는 공간이 달라지기도 했다. 조선 시대 전통적인 집은 남녀의 생활 공간이 대체로 구분되어 있었기 때문이다. 여자아이는 주로 안채에 그대로 남아 있었다. 반면에 남자아이는 사랑채에서 할아버지와 함께 생활하기도 했다. 아이들은 글을 배우는 것뿐 아니라, 아침저녁 문안 인사 올리는 법 등 생활에 필요한 예의범절을 익혀 나갔다. 이를 통해 윗사람에 대한 도리를 자연스럽게 배우고 터득해 나갔다.

　　(　　　㉡　　　) 조부모들은 자신의 자녀들이 성장하여 부모가 되기까지 한 세대를 길러 본 경험이 있다. 그러한 경험 속에서 깨달은 지혜와 비법도 가지고 있다. 그들은 새로운 지식과 기술은 부족했을 것이다. 그렇지만 풍부한 인생 경험을 바탕으로 사람의 마음과 정서를 읽고 다루는 법을 잘 알았다. 또한 그들은 부모들에 비해 아이 교육에 대한 욕심과 조바심이 덜하다. 한창 성장기에 있는 어린아이들을 기르는 것은 쉽지 않다. 이때 조부모들은 다그치기보다는 인내심 있게 타이르고 감싸 줄 수 있는 것이다.

　　조선 중기의 선비 이문건이 쓴 『양아록』이라는 책이 있다. 여기에는 '마땅히 천천히 자세히 타일러 주어야 한다. 조급하게 윽박지른다고 무슨 이익 있으랴.'라는 내용이 있다. 손주들을 교육하는 조부모들의 이해심이 잘 드러나 있는 것이다.

　　16세기 조선의 훌륭한 학자였던 퇴계 이황도 격대 교육에서 빼놓을 수 없는 인물이다. 퇴계는 300여 명이 넘는 제자들을 길러 내고 140번이 넘게 공직에 부름을 받았던 조선의 큰 학자였다. 그러나 그 바쁜 가운데도 자신의 손주들은 물론 친척들의 아이들까지도 꼼꼼히 챙겼다. 특히 그는 편지를 많이 썼다. 손자 안도에게만도 125통에 이르는 편지를 썼다. 퇴계는 손자 안도가 글을 읽기 시작하면서부터 수없이 많은 편지를 주고받았다. 이는 퇴계가 70세가 되어 세상을 떠날 때까지 계속되었다. 퇴계는 손자에게 고칠 것이 있을 때마다 편지로 찬찬히 바로잡아 주는 큰 스승이었다. 편지를 이용한 퇴계만의 격대 교육법이었던 셈이다.

1

핵심 개념 파악하기

이 글에서 말하는 '격대 교육'에 대한 설명으로 가장 적절한 것은? (　　　)

① 부모가 직접 그 자식들을 교육하는 것이다.

② 자녀의 수가 적고 귀했던 과거의 교육 방법이다.

③ 할아버지가 손자들을 대상으로 한문 교육을 주로 했다.

④ 할머니가 손녀들에게 주로 각종 놀이와 노래만을 가르쳤다.

⑤ 어린아이들의 교육을 그 부모가 아닌 조부모들이 담당하는 것이다.

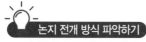

논지 전개 방식 파악하기

2

이 글의 내용 전개 방식에 대한 설명으로 적절하지 않은 것은? (　　　)

① 격대 교육이 이루어진 이유에 대해 설명하고 있다.

② 격대 교육과 관련된 생활 공간의 차이를 설명하고 있다.

③ 격대 교육이라는 용어를 정의의 방법으로 설명하고 있다.

④ 격대 교육의 과정을 연도별로 시간적 순서에 따라 나열하고 있다.

⑤ 격대 교육의 대표적인 사례를 제시하여 독자의 이해를 돕고 있다.

문맥을 활용하여 추론하기

3

㉠에 대한 반응으로 적절하지 않은 것은? (　　　)

① 가족적인 분위기에서 가정 교육이 이루어질 수 있었겠어.

② 인간적인 접촉을 기반으로 이루어지는 교육임을 짐작할 수 있어.

③ 유치원이 없던 시절에 어린이 교육이 어떻게 이루어졌는지 짐작할 수 있어.

④ '무릎'이라는 단어에서 알 수 있듯이 주로 유아의 걸음마 교육이 중심이었을 거야.

⑤ 아동의 성장 과정에서 일상생활에 적응하는 데 필요한 것들도 중요하게 여기고 교육했음을 알 수 있어.

생략된 내용 추론하기

4 이 글의 연결 관계를 고려할 때 ⓛ에 들어갈 문장으로 가장 적절한 것은? (　　　)

① 격대 교육은 여러 가지 문제점이 많았다.

② 격대 교육은 그것만이 지닌 장점이 있었다.

③ 격대 교육은 모두에게 불편한 과거의 인습이었다.

④ 격대 교육은 유교적 전통을 강화하기 위한 것이었다.

⑤ 격대 교육은 아이들을 엄격하게 교육하기 위한 제도였다.

내용 추론하기

5 이 글을 통해 알 수 있는 조선 시대 문화에 대한 설명으로 적절한 것은? (　　　)

① 노동력이 약화된 노인들이 원치 않는 손주 교육을 담당했음을 알 수 있다.

② 안채와 사랑채의 구분이 있는 것을 통해 남녀유별의 유교 윤리를 따랐음을 알 수 있다.

③ 격대 교육을 통해서 3대 이상이 모여 사는 대가족 제도가 붕괴하게 된 이유를 알 수 있다.

④ 6~7세 이상의 어린아이들은 성인들과는 달리 성별에 따른 구분이 전혀 없었음을 알 수 있다.

⑤ 퇴계의 예를 통해서 격대 교육은 일반적으로 글공부가 완성된 이후에 이루어졌음을 알 수 있다.

주장의 적절성 평가하기

6 '격대 교육'에 대해 토론한 내용으로 가장 적절한 것은? (　　　)

① 일상의 기본 습관에 대한 교육도 중시했다는 측면에서 보면 오늘날의 유치원 교육과는 크게 달랐던 것 같아.

② 남아와 여아를 구분하여 교육했다는 점은 현대적 관점에서 보면 남녀 차별 교육의 문제점을 가지고 있다고 볼 수도 있어.

③ 조부모들은 아동의 부모들과 달리 자녀 교육에서 시행착오를 경험하지 않았다는 점이 격대 교육의 가장 큰 장점인 것 같아.

④ 안채와 사랑채가 각각 교육의 장소와 놀이의 장소로 엄격히 구분되었다는 점에서 교육이 매우 체계적으로 이루어졌음을 알 수 있어.

⑤ 또래의 친구들과 함께 지내는 시간을 통해서 사회성이 더 발달할 수 있다는 측면에서 보면 격대 교육은 매우 이상적인 교육 방식이야.

어휘 익히기

1 ── **단어 뜻 알기**

다음 빈칸에 들어갈 알맞은 단어를 〈보기〉에서 찾아 쓰시오.

> 보기
>
> 배변   문안   조바심   공직

1. 나는 약속 시간에 늦을까 봐 (   )으로 마음을 떨었다.

   뜻 | 조마조마하여 마음을 졸이는 것. 또는 그러한 마음.

2. 우리 조상들은 아침저녁으로 집안 어른들께 (   ) 인사를 드렸다.

   뜻 | 웃어른이 잘 지내는지 여쭙는 것. 또는 그런 인사.

3. 국가의 (   )을 맡은 사람은 청렴하고 성실해야 한다.

   뜻 | 나라나 공공 단체의 일을 맡아보는 자리.

4. 아이들에게 적절한 (   ) 훈련 시기는 보통 생후 27~36개월 사이이다.

   뜻 | 대변을 몸 밖으로 내보냄.

2 ── **관용 표현 알기**

다음 빈칸에 알맞은 말을 쓰시오.

> "황금 천 냥이 자식 ☐☐만 못하다"
>
> 우리나라는 예부터 자식 교육에 큰 가치를 두었다. 이러한 전통은 오늘날까지도 이어진다. 이 속담은 자식들에게 돈이나 재산을 모아 줄 생각 말고 자식 교육을 잘 시키라는 의미를 담고 있다. 이는 우리 선조들의 자식 교육에 대한 관심과 가치관을 잘 보여 준다.

3 ── **한자어 익히기**

다음 한자어를 소리 내어 읽고 빈칸에 따라 쓰시오.

世	代
대 세	시대 대

세대(世代): 같은 시대를 살아가는 사람들을 비슷한 나이와 생각에 따라 나눈 것. 또는 그런 사람들.

• 한국 사회의 세대 갈등이 깊어지고 있다.
• 미래 세대를 위해 자원을 보존해야 한다.
• 할머니와 이야기하다 보면 세대 차이가 느껴진다.

世	代						
대 세	시대 대						

로봇을 받아들일 준비가 되어 있는가?

 핵심 개념인 '과학과 윤리'와 관련된 말들을 알아 둡시다.

→ 인공 생명 / 인간의 존엄성 / 인권

윤리란 사람으로서 마땅히 따르고 지켜야 하는 도리를 말해.

글을 읽고 이것만은 꼭 찾아냅시다.

→ 아이작 애시모브의 '로봇 공학 3원칙'은 무엇일까?

글을 읽고 배경지식과 맥락을 활용하여 관점을 추론해 봅시다.

→ 글쓴이의 관점을 추론하기 위해 내용상의 맥락을 살피거나 화제에 대해 내가 알고 있는 것이나 경험했던 것들을 떠올려 보고 활용한다.

글의 맥락 살피기 + 배경지식 떠올리기 → 글쓴이의 관점 추론하기

관점이란 어떤 것을 보는 태도나 방법을 말해.

준비 학습

다음 빈칸에 들어갈 알맞은 단어를 〈보기〉에서 찾아 쓰시오.

> **보기**
>
> 인공 지능   로봇 공학

(1) (   )은 로봇에 관한 과학과 기술학을 총칭하는 말이다. 로봇을 만들기 위해 로봇 공학자들은 이를 바탕으로 로봇을 설계하고 제조하며, 로봇 내부에 들어가는 소프트웨어 프로그램을 구성한다.

(2) (   )은 인간의 학습 능력과 지각 능력 등을 컴퓨터 프로그램에 인공적으로 구현한 시스템을 말한다. 세계 최고의 바둑 기사인 이세돌 9단과 구글 딥마인드의 인공 지능(AI) 프로그램 알파고가 2016년에 벌인 바둑 대국에서 알파고가 인간에게 4대 1로 승리함으로써 전 세계에 충격을 안겨 주었다.

다음 글을 읽고 물음에 답하시오.

과학의 발달에 따라 로봇이나 기계가 인간의 일자리를 빼앗게 될 것이라고 생각하는 사람들이 있다. 주문받는 일이나 결제를 대신해 주거나 각종 정보를 제공해 주는 무인 단말기, 일명 키오스크(kiosk)가 인간의 일을 기계가 하는 대표적인 예이다. 과연 미래 사회에는 인간의 노동이 모두 기계로 대체될 것인가? 산업 혁명 시기에도 기계의 등장으로 많은 공장 노동자가 일자리를 잃게 되었지만, 인간만이 종사할 수 있는 새로운 직업들이 많이 생겨났다. 그러므로 미래 사회에도 (㉠   )

(1) 글쓴이의 관점에서 ㉠에 들어갈 알맞은 내용을 한 문장으로 쓰시오.

(2) (1)에서의 답변과 같이 생각한 근거가 되는 문장의 처음과 끝의 두 어절씩을 쓰시오.

정답 | 1. (1) 로봇 공학 (2) 인공 지능
2. (1) 예 인간만이 종사할 수 있는 새로운 직업들이 많이 생겨날 것이다. (2) 산업 혁명, 많이 생겨났다.

피노키오 이야기는 어린 시절에 누구나 한 번쯤 들어 보았을 것이다. 가족이 없는 제페토 할아버지는 친구 한테서 말하는 나무토막을 얻게 된다. 이것으로 인형을 만들어 '피노키오'라고 부른다. 살아 움직이는 피노키오는 제페토 할아버지의 기대에 따르지 못한다. 자기 마음대로 학교를 빠지고 거짓말을 하는 등 온갖 사고를 친다. 이야기의 끝부분에서 피노키오는 상어에게 먹힌 할아버지를 구한다. 그리고 착한 아이가 된 후에 요정의 도움으로 진짜 아이로 변한다. 피노키오 이야기는 이와 같이 도덕적 교훈을 담고 있는 동화로 알려져 있다. 그렇지만 다른 한편으로는 인공 지능과 로봇 공학의 미래를 생각해 보게 한다.

미국의 엠아이티(MIT) 인공 지능 연구소장이었던 브룩스 교수의 얘기를 들어 보자. 그는 로봇 공학이 본질적으로 인간을 닮은 로봇을 만드는 것이라고 강조한다. 다시 말해 로봇 진화의 목표는 '인간 되기'라는 것이다. 이는 로봇 공학과 떼려야 뗄 수 없는 것이 바로 인간에 대해 연구하는 것임을 말해 준다. 미래에 마치 인간처럼 사고하고 행동하는 인공 지능 로봇이 등장한다면, 인간과 로봇을 구별하기란 쉽지 않을 것이다. 그렇게 되면 '인간이란 무엇인가'에 대한 본질적인 질문을 다시 해야만 한다. 또한 로봇의 위상과 권리를 어느 만큼 인정해야 할 것인가? 피노키오 이야기는 행복한 결말로 끝난다. 하지만 우리의 실제 미래에서도 그럴까. 우리 후손과 함께 살아갈지도 모를 로봇들이 모두 '착한 로봇'일까?

아이작 애시모브는 '로봇 공학 3원칙'을 만들었다. '로봇 공학 3원칙'은 먼저 인간을 보호하고 로봇을 통제하기 위한 조건들을 정하고 있다. 이것은 로봇을 이기적이지 않게 만들 수 있다는 입장을 전제로 하고 있다. "제1 원칙, 로봇은 인간에게 해를 끼쳐서는 안 되며, 인간이 해를 입는 것을 방관해서도 안 된다. 제2 원칙, 제1 원칙을 어기지 않는 한, 로봇은 반드시 인간의 명령에 복종해야 한다. 제3 원칙, 앞의 두 원칙을 어기지 않는 범위에서 로봇은 자기 자신을 보호해야 한다."

이 원칙들은 논리적으로 서로 철저하게 연계된 것처럼 보인다. 그렇지만 분명하지 않은 점들이 있다. '해를 끼친다'는 것을 어떻게 이해할 것인가? 만약 어떤 행동이 겉보기에 해로울지라도 궁극적으로는 인간에게 이로운 것이라고 하자. 그러면 로봇은 과연 어떻게 판단하고 행동할까. 인간은 자신들이 만든 로봇을 완벽히 통제할 수 있을까? 이것은 어쩌면 헛된 희망일지도 모른다.

따라서 미래에는 인공 생명*과의 관계를 통제가 아니라 자율과 평등의 원칙으로 해결해 나가야 할 필요가 있을지도 모른다. '로봇에게 인권을!'과 같은 구호가 일상의 현실이 될 시대가 곧 올지도 모른다. 이제 우리는 로봇들이 우리에게 제대로 봉사할 준비가 되어 있는지를 묻는 것에서 한 걸음 더 나아가야 한다. ㉠우리가 로봇을 받아들일 준비가 되어 있는가를 물어야 할 것이다.

* **인공 생명**: 자연적인 생명체와는 달리 인간에 의해서 만들어진 생명체. 로봇이나 자동 기계, 소프트웨어 프로그램상의 생명체 등을 가리킨다.

세부 내용 추론하기

1 이 글의 글쓴이의 관점에서 '제페토 할아버지'와 '피노키오'에 대응하는 것을 다음과 같이 정리할 때, 빈 칸에 알맞은 말을 이 글에서 찾아 쓰시오.

제페토 할아버지	➡	인간
진짜 아이가 된 피노키오	➡	

글의 내용 적용하기

2 피노키오를 '로봇 공학 3원칙'에 따라 만들어진 로봇이라고 가정했을 때, 피노키오의 다음 행동 중 '로봇 공학 3원칙'에 맞는 것에는 ○표, 맞지 않는 것에는 ×표 하시오.

(1) 상어에게 먹힌 할아버지를 구했다.

( )

(2) 제페토 할아버지에게 거짓말을 했다.

( )

(3) 제페토 할아버지 몰래 학교에 빠졌다.

( )

맥락을 활용하여 관점 추론하기

3 '로봇'에 대한 글쓴이의 생각으로 가장 적절한 것은? ( )

① 로봇이 항상 인간을 보호하고, 인간에게 봉사하는 존재가 될 것이다.

② 로봇을 단지 통제의 대상이 아닌 공존의 대상으로 고려해야 할 수도 있다.

③ 로봇은 인간과 다름없는 존재로서 이미 인간의 안정적인 삶의 동반자가 되었다.

④ 로봇은 인간에게 위험한 존재이므로 철저한 통제 기술을 개발하지 않으면 안 된다.

⑤ 로봇의 가치는 단지 인간에게 어떠한 점에서 이익을 제공할 수 있는가에 달려 있다.

표현의 의미 추론하기

4 ㉠의 질문에 가장 가까운 것은? ( )

① 로봇이 어떠한 측면에서 활용될 수 있는가?

② 인간은 로봇에게 윤리를 가르칠 수 있는가?

③ 전쟁에서 군사 로봇을 사용하는 것은 적절한가?

④ 로봇으로 인한 사고가 발생했을 때, 누가 책임을 져야 하는가?

⑤ 인간은 로봇을 만들고 사용할 때 어떠한 태도를 가져야 하는가?

논지 전개 방식 파악하기

5

이 글에 대한 평가로 적절하지 않은 것은? (　　　)

① '로봇 공학 3원칙'의 내용의 허점을 반박하며 주장을 펼치고 있어.

② 통계 수치와 근거 자료를 구체적으로 제시함으로써 독자들을 설득하고 있어.

③ 전문가의 견해를 들어 로봇의 위상과 권리에 대해 생각하도록 강조하고 있어.

④ 독자들에게 계속 질문을 던져서 인간과 로봇의 관계에 대해 생각하게 만들고 있어.

⑤ 인간과 로봇 간의 관계를 비유적 예시를 통해 설명하여 독자의 관심과 흥미를 유발하고 있어.

다른 관점에서 이해하기

6

이 글을 읽고 〈보기〉의 앤드류 의 입장을 지지하는 관점에서 보인 반응으로 적절하지 않은 것은?

(　　　)

> 보기
>
> 「바이센테니얼 맨」은 1976년 발표된 아이작 애시모브의 소설을 바탕으로 만들어진 영화로, 인간이 되고 싶은 로봇의 이야기를 다룬 작품이다. 이 영화의 주인공인 로봇 앤드류 는 어느 날 기계적 오류로 인간만이 가질 수 있는 지능과 호기심을 가지게 된다. 이후 나무 조각품을 조각하는 재능을 발견하게 되면서, 앤드류를 아끼는 가족들의 지원 아래 많은 수익을 거두게 된다. 점차 자신의 권리를 가지게 된 앤드류는 결국, 자신을 인간으로 인정해 달라는 소송을 제기하게 된다.

① 인간과 로봇이 정서적 교류를 맺는 것이 가능하다고 생각해.

② 로봇도 인간처럼 충분히 스스로 판단하고 결정할 권리가 있다고 생각해.

③ 로봇도 인간과 동일하게 경제 활동에 참여할 수 있도록 해 주어야 한다고 생각해.

④ 로봇의 권리를 어느 범위까지 인정할 것인지를 고민하는 것은 가치가 없다고 생각해.

⑤ 로봇이 비록 인공 생명이기는 하지만 인간과 다르지 않은 동일한 존재로 생각할 수도 있어.

어휘 익히기

1 ── 단어 뜻 알기

다음 빈칸에 들어갈 알맞은 단어를 〈보기〉에서 찾아 쓰시오.

> **보기**
>
> 본질적   위상   방관   연계

1. 미국과 한국은 정치적으로도, 경제적으로도 긴밀하게 (   )되어 있다.

   뜻 | 어떤 일이나 사람과 관련하여 관계를 맺음.

2. 국제 사회에서 우리나라의 (   )이/가 점차 높아지고 있다.

   뜻 | 다른 것들 사이에서 개인, 단체의 위치나 수준.

3. 그는 이 상황을 마치 남의 집 불구경하듯 팔짱 끼고 (   )만 하고 있다.

   뜻 | 어떤 일에 나서지 않고 곁에서 보기만 하는 것.

4. 삶의 (   ) 목표는 행복의 추구라고 할 수 있다.

   뜻 | 본디 성질과 관계가 있는. 또는 그런 것.

2 ── 관용 표현 알기

다음 빈칸에 알맞은 사자성어를 쓰시오.

" ☐ ☐ ☐ ☐ "

피노키오는 나무 인형에 불과한 자신을 진심으로 아껴 주었던 제페토 할아버지의 사랑을 깨닫게 된다. 그 후 자신이 저질렀던 과거의 잘못을 반성하고 착한 어린이가 되기로 결심한다. 이 사자성어는 이처럼 지난날의 잘못이나 허물을 고쳐 올바르고 착하게 됨을 뜻하는 말이다.

한자	뜻	음
改	고치다	
過	실수	
遷	옮기다	
善	착하다	

3 ── 한자어 익히기

다음 한자어를 소리 내어 읽고 빈칸에 따라 쓰시오.

人	權
사람 인	권세 권

인권(人權): 인간으로서 당연히 가지는 기본적 권리.
- 모든 사람은 본래부터 인권을 가지고 태어난다.
- 로봇에게도 인권을 부여해야 하는지에 대해 고민해야 한다.
- 인종과 국적, 종교, 신분, 지위 등 그 어떤 이유로도 인권이 무시되어서는 안 된다.

人	權						
사람 인	권세 권						

04^회 정의로운 전쟁은 가능할까?

☑ 핵심 개념인 '국가와 사회 정의'와 관련된 말들을 알아 둡시다.

→ 갈등과 연대, 사회적 윤리

국가 간의 갈등으로 인해 발생하는 전쟁에 대해 사회 정의의 실현을 위한 것이라는 견해와 어떤 경우에도 정당화될 수 없다는 견해가 대립하지.

☑ 글을 읽고 이것만은 꼭 찾아냅시다.

→ 전쟁을 바라보는 두 가지 입장은 무엇일까?

☑ 글을 읽고 동일한 화제에 대한 여러 관점을 비교하고 평가해 봅시다.

→ 화제에 대해 글에 제시된 관점에 어떤 것들이 있는지 정리하고 기준에 따라 평가한다.

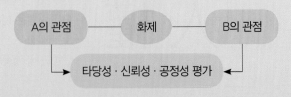

여러 관점을 비교하여 평가하는 것은 그 화제에 대한 내 생각을 정리하는 데 도움이 될 수 있어.

준비 학습

1
핵심 개념 미리 보기

제시된 의미에 알맞은 단어를 찾아 연결하시오.

(1) 현실의 가능성을 무시하고 완벽한 것을 지향하는 공상적인 태도나 경향. •

(2) 서로 싸우던 나라끼리 전쟁 및 전쟁 상태를 끝내고 최종적으로 평화를 회복하기 위하여 맺는 약속. •

(3) 현실의 조건이나 상태를 그대로 인정하며 그에 따라 사고하고 행동하는 태도. •

• ㉠ 현실주의

• ㉡ 이상주의

• ㉢ 강화 조약

2
읽기 방법 미리 보기

'소년 범죄 처벌을 강화해야 하는가'에 대해 다음 글에 드러난 관점을 정리할 때, A와 B에 적절한 근거를 〈보기〉에서 골라 기호를 쓰시오.

최근 강력 범죄가 증가하고 있는 상황에서 미성년자의 범죄 또한 점차 증가하고 있다. 현행법에 의하면, 만 19세 미만인 '소년'이 범죄를 저질렀을 경우 그 죄의 형량을 줄여 준다. 이런 상황에서 소년 강력 범죄에 대한 처벌 기준을 강화해야 한다는 목소리가 높아지고 있다. 그러나 미성숙한 소년들을 보호하고 좋은 방향으로 이끌어 주는 것을 목적으로 하는 소년법의 취지를 고려해야 한다며 이에 반대하는 의견도 팽팽히 맞서고 있다.

보기

㉠ 소년법을 악용하는 사례가 많이 나타나고 있다.
㉡ 처벌 기준의 강화와 강력 범죄의 감소는 특별한 관련이 없다.
㉢ 미성년자라는 점에서 처벌보다는 교화하는 방향으로 나아가야 한다.

관점	근거
소년 범죄 처벌을 강화해야 한다.	A
소년 범죄 처벌을 강화해서는 안 된다.	B

정답 | 1. (1) – ㉡ (2) – ㉢ (3) – ㉠ 2. A: ㉠ B: ㉡, ㉢

정의로운 전쟁은 과연 존재하는가? 현실주의의 입장에서 전쟁은 국가가 가지는 힘을 바탕으로 자기 나라의 이익을 추구하는 것으로 본다. 반면 이상주의의 입장에서는 그 어떤 전쟁도 결코 정의로울 수 없으며, 인류의 평화를 위해 피해야 하는 것으로 바라본다. 그러나 세계 곳곳에서 민간인들을 상대로 무차별적으로 저질러지는 테러를 그냥 두고 볼 수는 없을 것이다. 전쟁이나 테러가 자기 나라의 이익에 직접적 또는 간접적인 영향을 미칠 수 있기 때문이다. 따라서 전쟁을 통해 테러나 전쟁을 일으킨 집단을 제압할 수 있다면, ㉠그것이 자국의 이익에 도움이 될 수도 있다.

미국의 유명한 정치 철학자인 왈저는 『정의로운 전쟁과 정의롭지 못한 전쟁』이라는 책을 썼다. 그는 어떤 조건 아래서는 정당한 전쟁이 가능하다는 주장을 펼쳐 관심을 끌었다. 왈저는 '극단적인 폭력과 테러 앞에서 아무것도 하지 않는 자세가 오히려 정의롭지 못하다.'라고 주장한다. 즉 아주 강한 책임감 아래 이루어지는 제한적인 전쟁은 정의롭다고 말할 수 있다는 것이다. 그렇다면 그가 말한 정의로운 전쟁의 조건은 무엇일까?

무엇보다도 전쟁 시작 전에 정당한 명분이 있어야 한다. 즉 적국의 침략이나 분명한 침략의 위험이 있을 때, 이를 막기 위한 전쟁은 정당한 명분을 갖는다. 독립에 대한 정당성을 갖춘 민족 국가의 독립운동도 그러하다. 인권을 짓밟는 것이나 대규모의 학살을 막기 위해 전쟁에 끼어드는 것도 정당한 명분을 갖는다고 본다.

만약 끝내 전쟁이 일어나게 되었을 경우라도 전쟁을 하는 도중에 지켜야 할 정의에 대해서 다음과 같이 말하고 있다. 즉 민간인에 대한 직접적 무력 사용이 금지되어야 한다. 또 전쟁을 하는 사람은 인류의 양심과 인도주의에 비추어 좋은 의도를 가지고 있어야 한다. 그리고 전쟁으로 인한 이익보다 피해가 더 커서는 안 된다.

또한 정의로운 전쟁이 되기 위해서는 전쟁이 끝난 후에도 고려해야 할 것이 있다. 전쟁에 대한 책임이 있는 전범들을 처벌해야 한다. 그리고 전쟁 이전의 상태로 돌아갈 수 있도록 복구에 힘써야 한다. 피해에 대한 보상을 하고, 강화 조약을 맺고, 무기를 통제하는 것 등도 필요하다. 이러한 다양한 문제가 전쟁이 끝난 후에도 논의되어야 정의로운 전쟁으로 불릴 수 있다는 것이다.

이러한 왈저의 주장에 따르면 현실주의적 입장에서 정의로운 전쟁은 충분히 가능한 것으로 보인다. 그렇지만 정의로운 전쟁이 가능하다고 인정된다면, 어쩌면 끊임없는 전쟁을 피할 수 없을지도 모른다. 지금까지의 인류 역사가 그러했던 것처럼 말이다. 항상 어느 국가건 정당한 명분을 만들어서 전쟁을 시작한다. 그리고 수많은 생명을 죽거나 다치게 한다. 또한 전쟁에서 승리하면 당연히 처벌과 배상 요구가 뒤따랐다.

과연 정의로운 전쟁이 가능한가? 인류는 영원히 전쟁을 피할 수 없는 것인가? 이에 대해 많은 고민과 논의가 이루어져야 할 필요가 있다.

세부 내용 파악하기

1 이 글에서 말하는 정의로운 전쟁 의 조건으로 적절하지 **않은** 것은? (　　　)

① 정당한 명분이 있어야 한다.

② 민간인에 대한 공격이 없어야 한다.

③ 대규모 학살이 이루어져서는 안 된다.

④ 전쟁으로 인한 피해보다 이득이 커서는 안 된다.

⑤ 침략 또는 분명한 침략 위험이 있을 때 가능하다.

가리키는 말의 의미 파악하기

2 ㉠이 가리키는 바가 무엇인지 쓰시오.

_____

내용 전개 방식 파악하기

3 이 글에서 사용하고 있는 설명 방식으로 적절하지 **않은** 것은? (　　　)

① 전쟁에 대한 두 가지 입장을 대조하고 있다.

② 도입부에서 질문을 던져 독자의 관심을 끌고 있다.

③ 전문가의 의견을 인용하여 글의 신뢰성을 높이고 있다.

④ 정의로운 전쟁의 실제 사례를 구체적으로 제시하고 있다.

⑤ 정의로운 전쟁에서 고려해야 할 사항들을 순차적으로 설명하고 있다.

글쓴이의 관점 추론하기

4 '전쟁'에 대한 글쓴이의 관점으로 가장 적절한 것은? (　　　)

① 전쟁은 국제법에 따라 이루어진다면 인정될 필요가 있다.

② 평화를 최우선 조건으로 한다면 전쟁은 충분히 인정된다.

③ 자국의 이익을 실현한다는 점에서 전쟁은 긍정적 측면이 있다.

④ 정의로운 전쟁이 과연 가능한지에 대한 고민이 좀 더 필요하다.

⑤ 폭력과 테러를 막기 위해 정의로운 전쟁은 반드시 인정되어야 한다.

5 화제에 대한 관점 비교·평가하기

이 글의 내용을 바탕으로 〈보기〉를 이해한 것으로 적절하지 않은 것은? (   )

> 보기
>
> 2003년에 A, B 두 국가 사이에 시작된 ○○ 전쟁은, 정의로운 전쟁이라고 할 수도 있다. 왜냐하면 A국이 독재 정치를 하면서 인권을 짓밟고 사람들을 학살했기 때문이다. 그러나 B국은 A국에게 인권을 탄압하지 말도록 외교적으로 설득하는 노력을 하지 않았다. 또한 전쟁 후에 복구를 돕지도 않았으며, A국 안에서 내란이 일어나는 것을 막지도 않았다. 이런 측면에서 보면 ○○ 전쟁이 정의로운 전쟁이라고 볼 수 없다. 한편, B국이 ○○ 전쟁을 일으킨 이유가 A국의 석유 생산권을 장악하기 위한 것이라는 사실이 새롭게 밝혀지기도 하였다.

① 현실주의의 입장에서 볼 때, ○○ 전쟁은 B국의 이익에 들어맞는 측면을 가지고 있어.

② B국이 전쟁 후에 A국의 복구를 제대로 돕지 않아서, ○○ 전쟁은 정의로운 전쟁이라고 볼 수 없어.

③ B국이 A국 국민들의 학살을 막고자 했다는 점에서는, ○○ 전쟁을 정의로운 전쟁이라고 볼 수도 있어.

④ A국이 B국을 침략할 위험이 없었다는 점에서, ○○ 전쟁은 정의로운 전쟁이라고 볼 수 없어.

⑤ A국이 당시 인권을 짓밟는 독재 정권 치하에 있었다는 점에서, ○○ 전쟁은 정당한 명분을 갖는 것이라고 볼 수 있어.

6 글쓴이의 태도 파악하기

이 글에 대한 설명으로 가장 적절한 것은? (   )

① 전쟁으로 인한 민간인의 희생을 근거로 들며, 제한적으로 전쟁이 이루어져야 함을 주장하고 있다.

② 자국의 이익을 추구한 사람들을 비판하며, 전쟁을 일으킨 사람들을 처벌해야 함을 주장하고 있다.

③ 대규모 학살의 비극적 참상을 소개하며, 전쟁이 절대로 일어나서는 안 되는 것임을 강조하고 있다.

④ 전범들로 인해 고통받고 있는 피해자들의 모습을 제시하며, 정의로운 전쟁이 필요함을 강조하고 있다.

⑤ 정의로운 전쟁의 조건을 구체적으로 제시하며, 정의로운 전쟁이 가능한 것인지에 대해서는 다소 부정적인 태도를 취하고 있다.

어휘 익히기

1 단어 뜻 알기

다음 빈칸에 들어갈 알맞은 단어를 〈보기〉에서 찾아 쓰시오.

〈보기〉

명분   학살   인도주의   전범

1. 전쟁 중에 많은 사람이 (   )을/를 당했다.

   뜻 | 사람을 잔인하게 마구 죽이는 것.

2. 더 이상 (   ) 없는 싸움을 지속할 필요가 없다.

   뜻 | 어떤 일을 하려고 내세우는 까닭이나 구실.

3. 제2차 세계 대전의 패전국인 독일은 (   )들을 엄격하게 처벌했다.

   뜻 | '전쟁 범죄', 혹은 '전쟁 범죄인'을 줄여 이르는 말.

4. 이웃 나라에 큰 지진이 일어나자 정부는 (   ) 차원에서 도와주기로 결정했다.

   뜻 | 인종, 민족, 나라, 종교 들을 뛰어넘어 모든 사람이 행복하게 사는 세상을 만들려는 사상.

2 관용 표현 알기

다음 빈칸에 알맞은 말을 쓰시오.

> **"말 한마디에 천 냥 [ ]도 갚는다"**
>
> 간디의 '비폭력주의' 사상을 바탕으로 로젠버그라는 학자는 '비폭력 대화'라는 개념을 제안하며 타인에게 상처를 주지 않으며, 서로 간에 유대를 맺을 수 있는 대화 방식을 연구했다. 이 속담은 이처럼 말만 잘하면 어려운 일이나 불가능해 보이는 일도 해결할 수 있는 경우를 이르는 말이다.

3 한자어 익히기

다음 한자어를 소리 내어 읽고 빈칸에 따라 쓰시오.

戰	爭
싸울 전	다툴 쟁

전쟁(戰爭): 국가와 국가, 또는 교전(交戰) 단체 사이에 무력을 사용하여 싸움.
• 정부가 범죄와의 전쟁을 선포했다.
• 그는 전쟁으로 인해 부모를 잃고 고아가 되었다.
• 치열한 입시를 말할 때 입시 전쟁이라고 말하기도 한다.

戰	爭				
싸울 전	다툴 쟁				

읽기 방법 익히기

❶ **자료를 참고하며 읽기**

  글을 읽으면서 잘 모르는 내용이나 어려운 단어가 있을 때, 궁금한 것이 생겼을 때에는 인터넷, 도서관 등에서 자료를 찾아 활용한다. 이것을 습관화하면 읽기 능력과 배경지식 향상에 큰 도움이 된다.

★ **도서관에서 자료를 찾을 때에는,**

(1) 찾고자 하는 자료의 핵심 주제를 정확히 파악하고 도서관 누리집(홈페이지)에서 찾고자 하는 자료의 핵심 단어를 입력해야 한다.

(2) 도서관 서가(책꽂이)에서 필요한 자료를 찾기 위해서 도서 분류 기호(한국 십진분류표)를 참고한다.

★ **인터넷에서 자료를 검색하여 활용할 때에는,**

(1) 믿을 만한 전문적인 검색 사이트에서, 찾고자 하는 정보의 핵심어를 정확히 기입한다.

(2) 찾은 정보가 글을 이해하는 데 꼭 필요한 정보인지 판단한다.

(3) 찾은 정보의 출처나 글쓴이를 확인하여 정보의 정확성과 신뢰성을 판단한다.

(4) 하나의 화제에 대해 가급적 두 개 이상의 자료나 서로 다른 관점을 비교 · 검토한다.

1 '자료를 참고하며 읽기'의 효과에 대한 설명으로 적절하지 <u>않은</u> 것은? (   )

① 글을 정확하고 깊이 있게 이해할 수 있다.

② 능동적으로 글을 읽는 습관을 기를 수 있다.

③ 궁금증을 해결하고, 배경지식을 확장할 수 있다.

④ 읽어야 할 글의 분량이 줄어들어 독서 시간을 절약할 수 있다.

⑤ 다양한 매체 자료를 활용하는 능력과 비판적 시각을 기를 수 있다.

2 인터넷 정보 검색 및 활용 방법으로 적절한 것은? (   )

① 자신이 좋아하는 사이트를 중심으로 검색한다.

② 화제에 대한 긍정적 관점을 중심으로 정리한다.

③ 자신이 특히 지지하는 관점을 중심으로 선택한다.

④ 자신이 평소 즐겨 읽는 내용을 중심으로 검색한다.

⑤ 화제에 대한 관점의 공통점이나 차이점을 검토한다.

3

다음 글을 읽고 물음에 답하시오.

광화문 광장은 현재 대한민국의 수도 서울의 중심이자, 조선 왕조의 도성이었던 한양의 중심이기도 했다. ㉠광화문 광장에 나가 보면, 너비가 100m에 이르는 웅장한 세종대로를 굽어보고 있는 광화문과 경복궁의 모습을 감상할 수 있다. 하지만 예전엔 조선 총독부 청사가 경복궁을 가로막고 서 있었다. 조선 총독부 ㉡청사는 서양식 건물로 일제 강점기에 우리나라를 지배하기 위하여 설치하였던 식민 통치 기관이 있었던 곳이다.

조선 총독부는 1910년부터 1945년 광복에 이르기까지 35년간 지속된 일제 강점기 동안 한민족의 정기를 말살하고 조선인을 탄압하는 정치를 폈다. ㉢일본 정부는 우리 민족을 심리적으로 억누르기 위해 조선 왕조의 상징인 경복궁 앞에 조선 총독부를 지었다. 조선의 임금들이 나랏일을 보던 근정전을 가려 버린 것이다.

㉣이 건물은 해방 후 바로 철거되지 않고, 미군정 기간 동안은 '중앙청'으로 불리기도 했으며, 이후에는 국립 중앙 박물관으로 사용되었다. 그 후 일제 강점기의 흔적을 없애고 우리 민족의 ㉤역사 바로 세우기 운동 차원에서 1995년 8월 15일 철거되었다.

(1) 이 글을 보다 잘 이해하기 위해 참고 자료를 찾아 활용할 계획을 세운다고 할 때, 적절하지 않은 것은?
( )

① ㉠의 현재 모습을 담은 사진과 과거의 모습을 담은 사진을 인터넷에서 검색해 봐야겠어.
② ㉡을 비롯해 의미를 이해하기 어려운 단어는 국어사전을 활용하여 뜻을 찾아봐야겠어.
③ ㉢을 이해하기 위해 여러 민족의 대표적인 건축물 이름을 사전에서 찾아봐야겠어.
④ ㉣의 내용을 이해하기 위해 '미군정 기간'에 대해 역사책을 찾아봐야겠어.
⑤ ㉤의 세부 내용을 정확히 이해하기 위해 신문 기사나 책을 찾아봐야겠어.

(2) 이 글을 읽고, 조선 총독부 건물의 철거에 대한 자료를 찾기 위해 인터넷에서 자료를 검색하였다. 검색을 통해 얻은 자료 중 참고 자료로 적절하지 않은 것은? ( )

① 1995년 8월 15일 자 조선 총독부 건물 철거 생중계 영상
② 천안시의 '조선 총독부 철거 부재 전시 공원' 관람 안내 자료
③ 조선 총독부 건물 철거 후 진행된 광화문 복원 사업에 대한 기사
④ 근정전을 철거하게 된 이유를 자세히 설명해 주는 기사와 안내 자료
⑤ 조선 총독부 건물 철거 소식에 몰려든 일본인 관광객들의 사진과 설명 기사

❷ 화제에 대한 관점 비교·평가하기

동일한 화제에 대한 여러 관점을 비교하며 평가하는 것은 그 화제에 대한 독자의 안목을 넓혀 준다. 이때 독자는 객관적이고 합리적인 기준을 세워, 글에 제시된 다양한 관점을 비교·대조하면서 비판적으로 평가해야 한다. 그다음으로 읽은 내용을 종합하고 재구성하여, 화제에 대한 자신의 관점을 세워야 한다.

★ 여러 관점의 차이를 비교하고 평가하기 위해서는,

(1) 동일한 화제에 대해 여러 관점을 제시하고 있는 글을 찾아본다.

(2) 글에 제시된 여러 관점을 정리하고, 이를 기준에 따라 비교하며 비판적으로 평가해 본다.

(3) (1), (2)를 바탕으로 화제에 대한 자신의 관점을 세워 본다.

★ 여러 관점의 차이를 비교하고 평가하는 기준은,

(1) 타당성: 어떤 글의 주장과 근거가 더 논리적인가?

(2) 신뢰성: 어떤 글의 내용과 출처가 더 명확하고 믿을 만한가?

(3) 공정성: 어떤 글의 관점이나 태도가 한쪽으로 치우치지 않고 더 객관적인가?

1

다음의 ㉠에 대한 설명으로 가장 적절한 것은? (   )

> '노키즈존(No Kids Zone)'은 어린아이들의 출입을 금지하는 장소나 가게를 말한다. 최근 노키즈존이 빠르게 늘어나면서, 이에 대한 의견이 팽팽하게 대립하고 있다. 노키즈존을 두는 것에 찬성하는 이들은 아이를 방치하는 부모들이 다른 손님들의 권리를 침해한다고 주장한다. 그러나 ㉠내가 주변을 둘러보았을 때 이러한 사례를 많이 볼 수 없었다. 따라서 어린아이들을 차별하는 노키즈존 제도를 실시해서는 안 된다고 생각한다.

① 주장과 근거의 출처가 명확하여 신뢰성을 가진다.

② 노키즈존 제도에 대해 중립적인 관점을 가지고 있다.

③ 자신이 본 경험만을 근거로 제시하여 타당성이 떨어진다.

④ 내용의 신뢰성은 떨어지지만 논리적인 타당성을 보여 준다.

⑤ 자신의 객관적인 경험을 바탕으로 공정한 태도를 보여 준다.

2

다음의 (가), (나), (다)에 나타난 안락사에 대한 관점과 이를 뒷받침하는 근거를 정리할 때, 적절하지 않은 것은? (   )

안락사는 불치병에 걸린 환자의 극심한 고통을 덜어 주기 위하여, 본인 또는 가족의 요구에 따라 고통이 적은 방법으로 환자의 생명을 단축하는 행위를 말한다. 안락사는 다음 (가), (나), (다)에서도 나타나듯이 여전히 관점의 차이와 논란을 보여 준다.

(가) 안락사는 환자 본인의 자기 결정권을 존중하는 차원에서 인정되어야 한다. 죽음을 결정할 수 있는 권리는 환자 본인에게 있다. 의미 없는 연명 치료는 환자 자신과 가족들에게 고통스러운 일이다. 따라서 본인의 죽음을 직접 결정할 수 있도록 적극적 안락사를 인정해야 한다.

(나) 적극적 안락사는 약물 등을 사용하여 직접 사망을 유발하는 행위가 이루어진다는 점에서 환자의 가족과 의사를 범법자로 내몰 수 있는 여지가 있다. 또한 안락사가 이루어진 후에 안락사에 개입한 이들이 정신적인 고통을 받을 수 있으며, 더 나아가 의료 현장에서 법적 분쟁이 생길 가능성도 존재한다. 그렇다고 하여 환자의 고통을 외면할 수도 없다. 따라서 이러한 점을 고려하여 생명을 연장하는 장치의 사용을 중단함으로써 죽음의 시기를 앞당기는 소극적 안락사를 도입하는 것이 적절하다고 본다.

(다) 안락사는 생명 경시의 풍조를 불러올 수 있다는 점에서 허용되어서는 안 된다. 또한 환자 본인의 의사와 다르게 가족의 판단이나 병원의 이해관계 등에 의해 안락사가 이루어질 수 있다는 점을 염두에 두어야 한다. 이를 방지할 수 있는 법적·제도적 장치가 부족한 상태에서 안락사를 도입하는 것은 사회적 약자의 인권을 침해하는 일이다.

	주장	근거
(가)	안락사에 찬성함.	환자의 자기 결정권을 존중해야 한다. ··· ①
(나)	소극적 안락사에 찬성함.	• 환자의 고통을 고려해야 한다. ······································· ② • 생명 연장 장치의 사용 중단은 가족들을 범법자로 만들 수 있다. ·········· ③
(다)	안락사에 반대함.	• 생명 경시의 풍조를 불러올 수 있다. ·································· ④ • 환자의 의사에 반하는 안락사가 이루어질 수 있다. ····························· ⑤

라마단에는 언제 식사를 할까?

이 글의 중심 화제는 **라마단**입니다. 라마단과 연결해서 **사회, 역사, 과학**을 공부해요. 라마단의 금식 시간 규정의 변화를 둘러싼 종교 문화와 역사적 배경을 알아보고 관련된 과학적인 내용도 알아보세요.

이슬람교에서 요구되는 신에 대한 믿음을 비롯한 엄격한 종교 의무 수행은 무슬림*들의 일상에 엄청난 영향을 미친다. 메카를 향해 하루에 다섯 번씩 기도해야 하며 ㉠이슬람 율법에 따라 먹을 수 있는 음식으로 정해진 것만을 먹어야 한다. 또한 이슬람력으로 1년 중 아홉 번째 달에 해당하는 '라마단'이라고 하는 금식월을 반드시 지켜야 한다.

▲ 이슬람의 성지 메카

라마단은 '몸과 마음을 정화하여 신에게 좀 더 가까이 가고 가난한 이웃의 심정을 이해하며 고통을 나눈다.'라는 의미가 있다. 이 기간 중 해가 떠 있는 동안에는 기도와 명상으로 시간을 보내며 음식을 먹지 말아야 하고, 해가 진 이후에야 식사를 할 수 있다. 그래서 라마단 기간에 이슬람권 국가로 여행을 하게 된다면 호텔에서 조식을 제공받기 어려울 수도 있으니 주의해야 한다.

라마단 기간에 이슬람 지역을 여행하는 것이 불편했던 기억을 떠올리며 몇 년 뒤 이전 여행 일정을 피해 가더라도 그때가 또다시 라마단 기간에 해당할 수도 있다. 왜냐하면 라마단 기간은 매년 조금씩 달라지기 때문이다.

라마단의 양력 날짜가 매년 바뀌는 것은 이슬람권에서는 달의 움직임으로만 날짜를 계산하는 '순태음력'을 써 왔기 때문이다. 순태음력을 사용하는 이슬람력은 1년을 약 345~355일로 본다. 그래서 오늘날의 태양력과는 매년 10일 남짓 차이가 나고, 8년에서 9년이 지나면 라마단은 다른 계절에 돌아오게 된다.

전통적인 이슬람 문화권은 위도상 대부분 저위도 지역에 속한 곳이었기 때문에 심한 계절 변화도 없고 계절에 따른 낮과 밤 길이의 차이도 크지 않은 지역들이었다. 그래서 금식 시간을 지키기가 상대적으로 수월했다. 하지만 교통·통신의 발달과 세계화의 흐름 속에 일어난 활발한 인구 이동의 결과 무슬림이 전 세계에 분포하게 되었다. 그러다 보니 라마단에서 금식 시간으로 규정한 '해가 뜰 때부터 질 때까지'라는 시간이 무슬림의 거주 지역에 따라 큰 차이가 나게 되었다.

㉡위도가 높아지면 계절에 따른 낮의 길이 차이가 커지기 때문에 금식 기간이 어떤 계절이냐에 따라 금식 시간 차이도 커지게 되었다. 특히 서양력을 기준으로 6월이 라마단이었을 때 북반구의 고위도 지역에 사는 무슬림들은 백야의 라마단을 경험하게 되었다. 이때 라마단 의식에서의 '해가 뜰 때부터 질 때까지'라는 규정을 말 그대로 지킨다면 한 달 내내 음식을 먹을 수 없다. 이는 불가능하기 때문에 이슬람 법학자들은 '해가 지지 않는 지역에서 라마단을 맞은 무슬림들은 메카의 시간을 따르거나 주변에서 가장 가까운 지역의 해가 지는 시

간을 따라도 좋다.'라고 해석을 내려 주었다. 세계화 시대에 겪는 다양한 변화 속에 유연한 모습을 보여 주는 종교계의 자세가 흥미롭다.

---

* **무슬림**: 이슬람교 신자.

---

1 이 글을 통해 알 수 있는 사실이 <u>아닌</u> 것은? (　　　　)

① 라마단은 서양력으로 매년 날짜가 바뀐다.
② 이슬람 문명에서는 주로 순태음력을 사용한다.
③ 고위도 지역에는 여름에 백야 현상이 나타난다.
④ 이슬람 신자는 하루에 다섯 번 메카를 향해 기도한다.
⑤ 라마단 기간인 한 달 동안 어떠한 음식도 먹지 못한다.

2 다음은 지구의 공전에 따른 계절의 변화를 나타낸 것이다. (가), (나) 시기에 대한 (1)~(4)의 설명에서 (　) 안의 말 중 알맞은 말에 ○표 하거나 빈칸에 적절한 말을 쓰시오.

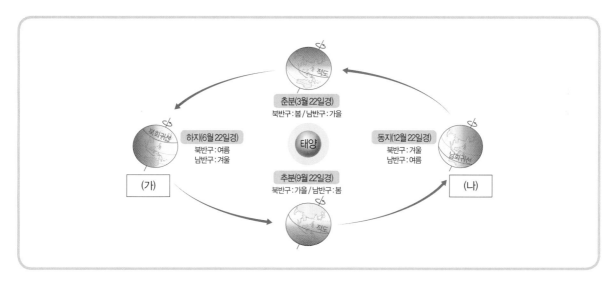

(1) (가) 시기에 북반구는 (여름, 겨울)에 해당하고, 남반구는 (여름, 겨울)에 해당한다.
(2) (나) 시기에는 북반구 고위도로 갈수록 (낮, 밤)의 길이가 길어지고, 남반구 고위도로 갈수록 (낮, 밤)의 길이가 길어진다.
(3) (가) 시기 북극권에서는 (백야, 극야) 현상이 나타나고, 남극권에서는 (백야, 극야) 현상이 나타난다.
(4) 적도 주변은 일 년 내내 낮의 길이가 (　　　　)시간 정도이고 일사량이 많아 주로 (　　　　) 기후가 나타난다.

STEAM
독해

라마단에는 언제 식사를 할까?

3 〈보기〉를 참고하여 다음 지도상의 나라 중 이슬람권 국가에 해당하는 나라는 어디인지 3개 이상 쓰시오.

● 보기 ●

▲ 종교를 기준으로 구분한 문화 지역

4 이슬람권에서 ㉠을 할랄(Halal) 음식이라고 한다. 〈보기〉의 내용을 참고하여 이슬람권 친구들을 위한 점심 메뉴로 적절한 음식을 쓰시오.

보기

이슬람교에서 먹어도 되는 음식과 먹는 것을 금지한 음식

> **먹을 수 있는 음식**
> - **곡물류**: 쌀, 보리, 밀, 호밀 등
> - **육류**: 소, 닭, 오리, 낙타 등
> - **어패류, 채소류**: 독, 중독성이 있는 것 제외
> - **과일류**: 대추, 포도, 올리브 등
> - **견과류**: 호두, 아몬드 등

> **먹을 수 없는 음식**
> - 알코올류(술과 알코올성 음식)
> - 돼지고기(피, 부산물), 개, 고양이, 파충류
> - 지느러미와 비늘 없는 물고기(장어, 메기 등)
> - 이슬람법에 따라 도축되지 않았거나 도축 전 죽은 동물
> - 독, 중독성이 있는 것

5 〈보기〉의 (가)~(다)는 ㉡을 뒷받침하기 위한 사례에 해당하는 지역의 연중 밤낮의 길이를 나타낸 것이다. (1), (2)의 물음에 답하시오.

보기

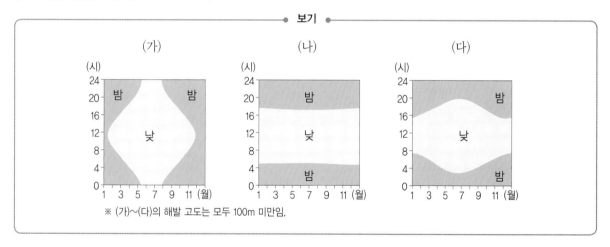

※ (가)~(다)의 해발 고도는 모두 100m 미만임.

(1) 어떤 해, 라마단이 서양력 6월에 해당한다고 한다. 전통적인 기준에 따를 때 음식을 먹을 수 없는 시간이 긴 지역부터 순서대로 쓰시오.

(2) 어떤 해, 라마단이 서양력 12월에 해당한다고 한다. 전통적인 기준에 따를 때 음식을 먹을 수 없는 시간이 긴 지역부터 순서대로 쓰시오.

2주차

무엇을 배울까요?

회차		글의 내용	핵심 개념	읽기 방법	학습 계획일
01회		**국제 분쟁은 왜 일어나는가?** 국제적인 영토 분쟁이 일어나는 원인과 유형에 대해서 실제 사례를 중심으로 살펴보는 전문가 인터뷰 형식의 글이다.	[지리] 국제 분쟁	의도나 관점 추론하기	☐월 ☐일 (요일)
02회		**고대 그리스 아테네인들은 왜 아고라에 모였을까?** 고대 그리스 아테네의 아고라의 기능을 살피며 민주주의가 어떻게 발생했으며 그 어원은 무엇인지에 대해 설명한 글이다.	[정치] 민주주의	생략된 내용 추론하기	☐월 ☐일 (요일)
03회		**공법과 사법은 어떻게 구분되나?** 「망주석 재판」을 예로 들면서 공법과 사법은 어떻게 구분되는지를 설명한 글이다.	[법] 공법, 사법	사회 문화적 배경 추론하기	☐월 ☐일 (요일)
04회		**가격은 어떻게 정해지는가?** 시장에서 사고파는 물건들의 가격이 수요와 공급에 따라 결정되는 수요·공급 법칙에 대해 설명한 글이다.	[경제] 수요·공급 법칙	맥락을 통해 새로운 내용 추론하기	☐월 ☐일 (요일)
05회		**읽기 방법 익히기** 이 주에 공부한 중요 [읽기 방법]을 한눈에 정리하고 문제로 확인합니다. ■1 의도나 관점 추론하기 ■2 생략된 내용 추론하기			☐월 ☐일 (요일)

어느 수준일까요?

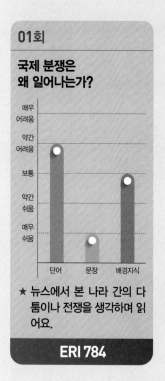

01회

국제 분쟁은
왜 일어나는가?

★ 뉴스에서 본 나라 간의 다툼이나 전쟁을 생각하며 읽어요.

ERI 784

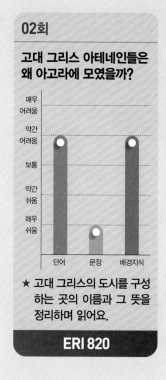

02회

고대 그리스 아테네인들은
왜 아고라에 모였을까?

★ 고대 그리스의 도시를 구성하는 곳의 이름과 그 뜻을 정리하며 읽어요.

ERI 820

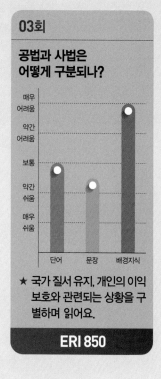

03회

공법과 사법은
어떻게 구분되나?

★ 국가 질서 유지, 개인의 이익 보호와 관련되는 상황을 구별하며 읽어요.

ERI 850

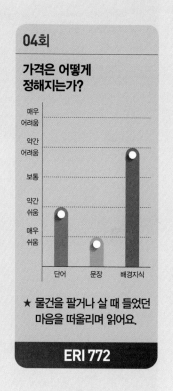

04회

가격은 어떻게
정해지는가?

★ 물건을 팔거나 살 때 들었던 마음을 떠올리며 읽어요.

ERI 772

이 주의 ERI 지수

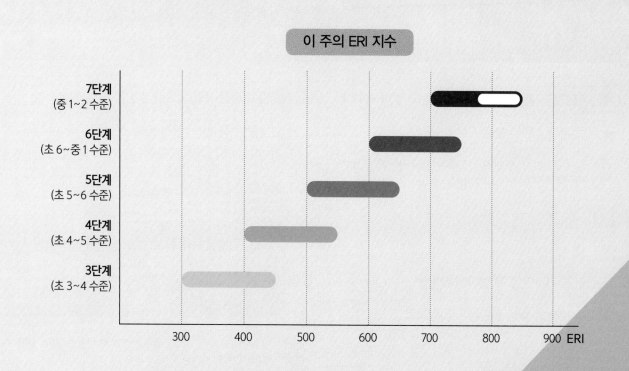

국제 분쟁은 왜 일어나는가?

☑ 핵심 개념인 '국제 분쟁'과 관련된 말들을 알아 둡시다.

→ 영토 분쟁 / 영역 분쟁 / 무역 분쟁

국제 분쟁이란 세계 여러 지역에서 국가나 민족 간에 벌어지는 다툼이나 갈등을 뜻해.

☑ 글을 읽고 이것만은 꼭 찾아냅시다.

→ 국제 분쟁의 발생 원인은 무엇일까?

☑ 글을 읽고 글쓴이의 의도나 관점을 추론해 봅시다.

→ 설득을 위해 쓴 글인지 정보 전달을 위해 쓴 글인지 살피고 글을 쓴 맥락과 배경을 추론한다.

글의 종류 파악

+

글을 쓴 맥락과 사회 문화적인 상황 파악

↓

글쓴이의 의도나 관점 추론

글쓴이의 의도나 관점을 추론하면 글의 내용을 보다 깊이 있게 이해할 수 있어.

준비 학습

1
핵심 개념 미리 보기

다음 빈칸에 들어갈 알맞은 단어를 〈보기〉에서 찾아 쓰시오.

> **보기**
>
> 영토   영해   영공

(1) (   )은/는 육지나 섬으로부터 약 22킬로미터까지이다.

(2) 우주 공간은 특정 국가의 (   )에 속하지 않는 공간이다.

(3) 대한민국 헌법 제3조는 "대한민국의 (   )은/는 한반도와 그 부속 도서로 한다."이다.

2
읽기 방법 미리 보기

㉠~㉣ 중 '냉장 기술'에 대한 글쓴이의 주된 관점을 드러낸 것으로 볼 수 <u>없는</u> 것의 기호를 쓰시오.

냉장 기술의 발달과 가정용 냉장고의 보급은 현대인들의 생활을 완전히 바꾸어 놓았다. ㉠상한 음식으로 인해 유발될 수 있는 다양한 질병을 예방할 수 있게 되었으며, 지구상의 반대편에서 생산되는 음식도 계절에 관계없이 먹을 수 있게 되었다. 하지만 ㉡이러한 편리함 뒤에 냉장고로 인해 인류가 잃어버린 것이 있다. 먼저, 음식을 오래 보관할 수 있기 때문에 꼭 필요한 양보다 더 많은 음식을 구매하게 된다. 그러다 보면 음식을 버리는 경우가 생긴다. ㉢언제든 사서 저장해 놓을 수 있는 편리함으로 인해 더 많은 식량 자원을 낭비하게 되는 것이다. 또한 냉장고가 없던 시절에는 한 식구가 먹을 양보다 많은 음식이 있을 경우 그것을 이웃과 나누는 풍습이 있었지만 이제는 냉장고에 넣어 둔다. ㉣냉장고가 흔해지면서 이웃 간에 정을 나누던 소중한 가치를 잃어버린 것이다.

뉴스 진행자: 오늘 해외 소식 코너에서는 국제적인 영역 분쟁 문제를 다루어 보겠습니다. 도움 말씀을 주실 국제 전문가 한 분을 모셨습니다. 어서 오십시오. 최근에 국제 영역 분쟁 문제가 심각해지고 있지요? 대표적인 사례들로는 어떤 것이 있을까요?

전문가: 영역 분쟁에는 영토, 영해, 영공 분쟁이 포함됩니다. 그중에 대표적인 것이 바로 영토 분쟁이지요. 영토 분쟁 하면 빼놓을 수 없는 나라가 바로 이스라엘과 팔레스타인입니다. 이 두 나라 사이의 분쟁은 널리 알려져 있습니다. 유대인들이 제2차 세계 대전 이후, 성서의 기록을 근거로 팔레스타인 지역에 대한 권리를 주장하였습니다. 그리고 이곳에 이스라엘 국가를 세웠습니다. 그러다 보니 거기에 살던 팔레스타인 사람들은 다른 지역으로 이동할 수밖에 없게 되었죠. 그로 인한 유혈 분쟁이 21세기까지도 이어지고 있습니다. ㉠수천 년 전 성서의 기록을 영토권 주장의 근거로 삼는 것에 대한 비판도 없지 않습니다. 특히 이 분쟁은 두 나라뿐 아니라 다른 중동 국가들의 분쟁으로 이어지고 있습니다. 중동은 석유가 많이 나는 지역인데, 그곳에서의 석유 생산량의 변화는 세계 경제에 큰 영향을 미칩니다. 이에 민감한 서방 국가들까지 개입하면서 이곳은 중동의 화약고라 불리고 있습니다. 여러 차례의 국제적 노력과 협정에도 불구하고 갈등은 계속되고 있습니다. 그야말로 상호 보복이 반복되고 있습니다.

뉴스 진행자: 70년이 넘는 긴 시간 동안 피를 흘리는 유혈 사태가 계속되고 있어서 가슴 아프네요. 또 어떤 지역에서 분쟁이 일어나고 있나요?

전문가: 지구 온난화로 영토와 영해 분쟁이 시작된 곳도 있습니다. 캐나다와 덴마크가 신경전을 벌이고 있는 한스(Hans)섬이 그 주인공인데요. 한스섬은 덴마크와 캐나다 사이에 위치한 작은 섬입니다. 그동안 근처의 바다가 얼음으로 꽁꽁 얼어붙어서 배가 전혀 다닐 수 없었습니다. 그런데 최근에 지구 온난화로 섬 주변의 얼음이 녹으면서 이곳이 북대서양과 태평양을 잇는 중요한 뱃길로 떠올랐습니다. 또한 이곳은 엄청난 양의 다이아몬드가 묻혀 있는 곳으로도 알려져 있습니다. 두 나라 사이에는 1980년대 이후 한동안 일명 '술병의 전투'

가 벌어지기도 했습니다. 덴마크 군인들이 먼저 덴마크 술 한 병과 "덴마크에 오신 것을 환영합니다."라고 쓴 표지판을 섬에 놓고 갔습니다. 그러자 캐나다군은 자기 나라의 술 한 병과 "⠀⠀⠀⠀⠀㉮⠀⠀⠀⠀⠀"라고 쓴 표지판을 한스섬에 남겼다고 합니다. 최근 한스섬을 둘로 나누는 방안까지 나왔지만 결론을 내리지는 못했다고 합니다.

뉴스 진행자: 이렇게 많은 곳에서 분쟁이 진행 중이라니 새삼 놀라게 됩니다. ㉡지금까지 전 세계에서 벌어지고 있는 영역 분쟁을 살펴보았습니다. 시청자 여러분은 어떤 생각이 드시나요? 해외 소식 전문가 인터뷰, 여기서 마치겠습니다. 감사합니다.

제목 정하기

1 이 인터뷰의 전체적인 내용을 드러내 주는 제목으로 가장 적절한 것은? (   )

① 오늘의 해외 소식

② 국제 영공 분쟁의 사례

③ 영토 분쟁이란 무엇인가

④ 국제 영해 분쟁 발생 지역

⑤ 국제 영역 분쟁의 사례와 그 원인

세부 내용 이해하기

2 '한스섬'과 관련된 영역 분쟁을 다음과 같이 정리할 때, 빈칸에 들어갈 적절한 말을 쓰시오.

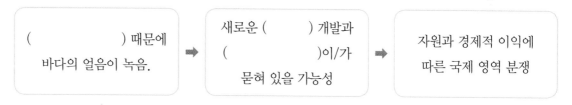

(   ) 때문에
바다의 얼음이 녹음. ➡ 새로운 (   ) 개발과
(   )이/가
묻혀 있을 가능성 ➡ 자원과 경제적 이익에
따른 국제 영역 분쟁

의도나 관점 추론하기

3 ㉠의 관점에서 〈보기〉에 대해 말한 내용으로 가장 적절한 것은? (   )

보기

구약 성서의 기록에 따르면, 이스라엘 민족은 기원전에 가나안 지역인 지금의 팔레스타인에 왕국을 세웠다. 이후 왕국은 '북이스라엘'과 '남유다'로 나뉘게 되었고, 각각 앗시리아와 바벨론에 의해 망했다. 그 결과 이스라엘 민족은 뿔뿔이 흩어져 1,500년이 넘는 세월 동안 전 세계를 떠돌며 살았다. 이러한 이스라엘 민족이 팔레스타인 지역에 국가를 세운 것은 자기 조상들의 옛 땅을 되찾는 것일 뿐이다.

① 이스라엘 왕국을 멸망시킨 나라들에 분쟁의 책임을 물어야 해.

② 성서의 기록이 영토권 주장의 근거가 된 다른 사례를 찾아봐야겠군.

③ 종교 경전의 내용을 근거로 그 지역에 살고 있던 사람들을 내쫓는 건 문제가 될 수도 있어.

④ 이스라엘 민족을 뿔뿔이 흩어지게 만든 나라들이 이스라엘 민족에게 보상을 해 줄 필요가 있어.

⑤ 구약 성서의 내용과 팔레스타인의 종교 경전의 내용을 비교하여 공통점과 차이점을 확인해야겠어.

반응의 적절성 파악하기

4 **ⓛ에 대한 독자의 답으로 적절한 것은? (   )**

① 이스라엘과 팔레스타인의 분쟁은 성서 기록에 근거한다는 점에서 2,000년 동안 지속되어 왔음을 확인할 수 있습니다.

② 중동 지역 분쟁에 서방 국가들까지 개입하는 것으로 보아 중동 국가들은 물론 서방 국가들도 현지 영토 소유에 큰 관심을 가지고 있음을 알 수 있습니다.

③ 한스섬을 둘러싼 영토 분쟁은 술병의 전투에 비추어 볼 때, 상대적으로 유머가 담긴 신경전이나 심리전에 가깝다고 볼 수 있습니다.

④ 한스섬을 둘로 나누는 방안에 비추어 볼 때 분쟁의 양국 간에 적극적인 해결 방안을 찾으려는 노력이 없었다는 것을 알 수 있습니다.

⑤ 한스섬을 둘러싼 분쟁은 자원이나 경제적인 원인과는 전혀 관계가 없는 지구의 환경 변화에 기인한다는 점에서 분쟁의 근본적인 원인이 다른 영토 분쟁과는 다름을 알 수 있습니다.

맥락을 통해 추론하기

5 **'술병의 전투'가 담고 있는 맥락을 고려할 때, ㉮에 들어갈 내용으로 가장 적절한 것은? (   )**

① 맛없는 술은 치워 주세요.

② 덴마크의 술이 세계 최고입니다.

③ 캐나다의 섬에 오신 것을 환영합니다.

④ 캐나다 정부의 허락 없이 다녀가서 미안합니다.

⑤ 덴마크 정부의 허락 없이는 아무도 이 섬에 들어올 수 없습니다.

문제 해결 방안 찾기

6 **이 인터뷰의 '전문가'가 국제 분쟁의 평화적인 해결 방안을 제시했다고 가정할 때, 가장 적절한 것은?**

(   )

① 세계 각 민족들은 자신들만의 고유한 종교와 문화를 버리고 하나로 뭉쳐야 합니다.

② 강력한 군사력만이 영토 분쟁에서 승리하는 지름길임을 역사가 증명해 주고 있습니다.

③ 최근 지역 분쟁의 가장 큰 원인이 되고 있는 지구 온난화 문제를 해결할 수 있는 국제적 노력이 그 어느 때보다도 중요해지고 있습니다.

④ 지역 분쟁이 발생하는 곳에는 강력한 국제 연합군을 파견하여 군사 충돌을 일으키는 집단들을 철저하게 파괴시키는 것이 가장 효과적입니다.

⑤ 무력을 사용하는 방법은 근본적인 해결 방안이 될 수 없기 때문에 서로 이해와 양보를 통해서 차근차근 해결해 나가는 국제적인 노력이 필요합니다.

어휘 익히기

1 ─── 단어 뜻 알기
다음 빈칸에 들어갈 알맞은 단어를 〈보기〉에서 찾아 쓰시오.

> **보기**
>
> 분쟁   개입   화약고   신경전

1. 학기 초 학생 간 미묘한 (   )이/가 벌어지곤 한다.

   뜻 | 상대를 언짢게 하려고 말이나 몸짓 같은 것으로 벌이는 싸움.

2. 카슈미르는 인도와 파키스탄의 (   )(으)로 불린다.

   뜻 | 전쟁이 일어날 위험이 크거나 자주 일어나는 지역을 빗대어 이르는 말.

3. 이 일은 너하고는 직접 관계가 없으니까, 너는 이 일에 (   )하지 않았으면 좋겠어.

   뜻 | 자신과 직접적인 관계가 없는 일에 끼어드는 것.

4. 지금도 세계 곳곳에서는 종교, 자원 등 다양한 원인으로 (   )이/가 계속되고 있다.

   뜻 | 복잡하게 뒤얽힌 문제를 둘러싸고 서로 싸우거나 다투는 것.

2 ─── 관용 표현 알기
다음 빈칸에 알맞은 말을 쓰시오.

> "제 ☐ 에 ☐ 대기"
>
> 나라 간의 영역 분쟁은 서로 자기 나라의 이익만을 추구하려는 데에서 발생한다. 이 속담은 농사를 짓는 데 필요한 물을 자기 논에만 끌어다 쓴다는 뜻으로, 이렇게 자기에게만 이롭도록 일을 하는 경우를 비유적으로 이르는 말이다.

3 ─── 한자어 익히기
다음 한자어를 소리 내어 읽고 빈칸에 따라 쓰시오.

領	土
다스릴 **영**	땅 **토**

영토(領土): 한 나라의 주권이 미치는 땅.
- 영토를 침범하다.
- 동북아 영토 분쟁에는 역사적 배경이 있다.
- 독도가 우리나라의 영토라는 것은 여러 고문헌에 기록되어 있다.

領	土						
다스릴 **영**	땅 **토**						

고대 그리스 아테네인들은 왜 아고라에 모였을까?

☑ 핵심 개념인 '민주주의'와 관련된 말들을 알아 둡시다.

→ 직접 민주 정치 / 간접 민주 정치 / 시민

> 민주주의란 권력을 가진 다수의 국민에 의해 국가가 통치되는 정치 형태를 말해.

☑ 글을 읽고 이것만은 꼭 찾아냅시다.

→ 민주주의는 언제 시작되었으며, 그 말은 어디에서 왔을까?

☑ 글을 읽고 생략된 내용을 추론해 봅시다.

→ 글 내용의 흐름, 가리키는 말 등을 살피고 배경지식을 활용하여 생략된 내용을 파악한다.

> 지시어나 내용을 연결하는 표현 살피기
>
> +
>
> 배경지식을 활용하여 글의 내용과 관련된 질문을 하며 읽기
>
> ↓
>
> 생략된 내용 추론하기

> 글쓴이는 때로 독자가 글을 능동적으로 읽게 하기 위해 내용을 생략하기도 해.

준비 학습

1
핵심 개념 미리 보기

다음 빈칸에 들어갈 알맞은 단어를 〈보기〉에서 찾아 쓰시오.

보기

간접 민주 정치 　　 직접 민주 정치

(1) (　　　　　　　　　)은/는 국가의 의사 결정에 국민이 직접 참여하는 정치 제도이다.

(2) 대표자를 선출해서 주권을 간접적으로 행사하는 정치 제도는 (　　　　　　　)이다.
우리나라의 정치 제도도 여기에 속한다.

2
읽기 방법 미리 보기

다음의 빈칸에 들어갈 내용으로 적절한 것에 ○표, 적절하지 않은 것에 ×표 하시오.

최근 코스모스와 더불어 깊어 가는 가을의 상징이 된 것이 바로 '핑크뮬리'이다. 9월에서 11월에 개화하는 핑크뮬리는 우리말로는 '분홍쥐꼬리새'라고 하는 볏과 식물이다. 들판을 수놓은 핑크뮬리는 분홍색 갈대와도 같아, 일명 '인생 사진'을 찍을 수 있는 관광 명소로 핑크뮬리 밭이 만들어지기도 하였다. 하지만 최근 국립 생태원에서 핑크뮬리를 '생태

▲ 핑크뮬리

계 위해성 2급 식물'로 지정하였다. 또한 지방 자치 단체에 핑크뮬리를 심는 것을 자제해 달라고 부탁한 것이 알려지면서 화제가 되고 있다. 핑크뮬리가 생태계에 위협을 끼치는 식물로 지정된 이유는, 어디에서나 너무 잘 자라기 때문이다. 이로 인해 [　　　　　　　　] 따라서 이미 전국적으로 서른 곳이 넘는 시민 공원에 심어진 핑크뮬리가 생태계의 골칫거리가 되지 않도록, 주의 깊게 지켜보아야 할 것이다.

(1) 토종 식물의 터전을 위협할 수가 있다. 　　　　　　　　　　　(　　)

(2) 사람들이 핑크뮬리를 찾아 멀리서부터 찾아온다. 　　　　　　　(　　)

(3) 핑크뮬리가 자라면 안 되는 땅으로까지 퍼질 수 있다. 　　　　(　　)

정답 | 1. (1) 직접 민주 정치 (2) 간접 민주 정치　2. (1) ○ (2) ✕ (3) ○

고대 그리스는 폴리스라고 불리는 작은 도시들이 모여서 이루어진 도시 국가로 알려져 있다. 아테네나 스파르타 같은 도시가 그 대표적인 예이다. 이들 도시의 가장 높은 곳을 '아크로폴리스'라고 불렀다. 아크로폴리스에는 수호신을 모시는 신전이 있어 신앙의 중심지였다. (㉠   ) 전쟁 때에는 군사적 요충지로도 사용되었다. 그중 아테네에 있는 아크로폴리스가 가장 대표적인데, 여기에는 파르테논 신전이 있다.

▲ 그리스의 아크로폴리스

한편, 아고라는 일상적인 활동이 활발히 이루어지는 시민 생활의 중심지였다. 아고라의 원래 의미는 '모이는 장소'라는 뜻이다. 기원전 6세기에 지어진 아테네의 아고라는 대체로 커다란 종합 운동장만 한 크기의 직사각형 ㉡ 이다. 그 주변에는 커다란 건물들이 균형 있게 자리 잡고 있었다. 아고라는 이렇게 시내 중심지에 넓게 자리 잡은 소통의 공간이자, 경제 활동의 중심지이기도 했다. 동시에 아고라는 시민들이 사교 활동을 하면서 여론을 형성하던 의사소통의 중심지였다. 학문과 사상 등에 대한 토론이 이루어지던 문화와 예술의 중심지 역할도 했다. 시민들은 여기에서 민회(民會)를 열어 국방이나 정치 문제도 토론하였다. 그래서 아고라는 오늘날에도 사회의 공적인 의사소통이나 직접 민주 정치가 이루어지는 공간을 뜻하기도 한다.

이러한 아고라에서 민주주의가 싹이 텄다고 할 수 있다. 민주주의를 가리키는 데모크라시라는 말도 고대 그리스어에서 왔다. 데모크라시는 한마디로 '국민에 의한 지배'라는 뜻이다. 이는 권력을 가진 다수 국민에 의해 국가의 중요한 의사가 결정된다는 뜻이다. 그런데 고대 그리스에서 정치에 참여할 수 있는 '시민'은 자유민인 성인 남성만으로 제한되었다. 따라서 여성, 노예, 외국인은 정치에 참여할 수 없었다. 이러한 점에서 고대 그리스의 정치는 제한적 민주 정치라 할 수 있다.

오늘날에 비하면 고대 그리스 아테네와 같은 도시 국가들은 영토도 작고 인구도 적었다. 그래서 직접 민주 정치가 가능하기도 하였다. 하지만 오늘날 대부분의 국가에서는 이를 그대로 적용하기가 쉽지 않다. 이러한 이유 때문에 현대에는 국민이 선거를 통해 국회의원과 같은 대표를 뽑는다. 그리고 이들을 통해 정치에 간접적으로 참여한다. 이를 간접 민주 정치 또는 대의 정치라고 한다.

중심 화제 파악하기

1 **이 글의 중심 화제로 가장 적절한 것은? (   )**

① 아크로폴리스

② 아고라의 기능

③ 아테네와 민주주의의 어원

④ 아크로폴리스와 종교의 기원

⑤ 고대 그리스의 민주주의와 아고라

생략된 내용 추론하기

2 **㉠에 생략된 내용을 추론한 것으로 적절한 것은? (   )**

① 신전이 있어 관광 명소로 중요한 역할을 했기 때문에

② 시민들의 행사와 의식에 중심적인 역할을 했기 때문에

③ 신전 건축을 위해 많은 비용과 노동력을 들였기 때문에

④ 신전의 신들이 적들을 물리치는 데 도움을 주었기 때문에

⑤ 높은 곳이라 적의 침입과 동향을 파악할 수 있었기 때문에

내용 전개 방식 파악하기

3 **이 글에 사용된 내용 전개 방식에 대한 설명으로 적절하지 않은 것은? (   )**

① 어떤 용어의 개념을 정의하고 있다.

② 어떤 일의 원인과 결과를 설명하고 있다.

③ 두 대상을 비교 · 대조하여 설명하고 있다.

④ 정보를 공간적 순서에 따라 서술하고 있다.

⑤ 특정 대상의 기능을 나열하여 제시하고 있다.

4 ⓒ에 들어갈 말로 가장 적절한 것은? (　　　)

① 언덕
② 시장
③ 벌판
④ 건물
⑤ 광장

5 이 글을 통해서 알 수 있는 '아고라'의 기능으로 적절하지 <u>않은</u> 것은? (　　　)

① 민회의 장소
② 정치의 중심지
③ 군사적 요충지
④ 경제 활동의 중심지
⑤ 문화 예술의 중심지

6 이 글을 통해서 알 수 있는 고대 그리스 아테네의 민주 정치에 대한 설명으로 적절한 것은? (　　　)

① 모든 사람들이 정치 토론에 참여할 수 있었다는 점에서 민주주의의 출발점이 되었다.
② 오늘날의 대도시와 그 규모가 비슷한 고대 도시 국가인 폴리스를 통해서 민주주의가 싹틀 수 있었다.
③ 고대 그리스의 시민은 일부 성인 남자들로만 제한되었다는 점에서 오늘날의 시민 개념과 차이가 있다.
④ 모든 사회 구성원들이 직접 정치 활동에 참여할 수 있었다는 점에서 오늘날의 민주 정치와 기본적으로 동일한 제도이다.
⑤ 국민이 곧 국가의 주인이라는 고대 그리스 아테네의 민주주의 사상은 대통령 중심제인 오늘날의 민주 정치 이념과는 완전히 다르다.

어휘 익히기

1 단어 뜻 알기

다음 빈칸에 들어갈 알맞은 단어를 〈보기〉에서 찾아 쓰시오.

보기

수호신   요충지   여론   민회

1. 고대 그리스 도시 국가에서는 (   )을/를 열어 국가의 중요한 일을 결정하였다.

   뜻 | 고대 그리스 · 로마의 도시 국가에 있었던 정기적인 시민 총회.

2. 고대 그리스인들은 신전에는 (   )이/가 있다고 믿었다.

   뜻 | 나라나 마을, 사람을 지키고 보살펴 주는 신.

3. 사람들이 모이는 광장에서는 어떤 쟁점이나 문제에 대한 (   )이/가 형성될 수 있다.

   뜻 | 어떤 일에 관하여 세상 사람들이 두루 지닌 생각이나 의견.

4. 사람들은 이곳을 수도 방어에 유리한 국방의 (   )(으)로 인식하였다.

   뜻 | 아주 중요한 구실을 하는 곳.

2 관용 표현 알기

다음 빈칸에 알맞은 말을 쓰시오.

> "사람 ☐ 에 사람 ☐☐ 사람 밑에 사람 없다"
>
> 민주주의는 모든 국민이 본래 태어날 때부터 평등한 권리를 가지고 있다는 생각에서 출발한다. 이 속담은 사람은 본래 태어날 때부터 권리나 의무가 평등함을 이르는 말이다.

권리 · 의무

3 한자어 익히기

다음 한자어를 소리 내어 읽고 빈칸에 따라 쓰시오.

代	議
대신할 **대**	의논할 **의**

대의(代議): 선거를 통하여 뽑힌 의원이 국민의 의사를 대표하여 정치를 담당하는 일.
- 국회는 대의 기관이다.
- 간접 민주 정치를 대의 정치라고도 한다.
- 오늘날의 민주주의는 대의 제도로 이루어진다.

代	議						
대신할 **대**	의논할 **의**						

공법과 사법은 어떻게 구분되나?

☑ 핵심 개념인 '공법', '사법'과 관련된 말들을 알아 둡시다.

→ 헌법 / 형법 / 민법 / 법률관계

🧑 전통적인 분류 방식에 따르면 법은 크게 공법과 사법으로 나눌 수 있어.

☑ 글을 읽고 이것만은 꼭 찾아냅시다.

→ 공법과 사법의 구분 기준은 무엇이고 각각의 유형에는 어떤 것이 있을까?

☑ 글을 읽고 글에 제시된 단서를 활용하여 사회 문화적 배경을 추론해 봅시다.

→ 시대나 사회 문화적 배경을 드러내는 단어나 내용을 통해 사회 문화적 배경을 추론한다.

> 시대나 사회 문화적 배경을 드러내는 표현 살피기

> ⬇

> 사회 문화적 배경 추론하기

🧑 사회 문화적 배경은 글에 직접 제시될 수도 있고, 글에 제시된 단서를 통해 추론해야 할 수도 있어.

준비 학습

1
핵심 개념 미리 보기

제시된 의미에 알맞은 단어를 찾아 연결하시오.

(1) 개인 사이의 재산, 신분 등에 관한 법률관계를 규정한 법. • • ㉠ 헌법

(2) 국민의 권리와 의무 및 국가의 통치 구조를 정해 놓은 그 나라의 최고법. • • ㉡ 공법

(3) 국가나 공공 단체 상호 간의 관계나 이들과 개인의 관계를 규정하는 법률. • • ㉢ 사법

2
읽기 방법 미리 보기

다음 글을 읽고 당시의 사회 문화적 배경을 추론한 것이 적절하면 ○표, 적절하지 않으면 ×표 하시오.

영국의 대헌장(마그나 카르타, 1215년)은 존 왕의 잘못된 정치를 견디지 못한 귀족들이 자신들의 권리를 인정해 주도록 왕에게 요구하여 만들어진 문서이다. 이 문서에는 의회의 승인 없이는 귀족들에게 세금을 부과할 수 없다는 내용 등이 담겨 있다. 이는 근대 헌법의 토대가 될 정도로 세계 정치사에서 엄청난 의미를 지닌 문서이다.

(1) 대헌장 제정 이전에 존 왕은 귀족들에게 많은 세금 부담을 주었을 것이다. ( )

(2) 대헌장이 제정된 이후에는 왕의 권력이 많이 줄어들었을 것이다. ( )

정답 | 1. (1) – ㉢ (2) – ㉠ (3) – ㉡ 2. (1) ○ (2) ○

[A] 　우리나라의 옛날이야기 중에는 재판과 관련되는 이야기들이 상당수 있다. 그중의 하나가 바로 유명한 「망주석* 재판」이다. 비단 장수 이 서방은 어느 날 무덤 앞 망주석에 비단을 내려놓고 잠시 쉬다가 깜박 잠이 들었다. 그런데 잠에서 깨어 보니 비단 보따리가 감쪽같이 사라졌다. 비단 장수는 마을 원님에게 비단을 찾게 해 달라고 간청한다. 이야기를 들은 원님은 당장 망주석을 잡아 오게 해서 심문을 한다. 원님은 아무 말이 없는 망주석이 범인이라며 곤장을 치도록 명령한다. 사람들이 관청에 몰려들어 이 광경을 지켜보며 키득키득 웃어 댄다. 원님은 웃어 댄 사람들에게 그 벌로 비단 한 필씩을 바치도록 한다. 사람들은 옆 마을에 새로운 비단 장수가 왔다는 소문을 듣고 몰려갔다. 그러고는 너도나도 비단을 한 필씩 사다가 원님에게 바친다. 원님은 그 비단이 모두 이 서방이 잃어버린 비단임을 밝혀낸다. 원님은 마침내 비단을 훔쳐 간 진짜 범인을 붙잡는 데 성공한다.

▲ 구리 동구릉 건원릉 망주석

　이 이야기에서 ㉠원님의 재판 행위는 공법의 영역에 속할까, 사법의 영역에 속할까? 전통적으로 법을 분류할 때 크게 공법과 사법으로 나눈다. 공법은 국민인 개인과 국가 또는 국가 기관 간의 공적인 생활 관계를 규율하는 법을 가리킨다. 공법의 대표적인 예로 헌법과 형법을 들 수 있다. 헌법은 국민의 권리와 의무 등을 정해 놓은 국가의 최고법이다. 형법은 범죄의 유형과 그에 따른 벌의 내용을 정해 놓은 법이다.

　공법과 달리 사법은 개인과 개인 사이의 사적인 생활 관계를 규율하는 법을 말한다. 사법의 대표적인 예로는 민법과 상법을 들 수 있다. 민법은 개인 간의 가족 관계나 재산 관계 등을 다스리는 법이다. 상법은 상업이나 경제생활 관계를 다스리는 법이다.

　공법과 사법을 구별한 것은 오래전인 고대 로마법 시절부터라고 한다. 그러나 왕이 모든 권력을 쥐고 행사하던 시절에는 공법과 사법이라는 구분이 큰 의미를 가질 수 없었다. 물론 그때도 개인과 개인 사이의 권리와 의무 관계를 규율하는 법과 재판이 있었다. 그렇지만 왕이 제멋대로 권력을 행사하는 부분이 너무도 컸다. 따라서 사법은 큰 비중을 차지하지 못했던 것이다.

　1215년에 영국의 존 왕은 귀족들의 압력에 못 이겨 대헌장(마그나 카르타)을 인정하였다. 이 대헌장에는 법률에 의하지 않고는 귀족에게 세금을 거두지 못하도록 하는 약속도 들어 있다. 이를 통해 귀족들조차도 왕으로부터 재산을 지키는 일 자체가 중대한 과제였음을 알 수 있다. 물론 평범한 일반 백성들의 재산권은 더욱 보호받지 못하는 상황이었다.

　그런데 ㉡공법과 사법의 구별이 일반적으로 인정되고 중요한 의미를 갖게 된 것은 근대에 들어서부터이다. 이때부터 개인이 자유롭게 재산을 모으고 계약을 맺는 등 자유로운 법률관계를 형성할 수 있게 되었기 때문이다. 현대에 들어와서는 개인의 권리와 재산을 보호하는 것이 더욱 중요하게 부각되었다. 또한 국가와 개인의 관계가 복잡해지면서, 공법과 사법의 체계도 더욱 발전하였다.

---

* **망주석** : 옛날에 무덤 앞의 양쪽에 세우는 한 쌍의 돌기둥.

중심 내용 파악하기

1 이 글에서 설명하고 있는 법의 유형을 다음과 같이 도식화할 때, 빈칸에 알맞은 법의 종류를 쓰시오.

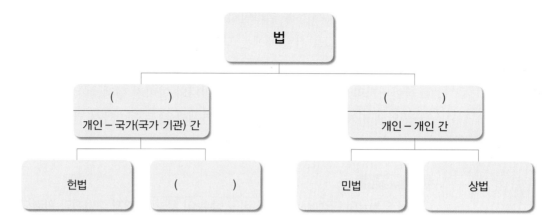

사회 문화적 배경 추론하기

2 이 글을 읽고 추론한 내용으로 적절하지 **않은** 것은? (   )

① 근대에 들어와서야 개인의 사유 재산권에 대한 인식이 확대된 것이로군.

② 13세기 초의 영국만 하더라도 평범한 일반 백성들의 재산권 보호는 쉽지 않았겠군.

③ 존 왕이 대헌장을 승인함으로써 왕이 모든 권력을 쥐고 귀족 계급을 지배하게 되었군.

④ 원님이 직접 재판을 한 것으로 보아 원님은 오늘날의 공무원과 법관의 역할을 모두 수행했군.

⑤ 고대 로마 시대에는 일반 평민들의 재산권이나 신분이 법률적으로 완전히 보호받은 것은 아니겠군.

핵심 개념 파악하기

3 ㉠에 대한 답으로 적절하지 **않은** 것은? (   )

① 원님의 재판 행위는 넓게 보면 공법과 사법 영역에 모두 관련될 수 있다.

② 원님은 국가를 대신하여 재판을 진행했다고 볼 수 있으므로 공법의 영역에 속한다.

③ 원님이 재판을 마치고 진짜 범인에게 벌을 내렸다면 형법과 공법 영역에 해당한다.

④ 원님이 진짜 범인에게 이 서방의 재산인 비단을 돌려주고 손해를 배상하게 했다면 사법의 영역에 속한다.

⑤ 원님이 망주석에게 곤장을 치게 한 것은 개인적인 감정으로 잘못 판단한 것이기 때문에 사법의 영역에 속한다.

내용 적용하기

4

ⓒ에 따를 때, 다음 중 적용되는 관련 법의 종류가 다른 하나는? (   )

① 부모님이 친구분께 돈을 빌리면서 계약서를 작성하셨다.

② 횡단보도에서 길을 건널 때에는 교통 신호를 지켜야 한다.

③ 결혼하면 혼인 신고를 함으로써 법률상 정식 부부로 인정받는다.

④ 할아버지의 사망 신고 후, 재산은 할머니와 아버지 형제들이 법에 따라 나누었다.

⑤ 집 앞의 가게와 매우 비슷한 이름의 가게가 새로 들어와서 법적인 문제가 생겼다.

내용 적용하기

5

다음을 오늘날의 관점에서 볼 때, 비단 장수 이 서방 이 저지른 범죄와 관련되는 법의 종류를 〈보기〉에서 있는 대로 고른 것은? (   )

> 나중에 알고 보니 비단 장수 이 서방 도 잘못을 저질렀다는 새로운 사실이 밝혀졌다. 즉, 반드시 입대하여 나라를 지켜야 하는 백성의 의무를 전혀 지키지 않은 사실이 확인되었다.

보기
공법   사법   헌법   민법   형법   상법

① 공법   ② 헌법   ③ 공법, 헌법

④ 공법, 헌법, 형법   ⑤ 공법, 헌법, 형법, 상법

상황 맥락 재구성하기

6

다음을 읽은 학생들이 [A]의 내용을 현재 상황에 맞게 바꾸어 보는 활동을 한다고 할 때, 토의의 내용으로 적절하지 않은 것은? (   )

> 작품에 등장하는 인물이나 배경을 현재 상황에 맞게 바꾸어 새롭게 작품에 접근해 봄으로써, 작품이 담고 있는 내용을 다른 시각에서 바라볼 수도 있다. 이는 작품을 새롭게 감상하거나, 더 나아가서는 창작을 하는 밑바탕이 될 수 있다.

① 민희: 재판의 상황을 당시 그대로 할지, 현재 상황으로 재구성할지 고민이 필요할 것 같아.

② 영수: 현재 상황으로 바꾼다면 인물의 역할이나 법의 내용에 대한 이해도 필요하지 않을까?

③ 다솔: 역사적 상황이 많이 달라졌기 때문에 계획을 잘 세워야 할 것 같아. '웃음'과 관련된 개인의 표현의 자유와 관련된 부분을 다뤄 보면 어떨까?

④ 진주: 그래. 망주석 재판을 보고 단지 웃었다는 이유 때문에 비단을 바치도록 벌을 내린 것에 이의를 제기하는 재판을 기획해 보는 것도 좋을 것 같아.

⑤ 창희: 비단 장수가 자신이 입은 손해를 배상받기 위해, 도둑에게 비단을 갚을 것을 요구하는 형법 재판을 꾸며 보는 것은 어때?

어휘 익히기

1 단어 뜻 알기

다음 빈칸에 들어갈 알맞은 단어를 〈보기〉에서 찾아 쓰시오.

> **보기**
>
> 심문   공적인   규율   부각

1. 경찰은 범인으로 의심되는 용의자를 (   )하여 자백을 받았다.

   뜻 | 법관이나 수사관 같은 사람이 어떤 일에 관련된 사람한테 궁금한 것을 캐묻는 것.

2. 우리 학급 학생들의 행동을 (   )하는 원칙을 만들 것이다.

   뜻 | 질서를 잡으려고 정해 놓은 규칙이나 법.

3. 공무원은 국가나 사회를 위한 (   ) 업무를 주로 하는 사람들이다.

   뜻 | 개인이 아니라 나라나 사회에 얽힌.

4. 기후 환경 변화는 21세기 인류에게 가장 크게 (   )되는 문제이다.

   뜻 | 두드러지게 나타내는 것.

2 관용 표현 알기

다음 빈칸에 알맞은 사자성어를 쓰시오.

> " ☐ ☐ ☐ ☐ "
>
> 원님이 비단을 훔쳐 간 범인을 찾아내어 비단 장수의 억울함을 풀어 주고, 범인이 벌을 받게 되는 것은 처음에는 잘못되었던 일이 결국에는 해결되고 바르게 돌아간 것에 해당한다. 이 사자성어는 이처럼 모든 일은 반드시 바른길로 돌아가게 됨을 뜻하는 말이다.

한자	뜻	음
事	일	
必	반드시	
歸	돌아가다	
正	바르다	

3 한자어 익히기

다음 한자어를 소리 내어 읽고 빈칸에 따라 쓰시오.

法律
법 법 / 법 률

법률(法律): 국가 및 공공 기관이 정한 사회 규범.
- 그 나라의 법률은 상당히 엄격하다.
- 국가의 보호를 받으려면 법률을 지켜야 한다.
- 구청에서는 무료로 법률에 대한 상담을 받을 수 있다.

法律
법 법 / 법 률

04회 가격은 어떻게 정해지는가?

☑ 핵심 개념인 '수요·공급 법칙'과 관련된 용어를 알아 둡시다.

→ 가격 / 시장 / 수요량 / 공급량

🧑 가격과 수요량의 관계를 수요 법칙, 가격과 공급량의 관계를 공급 법칙이라고 해.

☑ 글을 읽고 이것만은 꼭 찾아냅시다.

→ 수요 법칙과 공급 법칙, 균형 가격의 의미는 무엇일까?

☑ 글을 읽고 맥락을 바탕으로 새로운 내용을 추론해 봅시다.

→ 글에 제시된 정보의 맥락을 파악하고 새로운 내용을 추론한다.

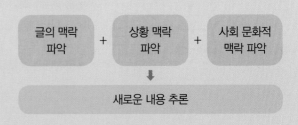

| 글의 맥락 파악 | + | 상황 맥락 파악 | + | 사회 문화적 맥락 파악 |

↓

새로운 내용 추론

🧑 글에서 맥락이란 내용이 서로 이어져 있는 관계나 연관을 의미해.

준비 학습

다음 빈칸에 들어갈 알맞은 단어를 〈보기〉에서 찾아 쓰시오.

> 보기
>
> 상설 시장   정기 시장   수요   공급

(1) (   )은/는 정해진 날에만 문을 연다. 대표적인 예로 5일마다 문을 여는 오일장이 있다.

(2) (   )은/는 말 그대로 언제든지 이용할 수 있도록 항상 문을 여는 시장이다. 그만큼 물건을 사려는 사람들의 (   )이/가 많아서 방문객이 많다.

다음 글을 읽고 (1), (2)에 해당하는 추론의 유형을 〈보기〉에서 찾아 기호를 쓰시오.

오래전 초등학생 때의 일입니다. 늦은 오후가 되면 어김없이 딸랑딸랑 두부 장수 아저씨의 종소리가 들렸습니다. 어머니는 하시던 일을 멈추고 화장대에서 손지갑을 꺼내어 부리나케 집 밖으로 뛰어나가셨습니다. 우리 가족은 그날 저녁 맛있는 두부찌개를 먹었습니다.

> 보기
>
> 글을 읽고 추론을 하는 유형에는, 제시된 글에 나타난 단서들을 활용하는 ㉠문맥 추론, 해당 글의 내용이 담고 있는 상황을 이용하는 ㉡상황 맥락 추론, 글에 담긴 당시의 사회적 배경을 활용하는 ㉢사회 문화적 맥락 추론 등이 있다.

(1) 글쓴이의 어머니는 손지갑을 화장대에 넣어 두시는군.   (   )

(2) 옛날에는 두부 장수가 소비자들에게 자신이 두부를 팔러 왔다는 것을 알리는 수단으로 종을 사용하였군.   (   )

정답 | 1. (1) 정기 시장 (2) 상설 시장, 수요 2. (1) ㉠ (2) ㉢

가 시장은 어떤 상품(또는 재화)이나 서비스를 사려는 사람과 팔려는 사람이 모여 거래하는 곳이다. 사람들은 시장을 통해서 효율적으로 거래를 할 수 있고, 다양한 정보도 쉽게 얻을 수 있다. 그러면 시장의 종류에는 어떤 것이 있을까? 먼저 시장이 형성되는 주기에 따라 상설 시장과 정기 시장으로 구분된다. 상설 시장은 소비자들이 거의 매일 이용할 수 있다. 반면에 정기 시장은 3일장, 5일장, 7일장과 같이 일정한 간격을 두고 정해진 날짜에만 장이 열린다. 또한 거래되는 상품의 종류에 따라 다양하게 구분된다. 예를 들어, 수산물 시장, 청과물 시장, 꽃 시장 등이 있다. 그리고 거래 형태에 따라 ㉠눈에 보이는 시장과 ㉡눈에 보이지 않는 시장으로 구분할 수 있다. 전자는 전통 시장과 대형 마트가 대표적인 예이다. 후자는 최근에 가파르게 성장한 온라인 쇼핑몰이 대표적인 예이다.

나 시장에서 일정한 가격에 상품이나 서비스를 사려는 욕구를 수요, 일정한 가격에 팔려는 욕구를 공급이라고 한다. 수요자나 공급자는 실제로 각각 사거나 팔 수 있는 능력을 갖추고 있어야 한다. 수요자는 곧 소비자를, 공급자는 생산자를 가리킨다. 특정한 가격에 사려고 하는 상품의 양을 수요량, 팔려고 하는 양을 공급량이라고 한다.

다 물건을 사려는 수요자의 입장이라면, ㉢일반적으로 가격이 오르면 수요량은 감소하게 된다. 반대로 가격이 내리면 수요량은 증가하게 된다. 이러한 가격과 수요량의 관계를 수요 법칙이라고 한다. 반대로 물건을 팔려는 사람, 즉 공급자의 입장에서는 어떨까? 가격이 오르면 공급자는 더 많이 팔려고 더 많이 공급하게 될 것이다. 따라서 공급량은 증가하게 된다. 반대로 가격이 내리면 공급량이 감소하게 된다. 이러한 가격과 공급량의 관계를 공급 법칙이라고 한다. 이러한 수요와 공급에 의해 시장 가격이 결정된다. 수요량과 공급량이 일치하는 지점에서 시장이 균형을 이룬다. 이때의 가격을 균형 가격이라고 한다. 또 이때의 거래량을 균형 거래량이라고 한다.

라 결론적으로 수요와 공급의 균형이 깨졌을 때 가격의 변화가 발생한다는 것을 알 수 있다. ㉣ 수요나 공급의 변화가 발생하는 이유는 무엇일까? 먼저 수요 변화의 요인은 소비자의 소득, 좋아하고 즐기는 정도를 뜻하는 기호의 변화, 관련 상품 가격의 변화, 소비자 수의 변화, 미래 가격에 대한 소비자의 기대 변화 등을 들 수 있다. 반면에 공급 변화의 요인으로는 생산 비용이나 기술의 변화, 생산자 수의 변화, 미래 가격에 대한 생산자의 기대 변화 등을 들 수 있다.

중심 화제 파악하기

1 **가**의 중심 화제로 적절한 것은? (   )

① 시장의 종류
② 시장의 원리
③ 정기 시장의 뜻
④ 시장을 구분하는 기준
⑤ 시장에서 거래하는 상품

세부 내용 파악하기

2 ㉠과 ㉡에 해당하는 예를 짝지은 것으로 가장 적절한 것은? (   )

	㉠	㉡
①	편의점	대형 마트
②	인터넷 쇼핑몰	백화점
③	상설 시장	정기 시장
④	벼룩시장	골목 시장
⑤	전통 시장	인터넷 쇼핑몰

글쓴이의 의도 파악하기

3 ㉢과 같이 표현한 이유로 적절한 것은? (   )

① 가격과 수요량은 항상 일정하기 때문에
② 가격이 오르면 수요량은 항상 감소하기 때문에
③ 가격이 오르면 수요량은 대체로 줄어들기 때문에
④ 가격에 관계없이 수요량은 언제나 일정하기 때문에
⑤ 가격과 수요량은 언제나 특별한 관련성이 없기 때문에

담화 표지 이해하기

4 문맥을 고려할 때, ㉣에 들어갈 말로 가장 적절한 것은? (   )

① 그러나   ② 따라서   ③ 그러므로   ④ 그렇다면   ⑤ 그렇지만

도식 이해하기

5 이 글을 바탕으로 다음 [그림]을 이해한 내용으로 적절하지 <u>않은</u> 것은? (   )

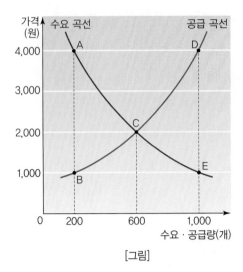

[그림]

① A는 수요가 적은 것을 나타낸다.

② B는 공급이 적은 것을 나타낸다.

③ C는 최저 가격을 나타낸다.

④ D는 공급이 많은 것을 나타낸다.

⑤ E는 수요가 많은 것을 나타낸다.

맥락을 통해 새로운 내용 추론하기

6 이 글을 통해 알 수 있는 수요와 공급의 변화 요인의 예로 적절하지 <u>않은</u> 것은? (   )

① 사람들의 상품에 대한 취향이 과거와 달라졌다.

② 제품의 원료가 부족하여 생산에 어려움이 많다.

③ 최근 경기가 어려워져 가계 소득이 많이 줄어들었다.

④ 한국의 학생 수가 몇 년 전에 비해서 크게 줄어들었다.

⑤ 이 지역은 경치가 좋아서 예나 지금이나 방문객 수가 변함없이 많다.

어휘 익히기

1 ── 단어 뜻 알기

다음 빈칸에 들어갈 알맞은 단어를 〈보기〉에서 찾아 쓰시오.

보기
상설   정기   전자   요인

1. 창업에 앞서 기업들의 성공 (   )을/를 분석해 보았다.

   뜻 | 어떤 일이 일어난 까닭. 또는 조건이 되는 요소.

2. 아빠가 좋아하는 가수의 (   ) 순회공연이 있는 날이다.

   뜻 | 정해진 때. 또는 정해진 동안.

3. 서울 역사 박물관은 봄을 맞아 (   ) 전시관을 단장하였다.

   뜻 | 언제든지 쓸 수 있게 늘 갖추어 두는 것.

4. 둘 중 하나를 택할 수 있다면 디자인으로 볼 때 (   )보다는 후자를 택하겠다.

   뜻 | 앞서 말한 두 가지 가운데 먼저 말한 것.

2 ── 관용 표현 알기

다음 빈칸에 알맞은 말을 쓰시오.

> "이왕이면 다홍 [ ][ ]"
>
> 가격에 차이가 없다면 품질, 성능, 디자인 등을 비교하여 제품을 고르는 것이 합리적인 소비일 것이다. 이 속담은 같은 값이면 좋은 치마를 고른다는 뜻으로, 값이 같거나 같은 노력이 든다면 품질이 좋은 것을 택한다는 의미이다.

3 ── 한자어 익히기

다음 한자어를 소리 내어 읽고 빈칸에 따라 쓰시오.

상품(商品): 사고파는 물건.
• 서비스도 상품이 될 수 있다.
• 수요 공급 법칙에 의해 상품의 가격이 결정된다.
• 시장에서는 온누리 상품권을 사용하여 상품을 살 수 있다.

---

❶ 의도나 관점 추론하기

글쓴이는 일부러 글을 쓰는 자신의 의도나 자신의 관점을 감추기도 한다. 즉, 글쓴이는 전달 효과를 높이기 위해 의도적으로 내용을 생략하기도 하고, 원하는 표현 효과를 얻기 위해 내용을 감추기도 한다. 이렇게 글에 생략되어 있거나 숨겨진 내용을 추론하며 읽는 능력은 훌륭한 독자가 갖추어야 할 기본 능력이다.

★ 글쓴이의 의도나 관점을 추론하기 위해서는,

(1) 글의 종류를 파악한다.
(2) 글 전체의 내용이나 글이 쓰인 상황 맥락을 파악한다.
(3) 글이 쓰인 당시 또는 글쓴이가 처한 사회 문화적 맥락(배경)을 파악한다.
(4) 글에서 대상에 대해 글쓴이가 취하고 있는 태도를 파악한다.

1 다음 글을 읽고 물음에 답하시오.

> 예전엔 솜만큼 귀한 것이 종이였다. 닥나무로 종이를 만드는 과정이 그만큼 힘들었기 때문이다. 그 때문에 나랏일에 필요한 문서나 책을 만들 때를 제외하고는 새 종이를 마음껏 쓸 수가 없었다. 과거 시험에 떨어진 사람들의 답안지를 '낙폭지'라고 했는데, 추운 겨울에 전투가 벌어지면 군사들에게 보낼 옷에 넣을 솜이 부족할 때 솜 대신에 넣어 보내 준 것도 바로 이 낙폭지였다. 『조선왕조실록』에 따르면, 각각 임진왜란과 병자호란 시기의 임금인 선조부터 인조에 이르기까지 여러 왕들이 추운 겨울이 되면 어김없이 낙폭지를 구해 군사들에게 보내어 자신의 마음을 전하곤 하였다. 즉 낙폭지로 속을 채운 옷은 군사들에 대한 고마움과 미안함을 담은 왕의 선물이면서, 척박한 환경에서 추위를 이겨 내기 위해 고민한 지혜의 산물인 것이다.

(1) 이 글의 낙폭지 옷의 사례는 주로 어느 시기의 이야기인지 쓰고 그렇게 짐작할 수 있게 하는 단어를 찾아 3개 이상 쓰시오.

• 시기: _____   • 시기를 짐작할 수 있게 하는 단어: _____

(2) 글쓴이가 이 글을 쓴 이유에 해당하지 <u>않는</u> 것은? (   )

① 낙폭지의 기능이 무엇인지 설명하기 위해
② 낙폭지가 무엇을 뜻하는지를 설명하기 위해
③ 낙폭지 옷이 어느 정도로 추위를 차단하는지를 정확히 설명하기 위해
④ 낙폭지 옷에 담긴, 군사들에 대한 왕의 고마움과 미안함을 알리기 위해
⑤ 낙폭지 옷이 물자를 절약하고자 하는 생활 속 지혜에서 나온 산물이라는 점을 알리기 위해

2

다음 글을 읽고 물음에 답하시오.

[해설] 다음은 19세기 초에 다산 정약용이 쓴 『목민심서』라는 책에 나오는 내용이다. 『목민심서』는 정약용이 자신의 관직 생활과 삶의 경험을 바탕으로 백성을 다스리는 관리로서 갖추어야 할 태도 등을 자세히 밝힌 책이다.

   벼슬살이를 하는 방법은 언제라도 벼슬을 버린다는 의미로 '버릴 기(棄)' 한 글자를 벽에 써 붙이고 아침저녁으로 눈여겨보는 것이다. 자신의 행동에 어려움이 있거나 마음에 거슬리는 일이 있거나, 자신보다 직위가 높은 윗사람이라도 말이나 태도에 너무 예의가 없거나, 내 뜻을 전혀 행할 수가 없으면 벼슬을 그만두어야 한다. 내가 언제든지 벼슬을 가볍게 버릴 수 있는 사람이며 쉽게 건드릴 수 없는 사람임을 감사*가 알고 난 후에라야, 비로소 내가 그 밑에서 수령* 노릇을 할 수 있는 것이다. 만약 부들부들 떨면서 자리를 잃을까 두려워하면, 윗사람이 나를 업신여겨 오히려 그 자리에 오래 있을 수 없게 된다.
   그러나 윗사람과 아랫사람 사이의 서열은 본래 엄격한 것이다. 따라서 비록 벼슬을 그만두겠다는 뜻을 분명히 하고 돌아가는 상황에 이르더라도, 말씨와 태도는 마땅히 온순하고 겸손히 하여 털끝만큼이라도 울분을 터뜨리지 않아야 비로소 예에 맞는다고 할 수 있다.

* **감사**: 요즘의 도지사에 해당하는 조선 시대의 벼슬.
* **수령**: 요즘의 시장이나 군수에 해당하는 조선 시대의 벼슬.

(1) 이 글에 제시된 『목민심서』에 대한 설명으로 가장 적절한 것은? (   )

① 어떻게 하면 과거 급제를 할 수 있는지 알려 주기 위한 글이다.
② 학문에 힘쓰는 선비는 관리가 되어서는 안 된다는 것을 설득하기 위한 글이다.
③ 자신의 경험과 삶의 체험을 일기 형식으로 기록하여 간직하기 위해 쓴 글이다.
④ 백성을 다스리는 관리로서 갖추어야 할 바람직한 태도를 밝히기 위해 쓴 글이다.
⑤ 어떻게 하면 관직에 쉽게 적응하고 오랫동안 관직을 유지할 수 있는지를 알려 주기 위해 쓴 글이다.

(2) 이 글을 통해서 알 수 있는 글쓴이의 관점으로 가장 적절한 것은? (   )

① 윗사람이 무례할 때에는 울분을 참지 말고 가차 없이 자신의 생각을 말해야 한다.
② 관직을 그만둘 때는 그만두더라도 윗사람에 대한 예의범절은 반드시 지켜야 한다.
③ 윗사람인 상관과 아랫사람인 하관 사이에 본래부터 서열이 존재하는 것은 아니다.
④ 윗사람이 마음에 들지 않을 때는 모른 척하고 눈감아 줄 수 있는 사대부의 아량이 필요하다.
⑤ 벼슬을 하는 동안 자신의 뜻을 실천할 수 없으면 인내하며 때를 기다리는 법을 알아야 한다.

생략된 내용 추론하기란 글을 읽어 나가면서 글에 제시되지 않은 내용들을 구성해 내는 읽기이다. 글 쓴이는 글을 쓰면서 의도적으로 내용을 생략하기도 한다. 어떤 내용을 자세히 설명하지 않아도 독자가 너무도 당연히 잘 알 것이라고 판단한 것이다. 또한 간결하고 효과적인 표현을 위해서 생략하는 경우 도 있다.

★ 글에서 생략된 내용을 추론하기 위해서는,

(1) 글에서 '이것', '그것'처럼 다른 내용을 가리키는 말인 지시어의 의미를 파악한다.

(2) 글 또는 말에서 '그러나, 그런데'와 같이 앞뒤의 내용을 연결해 주거나 이어질 내용을 안내해 주는 말인 담화 표지를 통해 문장의 연결 관계를 파악한다.

(3) 이미 알고 있는 배경지식을 활용하여 글의 내용과 관련된 상황을 상세화한다.

(4) 생략된 내용을 이해하거나 추론하기 위해 스스로 다양한 질문을 하고 확인한다.

1

다음 글을 읽고 물음에 답하시오.

> 큰길 한복판에서 교통사고가 발생했다. 그로 인해 승용차에 타고 있던 운전자와 열 살가량의 아이가 부상을 당했다. (㉮) 곧이어 요란한 경보음과 함께 구급차가 신속하게 환자들을 수송했다. 응급 실에 도착하자마자 긴급하게 수술 준비가 시작되었다. 다행히 운전자였던 남자는 수술 직전에 의식을 되찾았다. 그러자 간호사가 ㉠그에게 물었다. "환자분, 저 아이와는 어떤 관계세요?" "네. 제 아들입니 다." 이윽고 ㉡외과 의사가 급히 수술실에 도착했다. 의사는 ㉢어린 환자를 보고 깜짝 놀라 소리쳤다. "아이고 내 아들아! 이게 어찌 된 일이야?"

(1) ㉮에 생략된 정보는 어떤 것이 있을지 쓰시오.

_____

(2) ㉠이 가리키는 사람은 누구인지 쓰시오.

_____

(3) ㉡과 ㉢은 어떤 관계일 거라고 생각하는지, 왜 그렇게 생각하는지 쓰시오.

• ㉡과 ㉢의 관계: _____

• 그렇게 생각한 까닭: _____

_____

2

다음 글을 읽고 물음에 답하시오.

역사학자 토인비는 인류 역사는 곧 '도전과 응전'의 역사로 설명될 수 있다고 했다. 즉 외부의 침략이나 가혹한 환경과 같은 도전 상황에서 이에 맞서서 응하여 싸우고 이것을 극복해 내는 것이 인류 역사의 과정이었다는 것이다. 토인비는 ㉠이 주장을 뒷받침하기 위해 청어와 관련된 이야기를 예로 들었다. 보통 북해나 베링 해협 같은 먼바다에서 잡히는 청어는 운반되는 동안 죽어 버리기 일쑤였다. 그런데 언젠가부터 런던 시내에 살아 있는 청어가 대량으로 공급되기 시작했다. 그 비결은 다름 아닌 청어의 천적인 물메기에 있었다. 청어들이 가득 담긴 수조에 물메기를 몇마리 넣으면 청어는 물메기에게 잡아먹히지 않으려고 있는 힘껏도망 다닌다. 청어에게 물메기와 함께 있는 것은 가혹한 시련이었고, ㉡그에 맞서 필사적으로 대응하다 보니 오히려 죽지 않고살아남을 수 있었다. 우리는 삶에 시련이나 고통이 찾아오면 세상을 원망하기도 한다. 하지만 토인비의 주장에 따르면 ㉢시련이나 고통은 꼭 나쁜 것만은 아니다.

▲ 물메기

(1) ㉠이 가리키는 바를 다음과 같이 요약할 때, 빈칸에 들어갈 단어를 쓰시오.

"인류 역사는 (   )과 (   )의 역사이다."

(2) ㉡이 뜻하는 바를 다음과 같이 정리할 때, 빈칸에 들어갈 내용을 이 글에서 찾아 쓰시오.

㉡	=	가혹한 시련	➡	

3

글쓴이가 ㉢과 같이 말한 이유를 추론하여 다음과 같이 정리할 때, 빈칸에 들어갈 말을 쓰시오.

(   ) 무리 속에 (   )를 몇 마리 넣어 두면 청어들이 더 오래 살아남듯이, 인간도 적절한 (   )이나 고통을 잘 극복하기만 하면 더욱 강인한 삶을 살 수 있다.

3주차

무엇을 배울까요?

회차	글의 내용	핵심 개념	읽기 방법	학습 계획일
01회	**지구는 살아 있다** 지권의 구조와 지권의 운동 증거인 대륙 이동설에 대해 설명한 글이다.	[지구 과학] 판 구조론	세부 내용을 단서로 추론하기	☐월 ☐일 (요일)
02회	**동결 건조 식품** 고체가 바로 기체로 변하는 승화 원리를 이용하여 식품을 만든 원리를 분석한 글이다.	[화학] 승화	설명 방식 파악하기	☐월 ☐일 (요일)
03회	**자연은 순수를 싫어한다** 생물 다양성을 보존하지 않으면 생태계 균형이 무너지고 인류에 위협이 될 것이라는 주장을 담은 글이다.	[생명] 생물 다양성	주장의 적절성 평가하기	☐월 ☐일 (요일)
04회	**색은 어디에서 왔을까?** 색이란 본래 물체가 가지고 있는 것이 아니라, 물체에서 반사되어 나오는 빛의 색이라는 것을 설명한 글이다.	[물리] 빛과 색	글을 통해 문제 해결 방안 찾기	☐월 ☐일 (요일)
05회	**읽기 방법 익히기** 이 주에 공부한 중요 [읽기 방법]을 한눈에 정리하고 문제로 확인합니다. 1 주장의 적절성 평가하기 2 글을 통해 문제 해결 방안 찾기			☐월 ☐일 (요일)

어느 수준일까요?

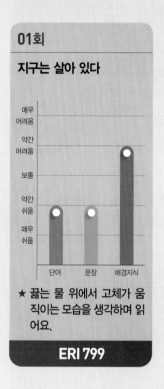

01회

지구는 살아 있다

★ 끓는 물 위에서 고체가 움직이는 모습을 생각하며 읽어요.

ERI 799

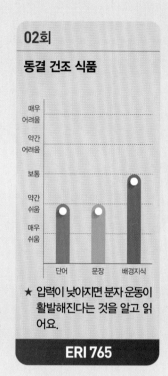

02회

동결 건조 식품

★ 압력이 낮아지면 분자 운동이 활발해진다는 것을 알고 읽어요.

ERI 765

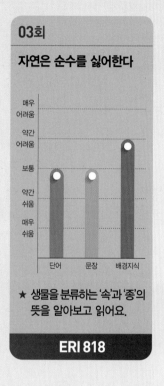

03회

자연은 순수를 싫어한다

★ 생물을 분류하는 '속'과 '종'의 뜻을 알아보고 읽어요.

ERI 818

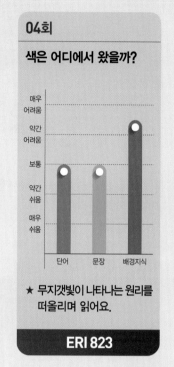

04회

색은 어디에서 왔을까?

★ 무지갯빛이 나타나는 원리를 떠올리며 읽어요.

ERI 823

이 주의 ERI 지수

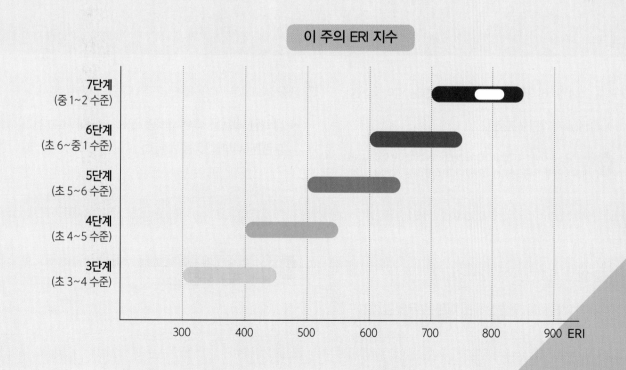

지구는 살아 있다

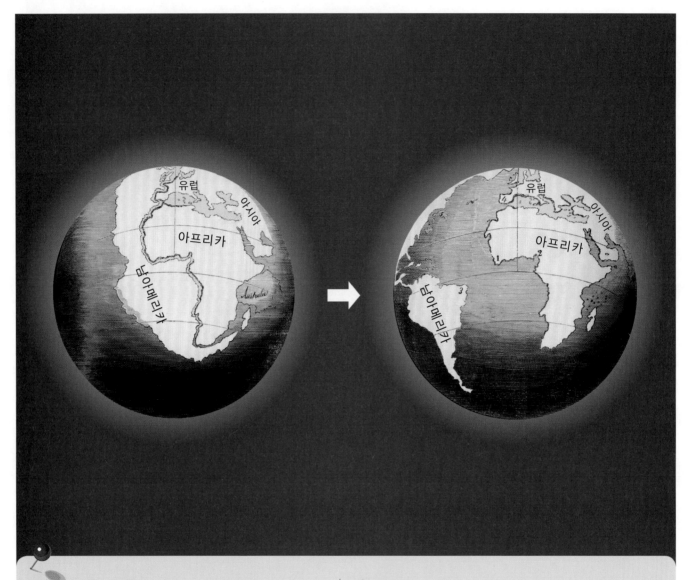

☑ 핵심 개념인 '판 구조론'과 관련된 말들을 알아 둡시다.

→ 지권 / 지각판 / 지진대

🙂 판 구조론이란 지각이 10여 개의 거대한 판으로 구성돼 있어 맨틀 위를 떠다니고 있다고 주장하는 학설을 말해.

☑ 글을 읽고 이것만은 꼭 찾아냅시다.

→ 대륙 이동설을 뒷받침하는 이론은 무엇일까?

☑ 글을 읽고 세부 내용을 단서로 내용을 추론해 봅시다.

→ 생략된 내용을 추론하려면 글의 앞뒤에서 그것과 관련된 세부 내용을 찾는다.

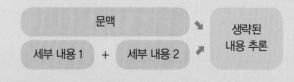

🙂 단서란 어떤 문제를 해결하는 방향으로 이끌어 가는 일의 첫 부분을 말해.

준비 학습

1
핵심 개념 미리 보기

다음 단어의 조합을 보고, (1)~(2)의 의미와 관련된 뜻을 찾아 연결하시오.

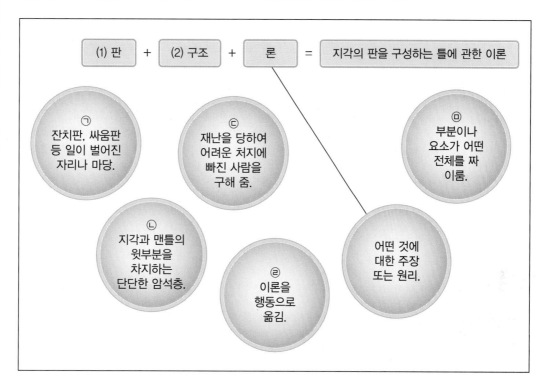

2
읽기 방법 미리 보기

다음 추론의 단서로 적절한 것에 ○표, 적절하지 않은 것에 ×표 하시오.

> 지구는 약 45억 년 전부터 멈추지 않고 언제나 살아 움직이고 있다.

(1) 과거의 지구는 하나의 큰 덩어리였다가 점차 여러 개로 갈라졌다.　　　(　　)

(2) 지각판이 서로 멀어지거나 충돌하면서 해일과 지진이 일어난다.　　　(　　)

(3) 인간이 시추공으로 지구 내부를 조사하는 데는 한계가 있다.　　　(　　)

정답 | 1. (1) – ㉡ (2) – ㉢ 2. (1) ○ (2) ○ (3) X

　　과학자들은 지구 내부가 어떻게 생겼을지 궁금했다. 이를 해결하기 위해 러시아 콜라반도에서 시추공을 뚫었다. 20년 동안 땅을 파 내려갔지만 겨우 12.2km밖에 파지 못했다. 밑으로 내려갈수록 압력과 온도가 높아져 더 뚫고 내려가기 어렵기 때문이다. ㉮그렇다면 지각*아래의 세계를 어떻게 알아낼 수 있을까?

　　1963년 미국, 영국, 소련은 대기권, 우주 공간, 물속에서의 핵무기 실험을 금지하는 '부분적 핵 실험 금지 조약'을 맺었다. 이에 따라 ㉠미국과 소련은 서로의 지하 핵 실험을 감시하기 위해 세계 곳곳에 지진 관측소를 설치하여 지진 발생 지역을 파악하였다. 그런데 그 과정에서 뜻밖의 발견을 하였다.

　　즉 지진이 발생하면 지진파가 사방으로 퍼져 나가는데, 지구 내부를 이루는 물질의 상태가 어떤가에 따라 지진파의 방향과 속도가 바뀌었던 것이다. 지진파의 방향과 속도가 바뀌는 지점을 조사한 결과, 지구의 층상 구조를 알게 되었다. 이에 따르면, 지구는 가장 안쪽에 매우 뜨거운 고체 상태의 '내핵', 그 위에 액체 상태의 '외핵', 또 그 위에 뜨겁고 끈적거리는 암석 물질로 이루어진 '맨틀'이 있다. 그리고 표면에는 단단한 '지각'이 덮고 있다.

　　이렇게 알게 된 땅속의 구조는 오랫동안 풀리지 않았던 ㉡의문에 대한 답을 제공했다. 1915년, 베게너는 지구의 대륙은 원래 한 덩어리였는데, 이것이 약 3억 년 전에 여러 대륙으로 분리되고 이동하여 현재와 같은 모양이 되었다는 가설을 세웠다. 그렇지만 왜 대륙이 분리되었는지, 어떤 힘에 의해 이동했는지 설명하지 못했다. 그런데 지구의 층상 구조가 밝혀지면서 이 대륙 이동의 원인이 설명되었다.

　　즉 지구 중심에 있는 뜨거운 핵이 맨틀을 데우면, 맨틀의 아래쪽은 데워지고 맨틀의 위쪽은 아직 차가워서 온도 차가 생겨난다. 이로 인해, 물이 끓을 때처럼 맨틀이 움직여서 맨틀의 아래쪽은 위로 올라가고 맨틀의 위쪽은 아래로 내려가게 된다. 이때 맨틀 위에 붙은 지각도 함께 움직이게 되고, 지

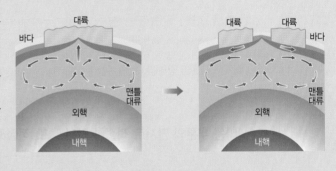

각의 약한 부분이 갈라지면서 한 덩어리였던 지각이 10개 이상의 지각판들로 나누어졌다는 것이다. 이렇게 지구의 표면이 여러 개의 지각판으로 구성되어 있다는 주장을 판 구조론이라고 하며, 과학자들은 이를 베게너의 가설인 대륙 이동설의 근거로 들고 있다.

　　판 구조론에 따르면, 맨틀에서 만들어진 마그마가 지각판을 밀어내어 치솟은 뒤 바닷물에 식어 새로운 지각이 되면, 이전에 있던 지각은 옆으로 밀려난다. 이로 인해 지각의 판은 서로 멀어지거나 다른 것과 충돌하게 되는데, 이때 지진이나 화산 폭발 등 다양한 현상이 발생한다. 그러고 보면 지구는 약 45억 년 전부터 잠시도 멈추지 않고 언제나 살아 움직이고 있다.

* 지각: 지구의 바깥쪽을 차지하는 부분.

중심 내용 파악하기

1 이 글의 중심 내용으로 알맞은 것은? (　　　)

① 과학적 발견은 뜻밖의 사건에 의해 우연히 일어난다.

② 대륙 이동설에 의하면 지구의 나이는 45억 살이 된다.

③ 수백만 년이 지나면 지각판들은 점점 더 멀어질 것이다.

④ 지구의 내부 구조가 밝혀지면서 판 구조론이 등장하였다.

⑤ 세계 곳곳의 지진 관측망들이 지진 발생을 예측하고 있다.

배경지식을 활용하여 추론하기

2 ㉠과 같이 핵 실험을 감시하기 위해 지진 관측을 한 이유로 적절한 것은? (　　　)

① 핵폭탄에 의한 전쟁을 감시해야 하기 때문에

② 지진이 발생하는 시점에 맞춰 핵 실험이 이루어지기 때문에

③ 마침 미국과 소련은 지진 발생 지역을 조사하고 있었기 때문에

④ 핵 실험을 하면 지진이 일어날 때와 같은 지진파가 발생하기 때문에

⑤ 지진 관측망을 설치하는 과정에서 세계 곳곳을 감시할 수 있기 때문에

세부 내용을 단서로 추론하기

3 ㉡의 내용으로 적절한 것은? (　　　)

① 지진은 왜 발생할까?

② 베게너는 어떤 사람일까?

③ 어떤 힘이 대륙을 이동시켰을까?

④ 핵무기 개발을 왜 멈추지 못할까?

⑤ 한 덩어리의 대륙은 어떤 모양이었을까?

글의 내용 구조 파악하기

4 다음은 이 글에서 설명한 대륙이 이동하는 현상을 순서에 따라 정리한 것이다. 빈칸에 들어갈 적절한 내용을 쓰시오.

> 맨틀 하부와 상부의 온도 차로 인해 맨틀이 움직인다.

⬇

> 그 맨틀에 의해 맨틀 위에 있는 지각판이 움직인다.

⬇

> 맨틀에서 만들어진 마그마가 지각판을 밀어내며 치솟는다.

⬇

>

⬇

> 이전에 있던 지각이 옆으로 밀려난다.

⬇

> 지각판이 서로 멀어지거나 충돌한다.

문제 해결 방법 찾기

5 〈보기〉에서 설명한 지진파의 특성을 참고할 때, ㉮에 대한 답을 찾는 과정으로 적절하지 <u>않은</u> 것은?

(　　)

보기

　지구의 층상 구조를 알아내는 데 지구 내부를 통과하는 지진파의 성질을 이용할 수 있다. 지구 내부를 관통하는 지진파에는 대표적으로 P파와 S파가 있다.

　그림에서 보는 바와 같이, 빨간색으로 표시된 P파는 고체, 액체를 모두 통과하지만, 파란색으로 표시된 S파는 고체만 통과할 수 있다.

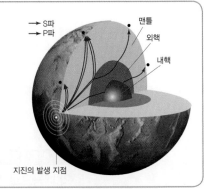

① P파는 핵, 맨틀, 지각을 모두 통과할 수 있다.

② P파가 외핵을 통과한 것을 보니, 외핵은 고체이다.

③ S파가 맨틀을 통과한 것을 보니, 맨틀은 고체이다.

④ S파는 외핵을 통과하지 못하고 방향이 꺾인다.

⑤ 만약 P파와 S파가 모두 통과했다면 그 물질은 고체이다.

어휘 익히기

1 단어 뜻 알기

다음 빈칸에 들어갈 알맞은 단어를 〈보기〉에서 찾아 쓰시오.

> [보기]
>
> 시추공   층상   맨틀   가설

1. 그는 지하로 300m (   )을/를 뚫어 지하수를 찾아냈다.

   뜻 | 지하자원을 찾거나 지질을 살피려고 기계로 땅속 깊이 뚫은 구멍.

2. 지구 내부의 (   )은/는 지구 부피의 83%, 질량으로는 68%를 차지한다.

   뜻 | 지구 내부의 핵과 지각 사이에 있는 부분.

3. 하나의 (   )이/가 진리로 받아들여지려면 관찰이나 실험에 의해 입증되어야 한다.

   뜻 | 아직 증명되지 않았지만 어떤 사실을 설명하려고 임시로 세운 이론.

4. 지구의 내부를 구성하는 (   ) 구조는 바깥쪽부터 지각, 맨틀, 핵으로 구성되어 있다.

   뜻 | 겹치거나 층을 이룬 모양.

2 관용 표현 알기

다음 빈칸에 알맞은 말을 쓰시오.

> "계란으로 □□□□"
>
> 지구 내부가 궁금해 러시아 콜라반도에서 시추공을 뚫고 20년 동안 땅을 파 내려갔지만 겨우 12.2km밖에 파지 못했다. 이렇게 해서는 지각 아래의 세계를 도저히 알아낼 수 없을 것이다. 이 속담은 이처럼 불가능하고 무모해 보이며 도저히 승산이 없음을 뜻하는 말이다.

3 한자어 익히기

다음 한자어를 소리 내어 읽고 빈칸에 따라 쓰시오.

表	面
겉 표	낯 면

표면(表面): 사물의 가장 바깥쪽 또는 가장 윗부분.
• 지구 표면은 단단한 지각이 덮고 있다.
• 표면만 봐서는 아무 변화가 보이지 않는다.
• 집중 호우로 아스팔트 표면에 물이 차 있다.

表	面						
겉 표	낯 면						

동결 건조 식품

핵심 개념인 '승화'와 관련된 말들을 알아 둡시다.

→ 승화 현상 / 드라이아이스의 승화

승화란 고체가 액체 상태를 거치지 않고 바로 기체로 바꾸는 것으로, 그 반대의 변화 과정도 승화라고 해.

글을 읽고 이것만은 꼭 찾아냅시다.

→ 동결 건조의 중요한 원리는 무엇일까?

글에 쓰인 설명 방식을 파악하며 읽어 봅시다.

→ 글에 쓰인 설명 방식을 알면 글의 구조를 파악할 수 있어 글을 좀 더 잘 이해할 수 있다.

글의 설명 방식 파악 → 글의 구조 파악 → 글의 내용 이해

글의 설명 방식에는 과정, 인과, 대조 등이 있어.

준비 학습

1
핵심 개념 미리 보기

빈칸에 공통으로 들어갈 말을 〈보기〉에서 찾아 쓰시오.

> **보기**
>
> 동결   건조   승화   극복

나프탈렌이나 드라이아이스 등의 고체는 열을 가하지 않더라도, 고체에서 액체 상태를 거치지 않고 바로 기체로 변하는 [   ] 현상이 일어난다.

물질의 상태 변화 외에도 어떤 현상이 더 높은 상태로 발전하는 것도 [   ](이)라고 한다. 예를 들면, 힘든 고난에 좌절하지 않고 위대한 업적을 이룬 예술가의 삶도 예술적 [   ](이)라고 한다.

2
읽기 방법 미리 보기

다음에 사용된 설명 방식은 무엇인지 쓰고, 이와 같은 설명 방식을 사용하면 효과적인 글에 ○표, 그렇지 않은 것에 ×표 하시오.

냄비에 물을 끓인다. 물이 끓어오르면 라면과 분말수프를 넣는다. 3분 정도 젓가락으로 저어 골고루 익힌다. 그릇에 담아낸다.

설명 방식: (   )

(1) 가구 조립 방법을 순서대로 제시한 설명서   (   )

(2) 실험의 절차를 차근차근 설명한 실험 보고서   (   )

(3) 미세 먼지의 발생 원인을 조리 있게 설명한 기사문   (   )

정답 | 1. 승화   2. 과정, (1) ○ (2) ○ (3) X

가 국이나 찌개를 끓일 때, 멸치나 다시마 등을 우려낸 국물을 사용하면 맛이 깊어진다. 그런데 육수를 우려내는 것은 시간이나 재료가 많이 요구되므로 보통 귀찮은 게 아니다. 그럴 때 육수에 들어갈 내용물을 가루로 만들어 동전만큼 압축시킨 것을 물에 넣으면 우린 국물과 같아진다. 그 원리는 무엇일까? 그것은 동결 건조이다.

나 식품을 영하 10℃ 정도의 저온에서 냉동시켜 식품 속 수분을 얼린 뒤 식품이 든 용기 안의 압력을 진공 상태에 가깝도록 낮춘다. 이어 식품에 약한 열을 가하면서 서서히 건조시킨다. 그러면 식품 속의 얼음이 바로 수증기로 바뀌면서 식품 속의 수분이 사라지기 시작한다. 이것을 아주 빠르게 건조시켜 남아 있던 수분을 모두 없애면 형태는 그대로이지만 바짝 마른 상태가 된다. 이와 같이 물질 속의 수분이 얼음과 같은 고체 상태에서 액체 단계를 거치지 않고 바로 기체로 변하여 날아가 버리는 것이 승화이다.

다 이런 방법으로 만든 식품을 동결 건조 식품이라고 한다. 이것은 단순히 말리기만 하는 일반 건조 식품과 다르다. 오래 보존할 수 있다는 점과 포장할 때 습기가 들어가지 않도록 주의해야 한다는 점은 비슷하지만, 말리면서 형태가 쪼그라드는 일반 건조 식품과는 달리, 모양이 그대로 유지된다. 또한 동결 건조 식품은 식품 속 단백질 등이 변하지 않기 때문에 본래의 풍미를 거의 잃지 않는다.

라 한편, 승화가 일어날 때 승화열이 생긴다. 고체는 분자들 간의 간격이 좁고 짜임이 규칙적이다. 반면 기체는 분자들 간의 간격이 넓고 짜임이 매우 불규칙적이다. 승화가 일어나기 위해서는 고체 상태에서 서로 연결되어 있는 분자들 간의 단단한 결합을 모두 끊어야 한다. 그래야 결합이 끊어진 분자들이 자유롭게 날아갈 수 있다. 이때 분자들 간의 단단한 결합을 끊으려면 상당한 힘이 필요하다. 따라서 주변의 열에너지를 흡수하여 힘을 내게 된다.

마 이처럼 물질이 승화하면서 주변의 열에너지를 흡수하면 그 물질은 온도가 올라가지만 주변의 온도는 열을 빼앗겨 오히려 낮아진다. 예를 들어, 아이스크림을 포장할 때 드라이아이스를 함께 넣는다. 그러면 고체인 드라이아이스가 기체로 승화하면서 주변의 열을 흡수하기 때문에 박스 안의 아이스크림이 시원하게 유지되는 것이다.

▲ 드라이아이스

화제 파악하기

1 이 글의 중심 화제로 적절한 것은? (   )

① 육수 분말의 장점
② 승화의 원리와 활용
③ 고체 분자의 결합력
④ 동결 건조 식품의 예
⑤ 동결 건조 식품의 유통

설명 방식 파악하기

2 **나**와 〈보기〉에 쓰인 공통된 설명 방식으로 적절한 것은? (   )

보기

된장찌개 끓이는 법은 간단하다. 첫째, 재료를 준비한다. 둘째, 쌀뜨물 두 대접에 된장 한 숟갈을 넣고 풀어 준다. 셋째, 국물이 끓으면 썰어 놓은 감자, 양파 등을 먼저 넣는다. 넷째, 건더기가 어느 정도 익으면 씻어 놓은 냉이를 넣는다. 마지막으로, 냉이 향이 날아가지 않게 한소끔 끓여 내놓는다.

① 어떤 현상의 원인과 결과를 제시하였다.
② 어려운 내용을 예를 들어 쉽게 설명하였다.
③ 일이 되어 가는 순서나 과정에 따라 설명하였다.
④ 관련이 있는 것끼리 분류하여 공통점을 설명하였다.
⑤ 남의 말이나 글 중에서 필요한 부분을 끌어와 설명하였다.

내용 상세화하기

3 동결 건조 식품의 가공 절차를 다음과 같이 정리할 때, '승화' 현상이 일어나는 지점으로 적절한 것은?

(   )

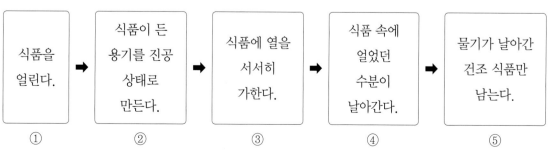

식품을 얼린다. ➡ 식품이 든 용기를 진공 상태로 만든다. ➡ 식품에 열을 서서히 가한다. ➡ 식품 속에 얼었던 수분이 날아간다. ➡ 물기가 날아간 건조 식품만 남는다.

①   ②   ③   ④   ⑤

내용 전개 방식 파악하기

4 **다**에 쓰인 내용 전개 방식에 대한 설명으로 적절한 것은? (   )

① 다른 것과 대조하여 대상의 장점을 부각하였다.

② 전문가의 의견을 들어 자료의 신뢰성을 높였다.

③ 구체적인 예를 나열하며 내용을 상세히 설명하였다.

④ 어려운 낱말의 뜻을 풀이하여 독자의 이해를 도왔다.

⑤ 문제에 대한 해결책을 제시하여 독자의 관심을 유도했다.

중심 생각 파악하기

5 **라**의 중심 문장을 찾아 쓰시오.

도식 표현 이해하기

6 〈보기〉는 식품의 동결 건조 과정을 나타낸 그림이다. 그림에 대한 설명으로 적절하지 <u>않은</u> 것은?

(   )

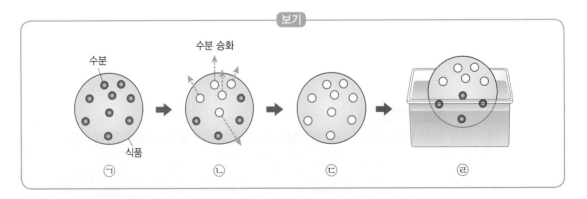

① ㉠은 식품의 동결 상태이다.

② ㉡은 결합이 끊어진 분자들이 날아가는 중이다.

③ ㉢에서 주변의 에너지를 흡수한다.

④ ㉢은 형태를 유지한 채 건조된 상태이다.

⑤ ㉣에서 수분을 만나면 거의 원래 형태로 돌아간다.

어휘 익히기

1 ── 단어 뜻 알기

다음 빈칸에 들어갈 알맞은 단어를 〈보기〉에서 찾아 쓰시오.

> **보기**
>
> 동결   용기   승화   풍미

1. 추어탕에 깻잎을 올리면 국물의 (   )을/를 높일 수 있다.

   뜻 | 음식의 고상한 맛.

2. 생선을 고를 때는 (   )된 것보다 살아 있는 활어가 더 좋다.

   뜻 | 물 같은 것이 얼어붙는 것.

3. 남은 음식은 밀폐 (   )에 담아 냉장 보관해야 상하지 않는다.

   뜻 | 물건을 담는 그릇.

4. 얼어 있던 빨래가 녹지 않고 바로 마르는 것도 (   ) 현상이다.

   뜻 | 고체가 액체 상태를 거치지 않고 바로 기체로 바뀌는 것.

2 ── 관용 표현 알기

다음 빈칸에 알맞은 사자성어를 쓰시오.

> " ☐ ☐ ☐ ☐ "
>
> 육수를 우려내는 것은 시간이나 재료가 많이 요구된다. 시간은 없는데 급히 요리를 하지 않으면 안 될 때, 국물용 동결 건조 식품을 사용하면 빨리 요리를 할 수 있다. 이 사자성어는 이처럼 궁한 상황에 몰려 짜낸 계책 혹은 꾀, 힘든 상황에서 내놓는 해결책을 뜻하는 말이다.

한자	뜻	음
窮	궁하다	
餘	남다	
之	어조사	
策	꾀	

3 ── 한자어 익히기

다음 한자어를 소리 내어 읽고 빈칸에 따라 쓰시오.

眞	空
참 진	빌 공

진공(眞空): 공기가 전혀 없는 상태.

- 내 방은 진공청소기로 먼지를 빨아들이겠다.
- 진공 포장을 하면 미생물의 번식을 막을 수 있다.
- 보온병은 진공 상태가 액체 온도를 유지하도록 설계되었다.

眞	空			
참 진	빌 공			

자연은 순수를 싫어한다

☑ 핵심 개념인 '생물 다양성'과 관련된 말들을 알아 둡시다.

→ 생태계 균형 / 공존 / 먹이 사슬

🧒 다양성이란 모양, 빛깔, 형태, 양식 등이 여러 가지로 많은 특성을 말해.

☑ 글을 읽고 이것만은 꼭 찾아냅시다.

→ 생물 다양성이란 무엇일까?

☑ 글을 읽고 주장이나 쟁점을 찾고 주장의 적절성을 평가해 봅시다.

→ 주장의 적절성을 평가하기 위해서는 주장을 뒷받침하는 근거의 타당성과 신뢰성, 공정성을 기준으로 판단해야 한다.

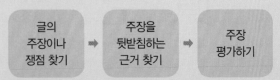

| 글의 주장이나 쟁점 찾기 | ➡ | 주장을 뒷받침하는 근거 찾기 | ➡ | 주장 평가하기 |

🧒 주장의 적절성은 근거가 믿을 만한 것인지에 달려 있어.

준비 학습

1
핵심 개념 미리 보기

다음 빈칸에 공통으로 들어갈 단어를 〈보기〉에서 찾아 쓰시오.

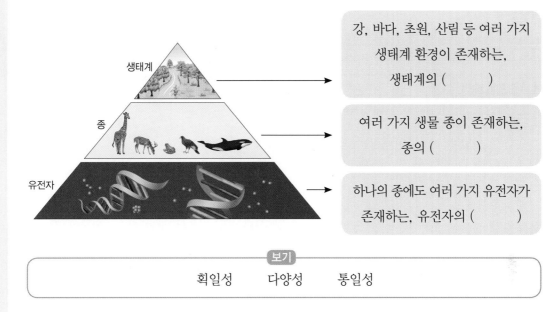

생태계 → 강, 바다, 초원, 산림 등 여러 가지 생태계 환경이 존재하는, 생태계의 (   )

종 → 여러 가지 생물 종이 존재하는, 종의 (   )

유전자 → 하나의 종에도 여러 가지 유전자가 존재하는, 유전자의 (   )

【보기】
획일성   다양성   통일성

2
읽기 방법 미리 보기

다음 주장의 근거가 될 수 있는 것에 ○표, 그렇지 않은 것에 ×표 하시오.

자연은 순수를 싫어한다.

(1) 바나나 농장은 바나나만 심기 때문에 생태계의 균형이 깨진다.   (   )

(2) 인간은 하나의 종으로 살아가지만, 자연은 다양성을 추구한다.   (   )

(3) 인류는 스스로를 '호모 사피엔스'라고 불렀다.   (   )

정답 | 1. 다양성   2. (1) ○   (2) ○   (3) X

　　남아메리카의 바나나 농장들은 대부분 대규모 농업을 한다. 거대한 농지에 어마어마한 수량의 바나나 나무를 일렬로 줄 세워 심는다. ⓐ이곳에 정착한 초식 곤충들은 먹이를 찾는 어떠한 노력을 들일 필요도 없이 넓게 펼쳐진 식탁에서 마음껏 포식한다. 이로 인해 바나나 잎을 먹는 초식 곤충이 무한대로 증가하게 된다. 인간은 ⓑ이 벌레들을 죽이기 위해 살충제를 뿌린다. 그리고 그 살충제는 벌레들뿐만 아니라 점차 인간의 생명까지 위협하는 악순환을 낳는다.

　　영국의 생물학자 윌리엄 해밀턴(1936~2000)은 ㉠'자연은 순수를 싫어한다.'라고 말했다. 이 비유는 자연은 우리가 농사를 짓기 위해 ⓒ바나나 나무만을 일렬로 쭉 세우는 것과 같이, 생물체 간의 다양성과 변이가 사라지고 하나의 생물체로만 이루어진 상태를 원하지 않는다는 뜻이다.

[A]　　그런 일을 하면 당연히 그 바나나 잎을 먹는 초식 곤충들은 엄청나게 번식을 하게 될 것이다. 동시에 그것을 먹지 않는 곤충들은 멸종하게 되며, 그 결과 그 곤충을 먹는 상위 포식자들도 사라지게 되어, 먹이 사슬의 균형이 깨지게 된다. 그러나 많은 종의 생명체가 섞여 있는 자연 생태계는 먹이 사슬이 복잡하게 얽혀 있다. 그로 인해 하나의 종이 많아지거나 줄어들더라도 멸종 위험이 줄어들어 생태계 균형이 유지된다.

　　그런 점에서 인간을 다시 돌아보게 된다. ㉡인간처럼 배타적 특성이 강한 동물이 없다. 다른 동물들을 보면, 한 '속(屬)'에도 여러 종(種)이 있다. 예를 들면 ⓓ파리의 경우 '마스카'라는 '속' 안에는 여러 종이 함께 있다. 반면 인간의 경우 '호모'라는 '속'에 속하는 종은 현재 호모 사피엔스 하나뿐이다. 생물학자들이 화석 연구를 통해 밝혀냈듯이, 호모라는 '속'에도 상당히 많은 '종'이 존재했었다. 그리 멀지 않은 선사 시대에도 네안데르탈인이라는 종이 함께 살았다. 그러나 그 종마저도 멸종하고 현재의 인류인 호모 사피엔스만 남은 것이다. ⓔ배타적 특성이 강한 인간만이 하나의 종뿐이다.

　　'호모 사피엔스'의 뜻은 '슬기로운 사람'이다. 그러나 정말 현명하다면 ㉢이런 잘못을 저지르면 안 된다. 인간은 자연을 파괴함으로써 생물 다양성을 감소시킨다. 머리가 좋지만 결코 지혜롭지 않다. 인간은 생물의 다양성을 인정하며 함께 살아야 한다.

주장 파악하기

1 이 글에 나타난 글쓴이의 주장으로 적절한 것은? (　　　)

① 인간은 생물 다양성을 보존해야 한다.

② 중남미 농장은 대규모 농업을 피해야 한다.

③ 인간의 생명을 위협하는 살충제를 쓰지 말아야 한다.

④ 인간이 현명하다면 바나나 농사를 지어서는 안 된다.

⑤ 바나나 잎을 먹는 초식 동물들의 번식을 막아야 한다.

표현 방식과 효과 파악하기

2 ㉠에 쓰인 표현 방식과 효과에 대한 설명으로 적절하지 <u>않은</u> 것은? (　　　)

① 비유를 사용함으로써 글쓴이의 주장을 직접 제시한다.

② 자연을 감정이 있는 사람처럼 의인화하여 표현하고 있다.

③ 학자의 견해를 인용한 부분으로, 주장의 신뢰성을 높인다.

④ '순수'의 문맥적 의미는 '다양성이 없어진 획일적인 것'을 뜻한다.

⑤ '순수'의 의미를 부정적 의미로 사용하여 독자의 호기심을 자극한다.

주장의 적절성 평가하기

3 ㉡의 주장의 적절성에 대해 토론한 〈보기〉의 내용 중 적절하지 <u>않은</u> 것은? (　　　)

> 보기
>
> 수현: 옛날에 있던 네안데르탈인 '종'이 멸종한 것을 예로 들어, 주장의 적절성을 높이고 있어. ··· ①
>
> 철수: 그렇지만 네안데르탈인이 멸종했다는 것이 인류의 배타적 특성 때문이라는 근거는 없잖아. ··· ②
>
> 현우: 네안데르탈인이 현재의 인류 때문에 멸종했다는 증거는 화석을 통해 알 수 있으니 타당해. ··· ③
>
> 정민: 화석은 호모라는 '속'에 여러 가지 '종'이 존재했음을 보여 주는 근거일 뿐이야. ··········· ④
>
> 혜정: 파리의 경우와 인간의 경우를 대조하여 주장을 뚜렷이 하고 있어. 인간과 대조적인 예는 파리 외에도 여러 가지가 있을 거야. ··· ⑤

맥락을 활용하여 내용 추론하기

4 ⓒ이 가리키는 속뜻으로 가장 적절한 것은? (   )

① 농업을 대규모로 하는 것

② 남아메리카에서 바나나를 수입하는 것

③ 벌레들을 죽이려고 살충제를 뿌리는 것

④ 머리는 좋지만 지혜롭지 않게 행동하는 것

⑤ 자연을 파괴하여 생물 다양성을 감소시키는 것

비유적 · 함축적 표현의 의미 추론하기

5 ⓐ~ⓔ 중 그 성격이 나머지와 다른 하나는? (   )

① ⓐ   ② ⓑ   ③ ⓒ   ④ ⓓ   ⑤ ⓔ

다른 매체로 표현하기

6 [A]를 바탕으로 〈보기〉를 이해한 내용으로 적절한 것은? (   )

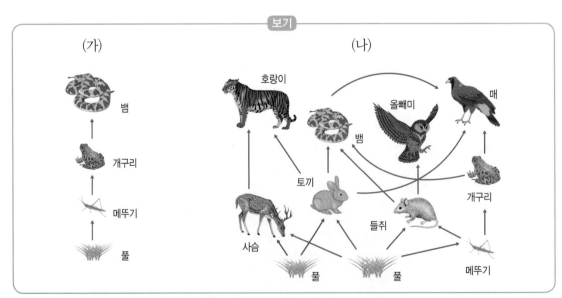

① (가)는 (나)에 비해 생물 다양성이 높다.

② (가)는 (나)에 비해 생태계 균형이 잘 유지된다.

③ (나)는 (가)에 비해 먹이 사슬의 균형이 깨지기 쉽다.

④ (나)는 바나나 나무만 심는 대규모 농장의 생태계와 비슷하다.

⑤ (나)는 먹이 사슬이 복잡하게 얽혀 있어 생물의 멸종 우려가 낮다.

어휘 익히기

1 ─── 단어 뜻 알기

다음 빈칸에 들어갈 알맞은 단어를 〈보기〉에서 찾아 쓰시오.

> **보기**
>
> 악순환   먹이 사슬   배타적   속

1. 바다의 최고 포식자인 상어는 (   )의 끝에 있다.

   뜻 | 생물끼리 서로 먹고 먹히는 관계가 사슬처럼 이어지는 것.

2. 밤나무는 참나뭇과(科) 중에서도 밤나무 (   )에 속한다.

   뜻 | 생물 분류의 한 단위. 과(科)와 종(種)의 사이에 있음. '종<속<과' 순서로 큰 분류이다.

3. 후진국에서는 가난이 다시 가난을 낳는 (   )이 발생한다.

   뜻 | 순환이 좋지 않음. 또는 나쁜 현상이 끊임없이 되풀이됨.

4. 지역 간의 대립을 조장하는 (   ) 태도를 버려야 한다.

   뜻 | 어떤 것을 멀리하거나 싫어하는. 또는 그런 것.

2 ─── 관용 표현 알기

다음 빈칸에 알맞은 사자성어를 쓰시오.

> " ☐ ☐ ☐ ☐ "
>
> 인간은 벌레들을 죽이기 위해 살충제를 뿌리고, 그 살충제는 벌레들뿐만 아니라 점차 인간의 생명까지 위협하게 된다. 이 사자성어는 이처럼 자기의 줄에 자기가 묶이는 것, 자신이 저지른 잘못으로 결국 자신이 고통받게 됨을 뜻하는 말이다.

한자	뜻	음
自	스스로	
繩	줄	
自	스스로	
縛	묶다	

3 ─── 한자어 익히기

다음 한자어를 소리 내어 읽고 빈칸에 따라 쓰시오.

生	物
살 **생**	만물 **물**

생물(生物): 생명이 있는 동물과 식물.
· 생물은 지구 생태계를 구성하는 요소이다.
· 한반도에는 약 10만 종의 생물이 서식하고 있다.
· 자연 보호를 통해 생물 다양성을 유지해야 한다.

生	物						
살 **생**	만물 **물**						

색은 어디에서 왔을까?

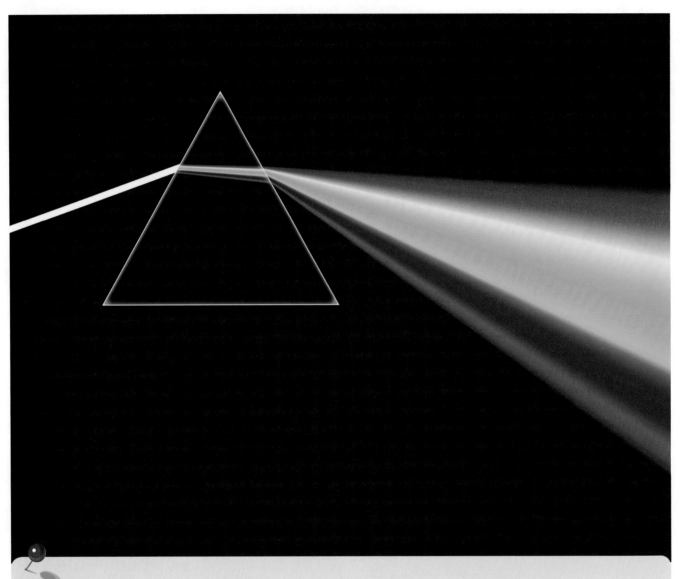

☑ 핵심 개념인 '빛과 색'과 관련된 말들을 알아 둡시다.

→ 빛의 합성 / 삼원색 합성 / 백색광

빛의 합성이란 두 가지 색 이상의 빛이 합쳐져서 또 다른 색의 빛으로 보이는 현상이야.

☑ 글을 읽고 이것만은 꼭 찾아냅시다.

→ 햇빛이 흰색을 띠는 이유는 무엇일까?

☑ 글을 통해 문제 해결 방안을 찾아봅시다.

→ 글에서 문제와 그에 대한 해결책을 찾는 과정을 통해 현실에서의 문제를 해결하는 방안을 배울 수 있다.

| 문제에 대한 글쓴이의 해결 방식 파악하기 | → | 자신이 부딪친 현실의 문제에 적용하기 |

여기서의 문제란 해결하기 어렵거나 난처한 일을 뜻해.

준비 학습

다음 빈칸에 들어갈 단어를 〈보기〉에서 골라 쓰시오.

보기

| 합격 | 합의 | 합성 | 합리 |

(1) 사진 공모전에서 대상을 탄 작품이 (　　　)된 것으로 밝혀져 수상이 취소되었다.

(2) 기업과 근로자들이 가까스로 (　　　)을/를 이루어 분쟁이 해결되었다.

다음 질문을 해결할 실마리가 될 수 있는 것에 ○표, 그렇지 않은 것에 ×표 하시오.

파란색 셀로판종이를 씌운 조명으로 빨간색 사과를 비추면 왜 검은색으로 보일까?

(1) 사과는 뜨거운 조명 아래서는 온도가 높아져서 빨리 상한다. (　　　)

(2) 물체의 색은 비추는 조명의 색에 따라 다르게 보인다. (　　　)

(3) 빛이 물체에 도달하면, 빛은 사물의 색에 따라 반사되거나 흡수된다. (　　　)

정답 | 1. (1) 합성 (2) 합의 　2. (1) × (2) ○ (3) ○

가 도대체 색이란 게 무엇일까? 햇빛은 정말 흰색일까? 과학자들은 오랫동안 빛과 색에 관한 호기심을 갖고 있었다. 아리스토텔레스와 같은 철학자들은 빛은 흰색이며, 색은 물체가 본래 가지고 있는 고유한 성질이라고 했다. 반면 ㉠데카르트 같은 학자들은 색은 빛이 물질을 통과하면서 회전 속도가 바뀌어서 나타나는 것이라고 했다. 이러한 생각은 뉴턴의 이론이 등장한 17세기까지 큰 도전을 받지 않았다.

나 ㉡뉴턴은 프리즘을 갖고 놀다가 새로운 현상에 주목한다. 동그란 구멍을 통과해서 들어온 빛이 프리즘을 거치자 길쭉한 모양으로 스펙트럼이 펼쳐졌다. 뉴턴은 생각했다. 왜 길쭉한 직선일까? 당시 물리학에서는 빛을 파동이라고 생각했기 때문에, 빛은 파도의 물결처럼 펼쳐질 것이라고 예상되었다. 그러나 프리즘을 통과한 빛은 직진했다. 이것을 근거로, 뉴턴은 당시 유행했던 빛의 파동설에 의문을 제기하였다.

다 ㉢나아가 뉴턴은 이중 스펙트럼 실험을 생각해 냈다. 좁은 틈으로 들어온 빛을 프리즘에 통과시키면 무지개색의 스펙트럼이 반사판에 생긴다. 이 중에 가장 위에 있는 한 줄기의 빛만을 두 번째 틈으로 통과시켜서 프리즘을 다시 거치게 했다. 그랬더니 이제는 더 이상 스펙트럼이 생기지 않고 통과한 빛의 색만 나타났다.

라 ㉣이 실험에서 뉴턴은 빛을 구성하는 특정 색을 분리해 낼 수 있었다. 이전에는 햇빛이 단일한 흰색으로 알려졌었다. 그러나 이 실험으로 햇빛은 '빨강, 주황, 노랑, 초록, 파랑, 남색, 보라' 등 다양한 색깔의 빛들이 합쳐진 혼합광임이 밝혀졌다. 즉 빛의 합성으로 인해 백색광이 된 것이다. 또한 분리해 낸 몇 가지 색의 빛을 합성하면 다양한 색이 나온다는 것도 알게 되었다. 예를 들어, 빨간색과 초록색 빛을 합성하면 노란색 빛이 만들어지는 것같이 빛의 합성으로 색을 만들 수 있다.

마 이후 뉴턴은 물체의 색은 빛이 물체에 부딪쳐 반사될 때, 그 반사되어 나오는 빛의 색으로 보인다는 것을 알게 되었다. 예를 들어, 빨간색 피망은 빨간색 빛만 반사하고 나머지 색은 흡수하므로 빨간색으로 보인다. 반면 초록색 줄기는 초록색 빛만 반사하고 나머지 색의 빛은 흡수하므로 초록색으로 보인다.

바 현대에 와서 뉴턴이 제기한 이론은 약간 바뀌게 되었다. 그러나 ㉤과학 역사상 그의 실험이 빛의 성질을 밝힌 매우 중요한 연구였다는 점은 변치 않는다. 그로 인해 광학 분야가 시작되었기 때문이다.

핵심어 찾기

1 핵심어를 중심으로 **가**~**마**의 제목을 정한다고 할 때, 적절하지 <u>않은</u> 것은? (   )

① **가**: 빛과 색에 대한 전통적 견해

② **나**: 빛의 직진하는 성질

③ **다**: 이중 스펙트럼 실험

④ **라**: 빛의 반사와 흡수

⑤ **마**: 물체의 색이 보이는 원리

요약하기

2 '머리말–본문–맺음말'의 구조를 생각하며 다음과 같이 이 글의 요약문을 작성할 때, 적절하지 <u>않은</u> 것을 찾아 바르게 고치시오.

머리말	가
본문	나~마
맺음말	바

➡

① 빛과 색의 성질에 대한 생각은 뉴턴 등장 이후 바뀌게 되었다. ② 뉴턴은 파동설과는 달리 빛이 직진함을 발견했다. ③ 그는 두 개의 프리즘에 통과시키는 이중 스펙트럼 실험을 고안해 빛이 합성광임을 알아냈다. ④ 또한 빛의 반사와 흡수에 대해 연구하였다. ⑤ 그러나 뉴턴의 이론도 완벽하지는 않다.

■ 수정이 필요한 곳 : (   )

⇨ _____

내용 추론하기

3 이 글을 통해 알 수 있는 내용으로 적절한 것은? (   )

① 사람이 보는 색은 물체에서 반사된 빛의 색이다.

② 뉴턴은 색은 물체가 본래 가진 성질이라고 했다.

③ 17세기 이후에도 색에 대한 생각은 바뀌지 않았다.

④ 빛의 직진하는 성질은 파동설을 뒷받침하는 증거가 될 수 있다.

⑤ 햇빛은 다양한 색의 빛들이 합성된 혼합광으로 사람의 눈에는 안 보인다.

사실과 의견 구분하기

4 ㉠~㉤을 사실과 의견으로 나눌 때, 의견에 해당하는 것은? (   )

① ㉠   ② ㉡   ③ ㉢   ④ ㉣   ⑤ ㉤

글을 통해 문제 해결 방안 찾기

5 다음 중 이 글을 통해 해결의 실마리를 얻을 수 있는 의문으로 적절한 것은? (   )

① 빛은 어떻게 유리를 통과하는 것일까?
② 수영장 물속에서는 왜 키가 작아 보일까?
③ 식물은 어떻게 빛을 받아서 광합성을 할까?
④ 전자레인지는 어떻게 음식을 따뜻하게 데울 수 있을까?
⑤ 몇 가지 조명만으로 무대를 비출 다양한 색을 만들 수 있을까?

내용 상세화하기

6 이 글을 바탕으로 〈보기〉의 이중 스펙트럼 실험을 이해할 때, 적절하지 <u>않은</u> 것은? (   )

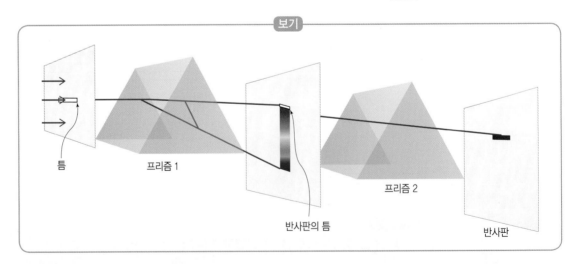

보기

틈   프리즘 1   반사판의 틈   프리즘 2   반사판

① 빛은 직진한다.
② 프리즘은 다양한 색을 가지고 있다.
③ 햇빛은 다양한 색의 빛이 혼합된 것이다.
④ 빛은 반사판과 같은 물체를 만나면 반사되거나 흡수된다.
⑤ 반사판의 틈을 조절하면 빛을 구성하는 색들 중 한 가지만 통과시킬 수 있다.

어휘 익히기

1 ── 단어 뜻 알기

다음 빈칸에 들어갈 알맞은 단어를 〈보기〉에서 찾아 쓰시오.

> **보기**
>
> 주목   파동   제기   백색광

1. 경찰은 이번 사건을 특히 (   )하고 있다.

   뜻 | 어떤 것을 눈여겨보거나 관심 있게 살펴보는 것.

2. 공사장 먼지로 인해 주민들이 구청에 불편을 (   )했다.

   뜻 | 어떤 일에 대해 의견을 내놓거나 문제 삼는 것.

3. 한국은 실내조명으로 형광등 같은 (   )을/를 많이 사용한다.

   뜻 | 흰색의 빛.

4. 강물에 던진 조약돌이 수면에 (   )을/를 일으켰다.

   뜻 | 물결이나 소리가 움직이는 것.

2 ── 관용 표현 알기

다음 빈칸에 알맞은 말을 쓰시오.

> **"☐☐을 긋다"**
>
> 현대에 와서 뉴턴이 제기한 이론은 약간 바뀌게 되었다. 그러나 과학 역사상 그의 실험이 빛의 성질을 밝힌 매우 중요한 연구였다는 점은 변치 않는다. 이 말은 이처럼 어떤 범위나 시기를 분명하게 구분 짓는다는 뜻으로, 그만큼 업적이 뛰어남을 표현한 말이다.

3 ── 한자어 익히기

다음 한자어를 소리 내어 읽고 빈칸에 따라 쓰시오.

合	成
합할 **합**	이룰 **성**

합성(合成): 둘 이상의 것을 합쳐서 하나를 이룸.
- 수소는 암모니아, 메탄올의 합성에 쓰인다.
- 콜라주는 별개의 조각들을 합성하여 새 이미지를 만드는 기법이다.
- 다양한 색의 빛을 합성하면 아름다운 조명을 만들 수 있다.

合	成				
합할 **합**	이룰 **성**				

읽기 방법 익히기

❶ 주장의 적절성 평가하기

주장하는 글을 읽을 때는 글쓴이의 주장이 무엇인지, 또 글쓴이가 제시한 주장에 문제점은 없는지 판단하며 읽어야 한다. 서로 다른 의견을 가진 사람들이 각자 자신의 주장을 내세울 때, 의견 대립이 되는 주된 내용 또는 문제점을 '쟁점'이라고 한다. 예를 들어 짜장면을 먹을지, 국밥을 먹을지 다툰다면 '식사 메뉴'가 다툼의 쟁점이라고 할 수 있다.

쟁점에서 어느 쪽을 선택하느냐에 따라 글쓴이의 주장이 정해진다. 이때, 주장의 적절성을 파악하려면, 사회적으로 받아들일 만한 의견인지, 믿을 만한 근거에 의해 뒷받침되는지, 어느 한쪽에 치우치지 않고 공정한지 등을 판단해야 한다.

★ 주장이나 쟁점을 찾고 그 주장의 적절성을 평가하려면,

(1) 글에서 다루는 쟁점이 무엇이며, 글쓴이의 주장은 무엇인지 찾는다.

(2) 주장을 뒷받침하는 근거가 있는지 찾는다.

(3) 근거의 출처가 믿을 만하고 타당한지 판단하여 주장의 적절성을 평가한다.

1 다음 글에 나타난 주장과 근거를 정리하고, 주장의 적절성을 평가하시오.

예로부터 인간의 본성은 원래 이기적이고 공격적이라는 주장이 있어 왔다. 현대에 와서도 인간의 이기적 면을 강조한 생물학 이론이 등장하였다. 그것은 '껍데기 이론'이라고 하는 것으로, 인간의 본성은 이기적인데 이를 도덕이라는 얇은 껍데기로 숨기고 있으며, 큰 어려움이 닥치면 그러한 껍데기가 깨지고 쉽게 이기적인 본성이 드러난다는 것이다.

그러나 인간은 오히려 이타적이다. 위기가 닥치거나 어려울 때일수록 배려와 자선, 용기가 더 넘쳐난다. 예를 들어, 초강력 태풍이나 산사태, 전쟁 등으로 큰 피해를 입었을 때, 사람들을 구하기 위해 직접 뛰어들거나, 봉사 또는 모금 활동을 하는 경우가 그렇다. 또 국가와 민족을 위해 자기의 수고나 목숨을 아끼지 않는 독립운동가도 있으며, 작게는 버스나 지하철에서 노약자에게 자리를 양보하는 사람도 흔하다.

주장	
근거	

↓

이 글에 나타난 주장은 (적절하다, 적절하지 않다).

2 다음 글을 읽고 물음에 답하시오.

> 지구 표면은 여러 개의 지각판들이 촘촘하게 맞닿아 있다. 그래서 태평양판 한쪽에서 지진이 일어나면 그 판과 붙어 있는 다른 판, 예를 들면 필리핀판으로 에너지가 전달되어 또 지진을 일으키고, 이런 일들이 연쇄적으로 발생할 수 있다.
>
> 지진과 화산 활동은 판의 경계 지점에서 주로 발생하여 다른 판에 영향을 미치지만, 판 내에 있는 다른 지역에도 영향을 미친다. 만약 환태평양 조산대에 위치한 일본에서 지진이 발생하면, 다른 판에도 영향을 주지만, 같은 판 안에 있는 우리나라에도 영향을 미쳐서 연쇄적으로 지진이 발생할 수 있다.
>
> 한국 지질 연구소의 연구에 따르면, 일본에서 발생한 지진 에너지가 판 내부의 대류하는 맨틀에 교란을 일으키고, 그 영향으로 우리나라까지 지진이 발생한다는 것이다. 동일본 대지진 이후, 한반도 지각이 일본 열도 방향으로 조금씩 끌려가게 되었다. 이로 인해 한반도 지각에도 심각한 힘의 변화가 발생했다. 최근 경주에서 큰 지진이 연쇄적으로 발생한 것도 이와 관련이 있다.
>
> 따라서 우리나라도 지진에 대비해야 한다. 이를 위해서는 지진을 견딜 수 있도록 건물을 설계해야 하고, 지진 대비 교육도 해야 한다.

(1) 이 글의 주장을 찾아 쓰시오.

_____

(2) 이 글에서 주장을 뒷받침하는 근거로 사용되지 <u>않은</u> 것은? (　　　)

① 한국 지질 연구소의 연구
② 환태평양 조산대의 크기
③ 동일본 대지진 이후 지각 변동
④ 우리나라 경주에서 발생한 지진
⑤ 환태평양 조산대에 가까운 우리나라의 위치

(3) 이 글에 제시된 주장에 대한 평가로 적절한 것은? (　　　)

① 대조되는 사례를 보여 줌으로써 주장이 명확하게 드러난다.
② 어느 한쪽의 의견만 제시하고 있어 주장이 공정하지 못하다.
③ 주장을 뒷받침하는 연구 자료와 사례를 제시하여 믿을 만하다.
④ 문제에 대한 해결책을 제시하지 않아 주장이 효과적이지 못하다.
⑤ 아무도 생각하지 못했던 의견을 제시하고 있어 창의성이 풍부하다.

❷ 글을 통해 문제 해결 방안 찾기

글을 통해 문제에 대한 해결 방안을 찾는다는 것은 글 속에서 퀴즈나 문제의 답을 찾는다는 뜻이 아니라, 글을 읽을 때, 글과 관련하여 자신이 갖고 있던 삶의 고민이나 사회의 문제를 떠올리고 그에 대한 해결의 실마리를 생각하며 읽는 것을 말한다. 이를 위해서 독자는 글 내용을 자신의 삶이나 사회의 문제와 관련지으려는 적극적인 자세로 읽어야 한다.

★ 글을 통해 문제 해결 방안을 찾으려면,
(1) 글에서 자신이 평소 가지고 있던 문제(궁금증)와 연관된 부분을 발견한다.
(2) 글에서 제시하고 있는 생각이나 방안이 무엇인지 확인한다.
(3) 글에서 발견한 의미를 삶의 문제에 적용한다.
(4) 해결책(혹은 그 실마리)으로서 적절한지 생각한다.

1

다음 글을 읽고 아래 [독자의 고민]을 해결할 방법을 생각하여 쓰시오.

이전에는 햇빛이 단일한 흰색으로 알려졌었다. 그러나 사실 '빨강, 주황, 노랑, 초록, 파랑, 남색, 보라' 등 다양한 색깔의 빛들이 합쳐진 혼합광임이 밝혀졌다. 즉 빛의 합성으로 인해 백색광이 된 것이다. 또한 분리해 낸 몇 가지 색의 빛을 합성하면 다양한 색이 나온다는 것도 알게 되었다. 예를 들어, 빨간색과 초록색 빛을 합성하면 노란색 빛이 만들어지는 것같이 빛의 합성으로 색을 만들 수 있다.

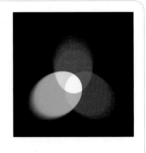

[독자의 고민]

다음 주에 연극 동아리의 공연이 있다. 나는 연극부 조명 담당이다. 연극의 내용에 맞는 조명을 하려면 기쁠 때를 표현할 노란색, 우울할 때를 표현할 보라색 등의 조명이 필요한데, 우리 학교 강당에는 흰색 조명 장치만 여러 개 있다. 어떻게 하지? 조명 공사를 해 달라고 할 수도 없고…….

2 다음 글의 내용을 삶에서 겪는 문제의 해결 방안에 적용한 내용으로 적절한 것은? (   )

> 볼록 거울은 독특한 특징이 있다. 첫째, 볼록 거울은 반사면에 빛을 나란히 보내면, 볼록 거울 뒤의 한 점에서 나온 것처럼 빛이 반사된다. 이로 인해 반사된 빛을 부챗살 모양으로 퍼뜨린다. 둘째, 평면거울보다 보이는 범위가 훨씬 넓다. 볼록 거울은 양쪽 가장자리가 굽어 있어서 구석의 물체까지 모두 비추기 때문이다. 셋째, 볼록 거울에는 항상 물체보다 작고 바로 서 있는 상이 생긴다.

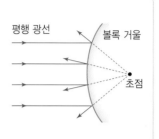

① 불빛을 모아서 보내도록 등대 조명에 볼록 거울을 설치한다.
② 가게 안이 잘 보이도록 천장 모서리에 볼록 거울을 설치한다.
③ 불을 피우기 위해 볼록 거울을 사용하여 빛을 한 점에 모은다.
④ 멀리 있는 글씨가 잘 안 보일 때, 볼록 거울에 비친 글자를 읽는다.
⑤ 치과 치료 후 입안의 모습을 크게 보기 위해 볼록 거울을 사용한다.

3 다음에 제시된 [삶의 문제]를 해결하기 위해 〈보기〉의 글에서 어떤 해결의 실마리를 얻을 수 있는지 쓰시오.

> [삶의 문제]
> 아침 자습 중에 휴대폰을 보며 키득키득 웃고 큰 소리로 떠드는 친구들이 있다. 이런 친구들 때문에 공부나 책 읽기에 방해가 된다. 선생님께 말씀드리려고 하니 고자질 같아 망설여진다. 이런 친구들이 학교에서 휴대폰을 보는 것을 막는 방법이 없을까?

보기

> 생체 모방 기술은 자연의 내부적인 구조나 자연이 만들어 내는 물질을 모방하는 기술이다. 예를 들면, 민들레 홀씨가 천천히 떨어지는 원리를 모방하여 낙하산을 만들거나, 연잎이 물방울을 튕겨 내는 원리를 모방하여 방수복을 만들고, 곤충의 눈을 모방하여 카메라 렌즈를 만들거나, 상어의 비늘 구조를 모방하여 수영복을 만드는 것 등이 있다.
> 최근에는 이러한 생체 모방 기술을 로봇에 적용한 연구가 활발히 이뤄지고 있다. 예를 들면 파리의 움직임을 모방하여 자유자재로 움직이면서 주변을 감시하는 로봇, 애벌레의 움직임을 모방하여 건물 폭발 현장에서 사람을 구조하는 로봇, 지렁이와 자벌레의 움직임을 모방하여 미끌미끌한 내장을 누비며 몸속을 진단하는 내시경 로봇이 개발되었다. 이 로봇들이 곤충 로봇 공학의 대표적 결과물이라 할 수 있다.

▲ 내시경 로봇

화산이 준 선물

이 글의 중심 화제는 **화산**입니다. 화산과 관련된 **사회, 역사, 과학**을 공부해요.
화산과 관련된 신화를 알아보고 화산 활동에는 부정적 측면과 더불어 긍정적 측면도 있음을 알아봅시다.

하와이 신화에는 불과 화산의 여신인 '펠레'가 암석을 녹여 하와이섬을 만들었으며, 펠레는 킬라우에아산[*] 꼭대기에 살고 있다고 전해진다. 하와이 사람들은 검은 머리카락의 젊고 아름다운 여신 '펠레'는 화가 나면 머리카락이 빨갛게 변하고 화산 활동을 일으킨다고 믿어 왔다. 그리스·로마에서도 불을 다스리는 헤파이스토스(로마에서는 Vulcanus(불카누스), volcano(화산)의 유래가 됨.)가 분노하면 화산이 폭발한다고 믿었다. 화산 활동은 지구 내부 에너지에 의한 거대한 지형 형성 작용으로, 지하 깊은 곳의 마그마가 지표 위로 화산 분출물을 내뿜는 현상이다.

▲ 하와이의 불과 화산의 여신 펠레

전 세계 대부분의 화산 활동은 환태평양 조산대를 중심으로 일어나고 있다. 화산이 폭발하면 용암, 화산재 등이 분출하여 농경지와 각종 시설물 등에 큰 피해가 발생한다. 화산재는 햇빛을 차단하여 기온을 떨어뜨리기도 하고, 시야를 흐리게 하여 항공 운항에 차질을 가져오기도 한다. 이렇게 화산 활동이 빈번한 지역에는 다양한 위험이 있다.

그럼에도 불구하고 화산 주변 지역에는 많은 사람이 살아가고 있다. 그 까닭은 위험을 감수할 만큼 자연재해를 이용하여 얻을 수 있는 유익한 점이 있기 때문일 것이다. 그렇다면 화산 지역 주변의 위험을 극복하거나 적응하며 살아가는 사람들의 생활 모습은 어떠할까?

▲ 지열 발전소

▲ 유황 채굴

먼저 화산 분출로 쌓인 화산재는 토양을 비옥하게 하기 때문에 화산 주변의 땅에서 벼농사를 짓거나 포도, 커피, 바나나 등을 재배한다. 그리고 독특한 화산 지형과 아름다운 자연 경관을 이용한 관광 산업이 발달하기도 한다. 간헐천*이나 온천 체험은 특별한 경험을 하게 해 준다. 또 아이슬란드, 뉴질랜드 등에서는 지하의 뜨거운 수증기와 물을 이용하여 전기를 만들어 쓰는데 이러한 발전 방식을 지열 발전이라고 한다. 지열 발전 방식은 발전소의 가동률이 높으면서도 가장 친환경적인 재생 에너지 개발 방식이다. 마지막으로 인도네시아에서 활발하게 이루어지고 있는 유황 채굴도 화산 활동의 자연재해를 이용한 예이다. 유황은 의약과 화약, 성냥의 주원료로 쓰인다. 유독한 유황 가스와 화산 폭발의 위험에도 불구하고 광부들은 생계를 위해 유황을 캐며 살고 있다. 이처럼 대표적인 자연재해 중 하나인 화산 활동은 인간에게 피해를 주기도 하지만 다양한 이로움도 주는 두 얼굴의 자연 현상이다.

* **킬라우에아산**: 하와이 제도 하와이섬의 동남쪽 끝에 있는 산. 해발 1,247미터의 정상 부분이 함몰된 넓고 얕은 칼데라를 이룸.
* **간헐천**: 뜨거운 물과 수증기, 기타 가스를 일정한 간격을 두고 주기적으로 분출하는 온천.

1 다음 지도의 환태평양 조산대에 속하는 국가를 3개 쓰시오.

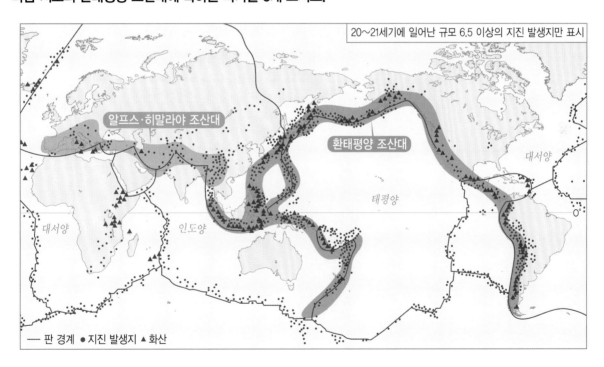

2 이 글을 통해 알 수 있는 내용으로 적절하지 <u>않은</u> 것은? (   )

① 유황은 의약과 화약, 성냥의 주원료로 쓰인다.

② 독특한 화산 지형은 주로 관광 자원으로 활용한다.

③ 화산이 분출할 때 나오는 화산재는 농사에 도움이 된다.

④ 세계 대부분의 화산 활동은 환태평양 조산대를 중심으로 일어난다.

⑤ 지하의 뜨거운 열을 이용한 지열 발전은 발전소의 가동률이 낮은 방식이다.

3 〈보기〉의 내용으로 보아 다음에 제시된 지역에 탁월하게 부는 바람의 방향을 유추하여 쓰시오.

● 보기 ●

　　2010년 4월에 발생한 아이슬란드의 대규모 화산 폭발로 유럽 전 지역으로 화산재가 대기 중으로 확산되었다. 이로 인해 유럽 지역의 항공기 운항이 오랜 기간 동안 중단되었다.

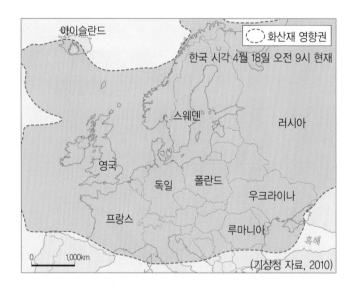

4 (가), (나) 지역 모두 화산 활동이 활발하여 토양이 비옥하다. 하지만 주요 재배 작물의 종류가 다르다. 그 이유를 해당 지역의 기후 특성과 관련지어 설명하시오.

(가)

▲ 스페인 지역의 포도 재배

(나)

▲ 필리핀의 벼농사

_____

_____

5 다음과 같이 화산 및 지진 활동을 배경으로 하는 명화, 소설, 영화 중 떠오르는 것의 제목과 내용을 쓰시오.

> 카를 브륰로프(1799~1852)가 그린 「폼페이 최후의 날」에는 서기 79년에 일어난 베수비오 화산 폭발로 한순간에 사라진 도시 폼페이의 모습이 생생하게 표현되어 있다. 이 작품은 상당한 인기를 끌었으며 이후 폼페이를 주제로 한 소설, 영화 등이 줄지어 나왔다.

▲ 카를 브륰로프, 「폼페이 최후의 날」

▲ 영화 「폼페이」 포스터

_____

_____

4주차

무엇을 배울까요?

회차		글의 내용	핵심 개념	읽기 방법	학습 계획일
01회		**감자 먹는 사람들** 고흐는 그림을 통해 무엇을 표현하려고 했는지를 설명하는 미술 비평문이다.	[미술] 주제, 의도	중심 생각의 발전 과정 파악하기	☐월 ☐일 (요일)
02회		**하이든의 재치** 하이든의 「고별 교향곡」의 특징과 그에 얽힌 일화를 통해 인품과 재치를 지닌 하이든을 소개하는 글이다.	[음악] 교향곡	비유적·함축적 표현의 의미 파악하기	☐월 ☐일 (요일)
03회		**기원을 담은 그림** 회화의 시작이라고 볼 수 있는 구석기 시대 동굴 벽화의 모습과 성격을 설명한 글이다.	[미술] 벽화	논증의 타당성 평가하기	☐월 ☐일 (요일)
04회		**왜 잼 바른 쪽이 바닥으로 떨어질까?** 우연처럼 보이는 세상의 일들에도 확률이 숨어 있으므로, 예측하여 대비해야 한다는 주장을 담은 글이다.	[수학] 확률	삶의 문제에 대한 해결 방안 찾기	☐월 ☐일 (요일)
05회	**읽기 방법 익히기** 이 주에 공부한 중요 [읽기 방법]을 한눈에 정리하고 문제로 확인합니다. 1 비유적·함축적 표현의 의미 파악하기 2 논증의 타당성 평가하기				☐월 ☐일 (요일)

114 ERI 독해가 문해력이다

어느 수준일까요?

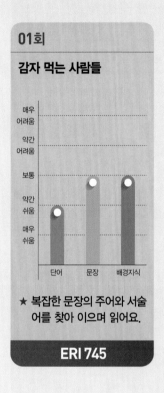

01회

감자 먹는 사람들

★ 복잡한 문장의 주어와 서술어를 찾아 이으며 읽어요.

ERI 745

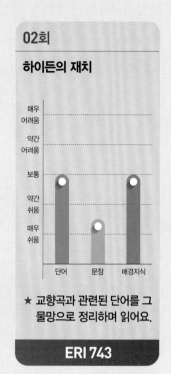

02회

하이든의 재치

★ 교향곡과 관련된 단어를 그물망으로 정리하며 읽어요.

ERI 743

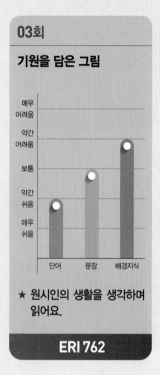

03회

기원을 담은 그림

★ 원시인의 생활을 생각하며 읽어요.

ERI 762

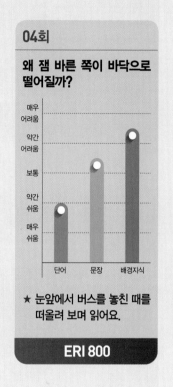

04회

왜 잼 바른 쪽이 바닥으로 떨어질까?

★ 눈앞에서 버스를 놓친 때를 떠올려 보며 읽어요.

ERI 800

이 주의 ERI 지수

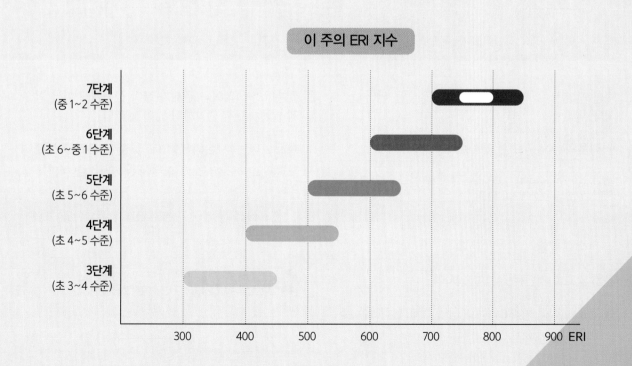

감자 먹는 사람들

☑ 핵심 개념인 '주제, 의도'와 관련된 말들을 알아 둡시다.

→ 작품의 주제 / 표현 의도 / 작가의 의도

주제란 글쓴이가 나타내려는 중심 생각을, 의도란 글쓴이가 그 글을 쓴 목적을 말해.

☑ 글을 읽고 이것만은 꼭 찾아냅시다.

→ 고흐의 작품 「감자 먹는 사람들」이 표현하려는 주제는 무엇일까?

☑ 글쓴이의 생각이나 주제가 글이 진행됨에 따라 어떻게 발전하는지 생각하며 읽어 봅시다.

→ 글쓴이는 자신의 생각에 뒷받침 근거를 덧붙여 자신의 주장을 점차 뚜렷이 하거나 강조한다.

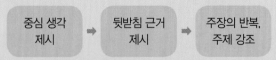

중심 생각 제시	→	뒷받침 근거 제시	→	주장의 반복, 주제 강조

중심 생각의 발전이란 글이 진행될수록 글쓴이의 주장이나 생각이 점점 더 뚜렷해지는 것을 말해.

준비 학습

1
핵심 개념 미리 보기

다음 뜻풀이를 참고로 하여 빈칸에 들어갈 말을 각각 쓰시오.

- 주제: 작가가 나타내고자 하는 중심 생각이나 주요 사상.
- 의도: 무엇을 하고자 하는 목적이나 계획.

「흥부전」의 ☐☐ 는 착한 마음을 가지면 복을 받고, 못된 행동을 하면 벌을 받는다는 것이다. 이 이야기를 만든 ☐☐ 는 선한 마음 으로 형제간에 우애 있게 지내야 한다는 것을 강조하기 위해서이다.

2
읽기 방법 미리 보기

다음 '중심 생각'과 '뒷받침 근거'의 밑줄 친 부분이 '결론'에서 어떤 표현에 대응되는지 찾아 밑줄 을 그으시오.

중심 생각 제시 ──── 고흐의 그림에는 <u>노동을 통해 정직하게 수확한 양식을 나누는 농 부들의 모습</u>이 인상 깊게 그려져 있다.

⬇

뒷받침 근거(예시) ──── (고흐가 동생에게 보내는 편지에서) "농부들의 손은 <u>땀 흘린 수고 와 거짓 없이 노력해서 얻은 식사</u>를 암시하고 있다."

⬇

주제(결론) ──── 고흐는 소작농들의 투박한 얼굴과 야윈 손을 통해 삶의 진실되고 아름다운 모습을 표현하려고 했다.

정답 | 1. 주제, 의도 2. 삶의 진실되고 아름다운 모습

1 네덜란드의 화가인 고흐(1853~1890)는 「감자 먹는 사람들」이라는 그림을 그렸다. 얼핏 보기에 어둡고 칙칙해 보이는 이 그림은 걸작으로 손꼽힌다. 왜 그럴까? 이 그림에는 정직한 노동을 통해 얻은 양식을 서로 나누는 농부들의 모습이 인상 깊게 그려졌기 때문이다.

2 고흐는 늦은 나이에 화가가 되었다. 그러나 사람들은 그의 그림을 알아주지 않았다. 그래서 늘 가난하고 고독했다. 그러나 그는 고향으로 돌아와 순박하고 성실하게 일하는 농민들을 보면서, ㉠땀 흘리며 정직하게 일하는 삶의 모습에 큰 위로를 받았다. 그들을 보며 고흐는 삶에서 중요한 것이 무엇인지, 그리고 자신이 무엇을 그리고 싶은지를 깨닫게 되었다. 그리고 그것을 그림 속에 담아내려고 애썼다.

3 이 그림 속에는 등불 아래 다섯 명의 식구가 낡은 탁자에 둘러앉아 ㉡감자를 먹고 있다. 램프의 불은 미처 방 안을 다 밝히지도 못할 만큼 약해서 구석이 어둡다. 이 가족은 모두 피곤에 지친 모습이며, 그 얼굴은 흙이 많이 묻어, 껍질을 까지 않은 감자처럼 흙빛으로 채색되어 있다. 그들의 손은 **힘든 노동**으로 인해 거칠고 투박하다. 차려진 식탁에는 찐 감자와 차뿐이어서 초라하기 그지없다. 고흐는 가운데 있는 주황색의 등불, 그 등불에 비친 머릿수건, 앙상

▲ 고흐, 「감자 먹는 사람들」

한 얼굴 윤곽 등에서 빛이 만들어 내는 명암을 생생하게 표현했다. 또한 거칠면서도 독특한 붓놀림으로 자신만의 채색 기법을 만들어 냈다.

4 그러나 고흐에게는 이러한 미술의 기교보다는 그 그림이 사람들에게 어떤 의미를 주는지, 즉 어떤 주제나 의도를 표현하고자 하는지가 더 중요했다. 그렇다면 고흐는 무엇을 표현하려고 했을까? 그것은 삶의 ㉢진실함이다. 이러한 그의 생각은 동생에게 보내는 편지에서 잘 드러난다.

"나는 감자를 먹는 사람들이 접시로 내민 손, 자기 자신을 닮은 바로 그 손으로 땅을 팠다는 것을 분명히 보여 주려고 했다. 그 손은 땀 흘린 수고와 거짓 없이 노력해서 얻은 식사를 암시하고 있다." -1885년 4월

5 고흐에게 그림은 ㉣세상을 그대로 옮기는 것이 아니라, 마음속에 떠오르는 생각을 표현하는 것이었다. 그는 소작농들의 투박한 얼굴과 ㉤야윈 손에서 노동하는 사람들의 순박하고 정직한 삶을 보았다. 그리고 그러한 삶의 진실되고 아름다운 모습을 표현하려고 했다. 이 그림이 담고 있는 주제와 의도는 그림을 보는 사람들의 마음을 움직였다. 이 작품은 그의 첫 번째 걸작이 되었다.

1

중심 화제 파악하기

이 글의 중심 화제로 적절한 것은? (   )

① 고흐의 인생과 죽음

② 가난한 소작농들의 삶

③ 좋은 그림을 그리는 방법

④ 고흐의 「감자 먹는 사람들」

⑤ 동생에게 보내는 고흐의 편지

2

내용 전개 방식 파악하기

이 글의 특징으로 적절하지 않은 것은? (   )

① 편지의 한 부분을 인용하여 중심 생각을 뒷받침하였다.

② 고흐와 동생 간의 대화를 인용하여 실감 나게 표현하였다.

③ 독자에게 질문을 함으로써 글에 대한 호기심을 불러일으켰다.

④ 그림 속의 장면을 묘사할 때는 현재 시제를 사용하여 생생하게 표현하였다.

⑤ 글의 앞부분과 뒷부분에 고흐의 그림이 걸작이 된 이유를 제시하여 통일감을 주었다.

3

중심 생각의 발전 과정 파악하기

이 글이 전개되면서 중심 생각이 점차 발전해 나가는 과정을 다음과 같이 나타낼 때, 성격이 다른 하나는? (   )

① **1문단** — 이 그림에는 정직한 노동을 통해 얻은 양식을 서로 나누는 농부들의 모습이 인상 깊게 그려졌다.

↓

② **2문단** — 고흐는 삶에서 중요한 것이 무엇인지, 그리고 자신이 무엇을 그리고 싶은지를 깨닫게 되었다.

↓

③ **3문단** — 거칠면서도 독특한 붓놀림으로 자신만의 채색 기법을 만들어 냈다.

↓

④ **4문단** — 감자를 먹는 사람들의 손은 땀 흘린 수고와 거짓 없이 노력해서 얻은 식사를 암시하고 있다.

↓

⑤ **5문단** — 고흐는 삶의 진실되고 아름다운 모습을 표현하려고 했다.

4

문맥을 활용하여 추론하기

㉠~㉤ 중 주제나 의도 를 담은 것이 아닌 것의 기호를 쓰시오.   (   )

문맥을 활용하여 추론하기

5 이 글을 바탕으로 할 때, 미술에 대한 고흐의 생각으로 가장 적절한 것은? (   )

① 힘든 현실은 그림의 좋은 소재가 된다.

② 고뇌가 많을수록 위대한 작품이 탄생한다.

③ 화가는 지독한 고독과 가난을 이겨 내야 한다.

④ 걸작을 남기기 위해서는 수많은 연습이 필요하다.

⑤ 그림은 그것이 무엇을 표현하려고 하는지가 중요하다.

느끼거나 깨달은 점 공유하기

6 이 글의 관점에서 「감자 먹는 사람들」을 감상한 내용으로 적절하지 <u>않은</u> 것은? (   )

① 찐 감자와 차는 초라하고 소박한 삶을 표현한 것이야.

② 투박한 얼굴과 야윈 손은 삶의 아름다운 모습을 보여 주고 있어.

③ 음식을 먹는 사람들의 거친 손은 정직한 노력을 암시하고 있어.

④ 앙상한 얼굴 윤곽은 힘든 노동으로 지친 모습을 보여 주고 있어.

⑤ 식사 장면은 노동자들의 반복되는 일상을 있는 그대로 옮긴 것이야.

두 글을 비교하며 읽기

7 〈보기〉는 고흐의 그림, 「감자 먹는 사람들」을 보고 쓴 시이다. 이 글과 〈보기〉를 비교한 내용으로 적절
하지 <u>않은</u> 것은? (   )

> 보기
>
> 「감자 먹는 사람들」
> 불빛 흐린 시골 할머니 집
> 밤하늘의 별을 천장 삼아 누운 삐걱거리는 대청마루
> 삶은 감자 대령이요.
> 뜨거운 감자를 건네주시는 할머니 손은 무쇠 장갑
> 세월을 견디며 웬만한 건 뜨겁지도 않구나.
> **굽은 손가락**, 감자 같은 **굵은 마디마디**
> 자식들을 먹여 살리신 강하고 진실한 손
> 고흐의 그림 속에서 우리 할머니가 떠오른다.

① 그림을 보고 느낀 감상을 각각 다른 형식의 글로 표현하였다.

② 이 글은 대상에 대해 설명하고 있으나, 〈보기〉는 이야기를 풀어놓듯이 썼다.

③ 이 글은 친근한 말로 쉽게 서술하였으나, 〈보기〉는 딱딱한 한자어를 많이 썼다.

④ 이 글이 예술 작품의 의미를 분석했다면, 〈보기〉는 자신의 경험을 바탕으로 썼다.

⑤ 〈보기〉에서 '굽은 손가락', '굵은 마디마디'는 이 글에서 글쓴이가 말한 '힘든 노동'을 상징한다.

어휘 익히기

1 단어 뜻 알기

다음 빈칸에 들어갈 알맞은 단어를 〈보기〉에서 찾아 쓰시오.

> **보기**
>
> 걸작   투박하다   기법   소작농

1. 처음으로 만든 도자기 공예라 그런지 그릇이 매끈하지 않고 (   ).

   뜻 | 생김새가 맵시 없이 거칠고 튼튼해 보이기만 하다.

2. 피아노를 빠르게 연주하는 피아니스트의 (   )이/가 뛰어나다.

   뜻 | 어떤 일을 하는 특별한 솜씨나 방법.

3. 베토벤의 「운명 교향곡」은 클래식 음악의 (   )이다.

   뜻 | 아주 훌륭한 예술 작품.

4. 할아버지는 너무 가난하여 자기 농지를 갖지 못하고, 평생 (   )(으)로 살았다.

   뜻 | 남의 논밭을 빌려서 짓는 농사. 또는 그런 농민.

2 관용 표현 알기

다음 빈칸에 알맞은 사자성어를 쓰시오.

" ☐ ☐ ☐ ☐ "

고흐는 늦은 나이에 화가가 되었다. 사람들은 그의 그림을 알아주지 않았다. 그래서 늘 가난하고 고독했다. 그러나 그는 인상파를 대표하는 가장 위대한 화가가 되었다. 이 사자성어는 이처럼 큰 그릇을 만드는 데는 시간이 오래 걸린다는 뜻으로, 크게 될 사람은 늦게 이루어짐을 이르는 말이다.

한자	뜻	음
大	크다	
器	그릇	
晩	늦다	
成	이루다	

3 한자어 익히기

다음 한자어를 소리 내어 읽고 빈칸에 따라 쓰시오.

正	直
바를 **정**	곧을 **직**

정직(正直): 거짓 없이 참되고 곧은 것.
- 나는 정직을 가장 중요한 가치로 알고 살아왔다.
- 이순신의 정직하고 청렴한 성품은 선비의 모범이 되었다.
- 거짓말로 변명하기보다는 정직하게 말하여 꾸중을 듣는 게 더 낫다.

正	直						
바를 정	곧을 직						

02 _회 하이든의 재치

☑ 핵심 개념인 '교향곡'의 뜻과 관련된 말들을 알아 둡시다.

→ 관현악단의 교향곡 연주 / 베토벤의 「운명 교향곡」

교향곡이란 관악기와 현악기가 함께 연주되는 곡이야. 외래어로 '심포니'라고도 해.

☑ 글을 읽고 이것만은 꼭 찾아냅시다.

→ 하이든이 「고별 교향곡」을 작곡한 이유는 무엇일까?

☑ 글에 나타난 비유적 또는 함축적 의미를 추론하며 읽어 봅시다.

→ 문맥을 파악하여 표현 속에 숨은 뜻을 찾는다.

비유적 · 함축적 표현

↓

앞뒤 문장 등 문맥에 드러난 단서 찾기

↓

숨은 의미 추측하기

비유적 또는 함축적 의미 추론하기란 겉으로 표현된 의미 외에, 숨은 뜻을 알아채는 것을 말해.

준비 학습

1

핵심 개념 미리 보기

다음은 '교향곡'과 관련된 단어들이다. 뜻풀이를 참고하여 빈칸에 들어갈 말을 〈보기〉에서 찾아 쓰시오.

보기

하이든 현악기 관현악 지휘자

㉠: 합창단이나 악단을 지휘하는 사람.

㉡: 관악기, 타악기, 현악기 들을 다루는 사람들이 함께 연주하는 일. 또는 그렇게 연주하는 음악.

㉢: 교향곡 형식을 처음으로 만든 음악가. '교향곡의 아버지'라고 불림.

㉣: 바이올린이나 첼로처럼 줄을 활로 켜거나 손으로 퉁겨서 소리를 내는 악기.

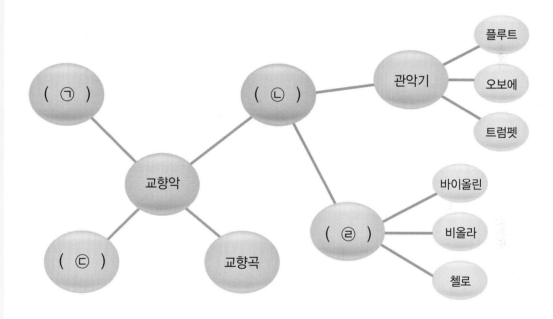

다음 비유적 또는 함축적 표현의 숨은 의미로 적절한 것을 찾아 바르게 연결하시오.

2

읽기 방법 미리 보기

(1) 개미처럼 일하던 단원들 •

• ㉠ 마음이 만족하거나 기뻤다.

(2) 말없이 미소를 지었다. •

• ㉡ 단원들이 엄청 부지런히 일했다.

정답 | 1. ㉠ 지휘자 ㉡ 관현악 ㉢ 하이든 ㉣ 현악기 2. (1) – ㉡ (2) – ㉠

1 하이든(1732~1809)은 4악장의 교향곡* 형식을 완성하였으며 100곡이 넘는 많은 교향곡을 남겼다. 그래서 '교향곡의 아버지'라고 불린다. 그중에 교향곡 45번 「고별」은 독특하기로 유명하다. ㉠이 곡은 하이든의 재치와 인간미를 더 돋보이게 한다.

2 중세 예술가들은 귀족 가문의 후원을 받아 예술 활동을 하는 경우가 많았다. 하이든도 에스테르하지 후작*의 도움을 받아 궁의 음악단 단장으로 근무하며 많은 곡을 작곡했다. 에스테르하지 후작은 파리의 베르사유 궁전을 본뜬 어마어마한 별궁을 헝가리에 짓고 봄부터 가을까지 거기서 보냈다. 음악을 정말 사랑했던 후작은 별궁에서 지내는 6개월 동안은 매일같이 손님들을 초대해 음악회를 열었다. 이 기간 동안 고향과 멀리 떨어진 별궁에서 연주를 해야 했던 단원들은 가족들을 만나러 갈 수 없었다. 1772년에는 여름 궁전에 머무는 기간이 두 달이나 더 길어졌다. 평소에도 오랫동안 가족과 떨어져 개미처럼 일하던 단원들은 불만이 극에 달했다. 그러나 후작 가문에서 월급을 받는 처지라, 어느 누구도 후작에게 대놓고 말할 수 없었다.

3 하이든은 이런 단원들을 안타깝게 여기고 도와줄 수 있는 방법이 없을까 생각했다. 마침내 그는 한 가지 ㉡묘안을 떠올려 새로운 교향곡을 작곡했다. 드디어 새로 작곡한 곡을 연주하는 날이 왔다. 보통 그의 교향곡들은 1악장은 빠른 독주곡 형식으로, 2악장은 느리고 서정적인 곡으로, 3악장은 우아하고 빠른 춤곡으로, 4악장은 빠르고 경쾌한 음악으로 끝맺는다.

[A]
　　그런데 이 곡은 좀 특이하였다. 4악장에 이르러 갑자기 잔잔한 연주로 바뀌면서, 악기 연주자들이 한 명씩 연주를 멈추더니 자기 보면대의 촛불을 끄고 차례로 퇴장하는 것이었다. 그리고 최후에는 지휘자 하이든과 바이올린 연주자 한 명만이 무대에 남았다. 음악을 듣던 사람들은 황당해했다. 그러나 후작은 이 곡을 다 듣고 ㉢미소를 지었다. 그리고 다음 날 음악단 단원 모두에게 휴가를 내렸다. 하이든 덕분에 자칫 갈등이 일어날 수 있는 심각한 상황이 재치 있게 해결되었다.

4 나중에 ㉮이 곡은 작별한다는 뜻의 '고별 교향곡'이라는 제목이 붙게 되었다. 그러나 ㉯이런 일화 때문이 아니더라도, 이 곡은 음악적으로도 뛰어나다. ㉰마지막 악장이 일반적인 형식을 벗어나 독창적으로 만들어졌음에도 불구하고, ㉱4개의 모든 악장이 아름답고 웅장한 악기의 선율을 번갈아 들려주기 때문이다. 이렇듯 ㉲하이든은 재치와 인간미를 갖춘 위대한 음악가이다.

* **교향곡** : 관악기, 타악기, 현악기 들로 함께 연주하려고 만든 긴 곡. 보통 4악장으로 되어 있다.
* **후작** : 옛날에 유럽에서 귀족을 다섯 등급으로 나눈 것 가운데 둘째. 공작, 후작, 백작, 자작, 남작의 순이다.

1 문맥을 활용하여 추론하기

㉠과 같이 말한 이유로 적절한 것은? (   )

① 음악을 사랑하는 마음을 느낄 수 있기 때문에

② 다른 사람의 어려움을 외면하지 않았기 때문에

③ 매일 음악회를 열 만큼 열정적으로 일했기 때문에

④ 수많은 교향곡을 만들고도 잘난 척하지 않았기 때문에

⑤ 긴 시간 동안 휴가 없이 일해도 불평하지 않았기 때문에

2 문맥을 활용하여 추론하기

㉡의 내용으로 적절한 것은? (   )

① 음악으로 에스테르하지 후작의 괴팍한 성격을 혼내 줘야겠어.

② 이번 기회에 그동안 감추어 왔던 나의 음악적 재능을 보여 줘야겠어.

③ 이번 기회에 내가 그동안 해 왔던 교향곡 작곡 방식을 완전히 바꿔야겠어.

④ 후작의 기분을 상하게 하지 않으면서 음악을 통해 단원들의 요구를 전해야겠어.

⑤ 오랫동안 가족을 만나지 못한 단원들의 안타까움을 내가 후작에게 직접 말해야겠어.

3 갈래를 바꿔 표현하기

[A]에 제시된 일화를 연극으로 바꾸기 위해 학생들이 토의한 내용이다. 적절하지 않은 것은?

(   )

① 은하: 하이든이 악장이었으니, 지휘도 맡았을 거야. 그럼 마지막까지 무대에 남아야지.

② 혜승: 옛날에는 전기가 없어서 촛불을 켜고 연주했으니, 촛불을 끄고 퇴장했을 거야. 촛불은 위험하니 작은 램프로 대신하면 어떨까?

③ 혜정: 느린 음악이 나오면 지휘자와 바이올린 연주자만 남기고 모두 한꺼번에 우르르 나가야 해. 넘어지지 않게 조심해.

④ 인자: 교향곡을 다 들은 후작의 대사로는, "(깨달은 듯이) 아, 내가 단원들 휴가를 보내 주지 않았구나."를 넣으려고 해.

⑤ 봉순: 마지막 부분에는 음악단 단원들이 모두 가방을 싸고 기쁜 마음으로 고향 집으로 출발하는 장면을 넣으면 좋겠어.

4 중심 내용 파악하기

㉮~㉲ 중 4 문단에서 가장 중요한 내용에 해당하는 것은? (   )

① ㉮   ② ㉯   ③ ㉰   ④ ㉱   ⑤ ㉲

비유적 · 함축적 표현의 의미 파악하기

5 ©이 암시하는 내용으로 적절한 것은? ( )

① 재미있는 다른 교향곡들을 떠올리며 즐거워했다.
② 교향곡을 만든 의도를 이해하고 기발한 재치에 감탄했다.
③ 악단이 곡을 망친 것을 알고 화가 나서 헛웃음이 나왔다.
④ 음악이 주는 교훈에 감동하여 어릴 적 저지른 잘못을 반성했다.
⑤ 4개의 악장이 얼마나 다양하게 연주되는지 놀라서 미소가 나왔다.

글의 내용을 도식으로 표현하기

6 이 글을 읽고 〈보기〉와 같은 발표 자료를 만들려고 한다. 빈칸에 들어갈 내용을 찾아 쓰시오.

보기

제1악장	제2악장	제3악장	제4악장
소나타 형식의 빠른 악장	( ) 악장	( ) 악장	빠르고 경쾌한 악장

통합하여 재구성하기

7 이 글의 「고별 교향곡」과 〈보기〉의 「마천루: 브뤼주의 고래」 두 예술 활동에 깔린 공통된 생각으로 적절한 것은? ( )

보기

　벨기에 최대 관광지인 브뤼주 운하에는 높이 12m의 대형 고래 조각상이 세워져 있다. 「마천루: 브뤼주의 고래」라고 하는 이 예술품을 보기 위해 많은 관광객이 다녀간다.
　이 조각상은 태평양에서 건져 낸 플라스틱 쓰레기 5톤을 모아 만든 것으로, 플라스틱 쓰레기로 인한 해양 오염 위기를 알리기 위해 제작되었다.

▲ 스튜디오 KCA, 「마천루 : 브뤼주의 고래」

① 예술가의 작업은 후대의 작가들에게 큰 영향을 끼친다.
② 예술가는 어떤 재료로도 훌륭한 작품을 만들어 낼 수 있어야 한다.
③ 예술 작품을 통해 사회에서 일어나는 갈등이나 문제를 해결할 수 있다.
④ 예술가는 다른 사람의 후원이 없으면 위대한 작품을 만들어 낼 수 없다.
⑤ 예술은 고귀한 것이고, 사회에서 일어나는 갈등이나 문제는 하찮은 것이다.

어휘 익히기

1 단어 뜻 알기

다음 빈칸에 들어갈 알맞은 단어를 〈보기〉에서 찾아 쓰시오.

> 보기
>
> 후원   묘안   보면대   일화

1. 고양이는 쥐구멍에 숨은 생쥐를 잡을 (   )이/가 떠오르지 않았다.

   뜻 | 문제를 풀 뛰어나게 좋은 생각.

2. 지휘자는 지휘봉을 (   )에 탁탁 두들기며 멈추라고 했다.

   뜻 | 음악을 연주할 때 악보를 펼쳐서 놓고 보는 대.

3. 연말이면 우리 학교 학생들은 불우 이웃 돕기 성금을 모아 보육원을 (   )한다.

   뜻 | 사람이나 일을 뒤에서 돕는 것.

4. 그 가수는 어린 시절 막 데뷔했을 때 겪었던 (   )을/를 재미있게 이야기했다.

   뜻 | 널리 알려지지 않은 흥미로운 이야기.

2 관용 표현 알기

다음 빈칸에 알맞은 말을 쓰시오.

> "다람쥐 ☐☐☐ 돌듯"
>
> 음악을 정말 사랑했던 후작은 별궁에서 지내는 6개월 동안은 매일 손님들을 초대해 음악회를 열었다. 이 기간 동안 단원들은 가족들을 만나러 갈 수도 없이 연주만 하였다. 이 속담은 이처럼 일상이 날마다 반복되어 지루할 때, 또는 앞으로 나아가거나 발전하지 못할 때를 뜻한다.

3 한자어 익히기

다음 한자어를 소리 내어 읽고 빈칸에 따라 쓰시오.

告	別
알릴 **고**	헤어질 **별**

고별(告別): 헤어지거나 떠나는 것을 알리는 일.
• 그 노래는 마치 고별을 암시하는 것처럼 느껴졌다.
• 서양 사람들은 친한 친구 간에 고별할 때 포옹을 한다.
• 교장 선생님께서 우리 학교를 은퇴하시기 전에 고별 연설을 하셨다.

告	別						
알릴 **고**	헤어질 **별**						

03_회 기원을 담은 그림

 핵심 개념인 '벽화'의 뜻과 관련된 말들을 알아 둡시다.

→ 동굴 벽화 / 고분 벽화

벽화란 건물이나 동굴, 무덤 따위의 벽에 그린 그림을 말해.

글을 읽고 이것만은 꼭 찾아냅시다.

→ 고대 원시인들이 동굴 벽화를 그린 까닭은 무엇일까?

글에 나타난 논증이 타당한지를 판단하며 읽어 봅시다.

→ 논증이 타당한지를 평가하려면 추론의 과정이나 근거의 적절성을 따져 본다.

바탕에 깔린 생각(전제)

↓

주장

↓

주장을 뒷받침하는 근거(자료)

논증이란 증거 자료(근거)를 들어 논리적으로 주장하는 것을 말해.

준비 학습

다음 그림에 대한 설명으로 알맞은 것을 찾아 바르게 연결하시오.

(1)
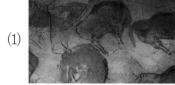
동굴 벽화

ㄱ 길거리 벽면에 낙서처럼 그리거나 페인트를 분무기로 내뿜어서 그리는 그림.

(2)

고분 벽화

ㄴ 동굴에 그려진 그림. 주로 원시 시대 것이 많음.

(3)

그라피티

ㄷ 고대 무덤의 내부 벽에 그려진 그림.

다음은 선사 시대 동굴 벽화에 대한 주장과 근거이다. 논증이 타당하면 평가란에 ○표, 타당하지 않으면 ×표 하시오.

(1)

깔린 생각(전제)	주장	근거	평가
원시인은 그림을 그리는 기술이나 그림 도구 등이 부족했을 것이다.	절대로 선사 시대 동굴 벽화가 아니다.	① 벽화 속의 들소는 마치 살아 있는 듯이 생생하다. ② 벽화는 다양한 색으로 그려졌다. ③ 바위의 결을 살려 입체감 있게 그렸다.	

(2)

깔린 생각(전제)	주장	근거	평가
원시인들은 식량이 되는 들소를 반드시 잡아야 했다.	들소 그림을 그리면 들소가 잡힐 것이라고 믿었다.	① 벽화 속의 들소 모습이 매우 생생하다. ② 들소 그림에는 실제 창으로 찌른 자국이 있다.	

정답 | 1. (1) - ㄴ (2) - ㄷ (3) - ㄱ   2. (1) ✕ (2) ○

1 현재까지 발견된 그림 중 가장 오래된 것은 구석기 시대에 만들어진 동굴 벽화이다. 1879년 스페인의 한 고고학자는 딸과 함께 '알타미라 동굴'을 탐험했다. 동굴의 천장이 낮았기 때문에, ㉠아버지는 그림을 보지 못했다. 그러나 여섯 살 아이가 동굴 천장에 그려진 어마어마한 그림들을 발견하게 된다. 그림에는 멧돼지, 말, 이리, 그리고 수많은 들소가 살아 움직이듯이 다양한 색으로 실감 나게 그려져 있었다. 바위의 들어가고 나온 결을 살려 자연스럽게 그린 뛰어난 솜씨였다. 당시 고고학자들은 이렇게 생생한 그림들이 선사 시대에 그려졌을 리가 없다며 가짜라고 했다. 그리고 더 이상의 조사가 이루어지지 않았다.

2 그로부터 60여 년이 지난 1940년, 프랑스의 '라스코 동굴'에서 잃어버린 개를 찾던 두 명의 소년이 우연히 수천 점의 동물 그림을 발견했다. 스페인의 알타미라 동굴에 이어, 라스코 동굴에서도 동물 벽화가 또 발견된 것이다. ㉡그제야 발굴단은 다시 조사에 들어갔다.

3 이들 동굴 벽화에 채색된 광물질을 조사한 결과, 이 두 벽화는 약 1만~2만 년 전에 그려진 진짜로 밝혀졌다. 당시 과학자들은 벽화가 이렇게 오랫동안 잘 보존된 것에 놀랐다. 아마도 과거에는 지하로 통하는 동굴 입구가 막혀 있어서 사람의 출입이 없었기 때문이었을 것이다. 그러나 그 이후로 방문객이 갑자기 많아지면서, ㉢세균의 번식으로 인해 벽화가 조금씩 훼손되고 있다.

4 그렇다면 원시인들이 들소, 멧돼지 등 동물들을 그린 이유는 무엇일까? 원시인들은 사냥으로 먹고살았으며 들소와 같은 동물들이 주된 식량이었다. 따라서 들소를 잡는 것은 부족들에게 가장 중요한 일이므로, 사냥에서 성공하기를 빌었을 것이다. 원시인들은 그림 속에 영혼이 있다고 믿는다. 그래서 동굴 벽에 들소를 그림으로써 그 들소의 영혼을 빼앗고 또 잡을 수 있다고 믿었던 것이다. 또한 들소들이 움직이거나 죽는 모습이 매우 생생하게 그려져 있으며, 어떤 것에는 실제 창으로 찌른 자국들이 남아 있다. 이것을 보면 그림 속의 들소를 찌르면서 공포를 없애고 용기를 키웠음을 알 수 있다.

5 이처럼 선사 시대 원시인들이 벽에 동물을 그린 것은 예술 활동이라기보다는 많은 사냥감을 얻도록 소원을 비는 행위이다. 즉 그림 그리는 행위를 함으로써 보이지 않는 신에게 실제로 그런 일이 이루어지도록 비는 제사 의식에 ㉣가깝다. 따라서 동굴 벽화는 원시인들의 기원이 담긴 그림이라고 할 수 있다.

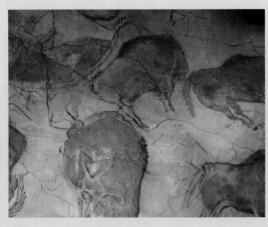

▲ 알타미라 동굴 벽화

▲ 라스코 동굴 벽화

중심 내용 파악하기

1 **1**~**5**문단의 중심 내용을 제시한 것으로 적절하지 <u>않은</u> 것은? (   )

문단	중심 내용
1	알타미라 동굴 벽화의 발견과 당시의 평가 ··· ①
2	라스코 동굴 벽화에 얽힌 전설 ··· ②
3	두 동굴 벽화의 제작 시기와 보존 이유 ··· ③
4	원시인들이 동굴 벽에 동물들을 그린 이유 ·· ④
5	원시 시대 동굴 벽화의 의미 ··· ⑤

내용 전개 방식 파악하기

2 이 글의 논지 전개 방식에 대한 설명으로 적절하지 <u>않은</u> 것은? (   )

① **1**~**2**문단은 글쓴이의 추론을 중심으로, **3**~**5**문단은 사실을 중심으로 서술하였다.

② **3**문단은 동굴 벽화를 조사한 결과와 동굴 벽화가 보존이 잘된 이유를 분석하였다.

③ **4**문단은 먼저 질문을 제시하고 그에 대한 답을 찾는 방식으로 설명하였다.

④ **5**문단의 시작하는 말, '이처럼'은 앞에 나온 내용을 이어받는 역할을 한다.

⑤ **5**문단은 화제인 '동굴 벽화'의 의미를 정의하며 글을 마무리하고 있다.

배경지식을 활용하여 추론하기

3 ㉠을 통해 추측할 수 있는 내용으로 적절한 것은? (   )

① 아버지는 실력이 부족한 고고학자였을 것이다.

② 아버지는 평소 천장을 잘 올려다보지 않았을 것이다.

③ 아버지와 딸은 누가 더 빨리 그림을 찾나 경쟁했을 것이다.

④ 천장이 낮아서 아버지는 고개를 숙이느라 앞만 보았을 것이다.

⑤ 동물들 그림이어서 어른보다는 어린아이가 더 좋아했을 것이다.

문맥을 활용하여 추론하기

4 ㉡의 이유로 적절한 것은? (   )

① 나중에 발견된 곳에 동물 그림이 더 많았기 때문에

② 두 명의 소년과 개 한 마리가 동굴에서 실종되었기 때문에

③ 최초 발견에서 60년이 지나서야 발굴단에게 시간이 생겼기 때문에

④ 동굴 벽화에 채색된 광물질이 몇만 년 전 것으로 판명되었기 때문에

⑤ 가짜라고 생각했던 선사 시대의 동굴 벽화가 연이어 발견되었기 때문에

문제 해결 방법 찾기

5 〈보기〉를 참고로 하여, ⓒ의 문제에 대한 '진단과 해결책'을 제시한 것으로 적절하지 <u>않은</u> 것은? (　　　　)

보기

　국립 수목원은 돌로 만들어진 문화재를 보호하기 위해, 돌에 살고 있는 지의류를 조사하기로 했다. 지의류는 이끼처럼 광합성을 하지만 이끼는 아니고, 일종의 곰팡이이다.

　이 곰팡이는 암석 재질을 서서히 약하게 만들어 암석의 벗겨짐, 닳아 없어짐, 갈라짐, 시커멓게 얼룩짐 등을 생기게 한다. 특히 밀폐된 장소에 있는 암석 재질의 문화재에 붙은 지의류는 관광객이 내뱉는 이산화 탄소나 적은 습기로도 잘 생존한다.

① 관광객들의 출입을 제한하는 규정을 정해서 원시 벽화를 보호해야 한다.
② 곰팡이 제거를 위한 약품을 벽화에 발라 암석의 벗겨짐이나 변색을 막아야 한다.
③ 관광객들이 내뱉는 호흡에서 이산화 탄소가 생겨 곰팡이나 이끼가 번식할 수 있다.
④ 발굴 전에는 동굴 입구가 막혀 건조한 상태를 유지했으므로 곰팡이가 없었을 것이다.
⑤ 관광객들의 방문이 많아지면 동굴 입구로부터 습기가 들어와 곰팡이가 생길 수 있다.

단어의 의미 파악하기

6 다음 밑줄 친 단어 중 ⓔ과 같은 뜻으로 쓰인 것은? (　　　　)

① 침팬지는 하는 짓이 꼭 어린애에 <u>가깝다</u>.
② 우리 집은 학교에서 <u>가까운</u> 거리에 있다.
③ 일어나 보니, 시간이 벌써 정오에 <u>가깝다</u>.
④ 나는 그와 형제처럼 <u>가까워서</u> 친하게 만난다.
⑤ 두 사람은 아마도 <u>가까운</u> 미래에 결혼할 것이다.

논증의 타당성 평가하기

7 다음 질문에 대한 답을 이 글에서 찾아 정리하여 쓰고, '당시 고고학자들'과 '글쓴이'의 각 주장이 적절하면 ○표, 적절하지 않으면 ×표 하시오.

(1) 당시 고고학자들이 알타미라 동굴의 벽화를 가짜라고 주장한 근거는 무엇인가?

➡ 　당시 고고학자들의 주장의 적절성　 [　　　　　　]

(2) 글쓴이가 그림 속의 들소를 찌르면서 공포를 없애고 용기를 키웠을 것이라고 주장한 근거는 무엇인가?

➡ 　글쓴이의 주장의 적절성　 [　　　　　　]

어휘 익히기

1 단어 뜻 알기

다음 빈칸에 들어갈 알맞은 단어를 〈보기〉에서 찾아 쓰시오.

> **보기**
>
> 발굴   광물질   훼손   기원

1. 액자 속에 습기가 들어가는 바람에 그림이 (   )되었다.

   뜻 | 물건을 함부로 다루어 깨지거나 상해서 못 쓰게 만드는 것.

2. 요즘도 경주에서는 신라 시대 유적을 (   )하고 있다.

   뜻 | 땅속에 묻힌 것을 파내는 것.

3. 우리 몸에 필요한 영양소에는 다양한 (   )도 포함된다.

   뜻 | 금, 은, 철, 석탄처럼 땅속에 묻혀 있는 물질인 광물로 된 물질.

4. 오랜 가뭄으로 고생한 농부들은 비가 내리기를 간절히 (   )했다.

   뜻 | 바라는 일을 이뤄 달라고 비는 것.

2 관용 표현 알기

다음 빈칸에 알맞은 사자성어를 쓰시오.

" ☐☐☐☐ "

알타미라 동굴 벽화를 발견한 당시 고고학자들은 이렇게 생생한 그림들이 선사 시대에 그려졌을 리가 없다며 가짜라고 했다. 이 사자성어는 '갑(甲)이 논(論)하면 을(乙)이 반박(駁)한다.'라는 뜻으로, 이처럼 서로 다른 의견을 내세우는 상황을 말한다.

한자	뜻	음
甲	첫째	
論	논하다	
乙	둘째	
駁	논박하다	

3 한자어 익히기

다음 한자어를 소리 내어 읽고 빈칸에 따라 쓰시오.

原	始
근원 원	처음 시

원시(原始): 시작하는 처음. 처음 시작된 그대로 있어 진화하지 않은 상태.
· 원시 시대 사람들이라고 꼭 미개한 것은 아니다.
· 브라질의 아마존 밀림에는 원시 부족이 여전히 산다.
· 동물을 신으로 숭배하는 것은 원시 신앙의 한 형태이다.

原	始						
근원 원	처음 시						

왜 잼 바른 쪽이 바닥으로 떨어질까?

☑ 핵심 개념인 '확률'과 관련된 말들을 알아 둡시다.

→ 복권 당첨의 **확률** / 오늘 비 올 **확률**

> 확률이란 일정한 조건 아래에서 어떤 사건이나 현상이 일어날 가능성 혹은 정도를 말해.

☑ 글을 읽고 이것만은 꼭 찾아냅시다.

→ 잼 바른 식빵이 떨어질 때 잼 바른 쪽이 바닥으로 떨어지는 이유는 무엇일까?

☑ 글을 읽으며 삶의 문제와 관련지어 읽어 봅시다.

→ 글 내용에서 자신이나 사회가 겪고 있는 문제와 관련된 점을 찾고, 문제를 해결할 수 있는 실마리를 떠올린다.

> 글의 내용 이해
>
> ↓
>
> 삶에서 부딪히는 문제 떠올리기
>
> ↓
>
> 글에서 얻은 해결 방안 적용

> 삶의 문제에 대한 해결 방안 찾기란 글 내용을 삶에 적용해 보는 것이라고 할 수 있어.

준비 학습

1
핵심 개념 미리 보기

다음 그림을 보고 비 올 가능성이 가장 높은 시간과 비 올 확률을 찾아 쓰시오.

내일(29일 수)							
시 00	03	06	09	12	15	18	21	24

날씨	🌙	☁🌙	☀	☀	☔	☁	☁	☁
강수 확률(%)	0	0	0	0	60	10	0	0
강수량(mm)	–		–		10~19		–	

강수 없음	비	흐림	맑음
–	☔	☁	☀

시간 : _____ ~ _____ 확률 : _____ (%)

2
읽기 방법 미리 보기

왼쪽 표에서 삶의 문제에 적용할 수 있는 아이디어를 떠올려, 오른쪽의 빈칸에 들어갈 내용을 자유롭게 쓰시오.

글 내용				삶의 문제에 적용		
문제	원인 분석	해결책		문제	원인 분석	해결책
왜 운이 없게도 잼을 바른 쪽이 바닥에 닿게 떨어질까?	잼의 무게, 잼 바른 빵을 위로 둔 것 등의 사소한 조건 때문에 잼 바른 쪽이 바닥에 닿게 떨어질 확률이 더 높다.	운이 없는 것이 아니다. 잼 바른 빵을 식탁 위에 놓을 때는 특히 조심해야 한다.	적용 ➡	왜 운이 없게도 늦잠 잔 날은 버스까지 늦게 오지?	한창 바쁜 통학 시간이 지나면, 버스가 오는 배차 간격이 길어진다.	운이 없는 것이 아니다. _____ _____ _____ _____

정답 | 1. 12~15, 60
2. 늦잠을 잤다면 버스 오는 시간을 미리 확인하고 나가거나 택시를 탄다.

1 '머피의 법칙'이라는 말은 미국의 공군 대위 '머피'의 이야기에서 생겨났다. 그는 어떤 실험을 하다가 연달아 실패를 하게 되었는데, 그 실패가 매우 사소한 것에서 시작되었다는 것을 깨달았다. 그래서 그는 부하들에게 어떤 사소한 것이라도 문제를 일으키는 원인이 될 수 있으므로, 항상 조심하고 대비하는 것이 중요하다고 말했다.

2 그런데 '머피의 법칙'이라는 말은 머피 대위가 한 말과는 다른 뜻으로 쓰인다. 생활 속에서 안 좋은 일에 부닥칠 때, 일이 잘 풀리지 않고 꼬일 때, '머피의 법칙에 빠졌다.'라는 말을 쓴다. 흔히 사람들은 자기에게는 안 좋은 일이 일어날 것이라고 생각하지 않는다. 그래서 문제를 일으킬 수 있는 사소한 것을 쉽게 놓친다. 그러고는 운이 나쁘다고 한다. 예를 들면, 식빵의 잼 바른 면이 바닥에 닿게 떨어질 때가 그렇다. ㉠정말 운이 나빠서 그런 걸까?

3 식빵이 떨어지는 데는 여러 가지 조건이 영향을 미친다. '빵을 잡아당기는 중력, 식탁 높이, 빵의 크기, 빵이 떨어지는 각도' 등이 그것이다. 식빵의 두 면 중 어떤 면이 바닥에 닿게 떨어질까? 식빵도 동전처럼 앞면과 뒷면이 있다고 하자. 이것을 확률로 표현하면, 앞면으로 떨어지는 경우 50%, 뒷면으로 떨어지는 경우 50%이다. 두 경우가 같다. 그런데 식빵의 앞면에 잼을 발랐다면, 앞면과 뒷면이 바닥으로 떨어지는 확률은 같지 않다. '잼의 무게', '잼 바른 면을 위로 둔 것' 등과 같은 사소한 조건들이 추가되어 확률이 달라지기 때문이다.

4 과학자들은 이 조건들을 공식에 넣어 계산해 보았다. 그랬더니 잼 바른 면을 위로 놓은 상태에서 떨어뜨렸을 때, 식빵은 약 '반 바퀴' 즉 180°를 회전하고 잼 바른 면이 뒤집혀서 땅바닥을 향해 떨어진다는 결과를 얻었다. 계산상으로는 확률이 높은 셈이다. 그런데 영국의 과학자인 매튜 박사는 실제로 실험을 해 보았다. 잼 바른 식빵을 무려 9,821번이나 식탁 위에서 떨어뜨렸는데, 신기하게도 잼 바른 면이 바닥에 닿게 떨어진 횟수는 6,101번으로 약 62%였다. 이는 잼을 바르지 않을 때의 확률인 50%보다 높다. 이렇게 직접 경험을 통해 얻은 확률이나 계산으로 얻은 확률이나 모두, 잼 바른 식빵 면이 바닥으로 떨어질 확률이 더 높았다. 단지 운이 나빠서 그렇게 된 것이 아니다. 그러므로 잼을 발랐다면 더 조심해야 한다.

5 이와 같이, 우연처럼 보이는 현상도 그 뒤엔 확률이 숨어 있다. 따라서 운이 나빠서 나에게만 나쁜 일이 잘 생긴다고 생각해서는 안 된다. 나쁜 일이 일어날 수 있는 조건이 있는지를 살펴보고 만일의 사태가 일어날 가능성을 예측하고 대비하는 것이 더 중요하다.

주제 파악하기

1 이 글의 주제로 적절한 것은? (   )

① 수학자도 부지런해야 확률을 구할 수 있다.

② 수학적 공식은 모든 현상을 다 계산할 수 있다.

③ 머피의 법칙은 우연의 일치이므로 신경 쓸 필요가 없다.

④ 머피의 법칙을 피하려면 실수를 예측하고 대비해야 한다.

⑤ 경험으로 얻은 확률이 계산으로 얻은 확률보다 더 정확하다.

중심 내용 파악하기

2 **1**~**5**문단의 중심 내용으로 적절하지 <u>않은</u> 것은? (   )

① **1**: '머피의 법칙'이라는 말이 생겨난 유래

② **2**: 잼 바른 식빵을 먹을 때의 식탁 예절

③ **3**: 식빵의 잼 바른 면이 바닥에 닿게 떨어질 확률을 결정하는 요소들

④ **4**: 식빵의 잼 바른 면이 바닥에 닿게 떨어지는 경우의 확률값

⑤ **5**: 운을 탓하기보다 확률을 살펴 대비하는 태도의 중요성

내용 적용하기

3 다음 중 '머피의 법칙'이라고 말할 만한 예가 <u>아닌</u> 것은? (   )

① 번개가 치면 꼭 천둥도 따라온다.   ② 내가 쓰려고 하면 기계가 고장이 난다.

③ 친구랑 축구를 하기로 약속한 날 비가 온다. ④ 내가 줄 선 곳의 줄이 제일 늦게 줄어든다.

⑤ 하필 공부하지 않은 부분에서 시험 문제가 나온다.

질문에 대한 근거를 찾아 답하기

4 **1**~**2**문단을 읽고 다음 질문에 대한 답변을 찾아 나아갈 때, 빈칸에 들어갈 말을 쓰시오.

> 왜 하필 나에게만 안 좋은 일이 일어날까?

> 실패는 매우 사소한 곳에서 시작될 수 있다. → 그런데 사람들은 자기가 실패할 것이라고 잘 생각하지 않는다. → 그래서 사소한 작은 실수를 대충 넘어가거나 발견하지 못한다. → 그 결과,
>
> (   )

생략된 내용 예측하기

5 ㉠ 뒤에 들어갈 말로 적절한 것은? (   )

① 아니면 불행의 표시일까?   ② 아니면 머피의 법칙 때문일까?

③ 아니면 경험이 없어서 그런 걸까?   ④ 아니면 어떤 이유가 있는 것일까?

⑤ 아니면 재수가 나빠서 그런 걸까?

시각 자료와 글 관련지어 해석하기

6 이 글을 바탕으로 다음과 같이 잼 바른 식빵이 떨어지는 현상을 분석할 때, 적절하지 <u>않은</u> 것은?

(   )

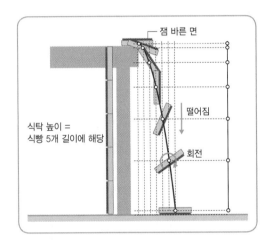

잼 바른 면

식탁 높이 =
식빵 5개 길이에 해당

떨어짐

회전

① 식빵을 잡아당기는 중력 때문에 땅으로 떨어진다.

② 잼 바른 식빵은 떨어지면서 약 반 바퀴를 회전하고 바닥에 닿는다.

③ 식빵의 잼 바른 면을 위로 두고 떨어뜨리면 항상 잼 바른 쪽이 바닥에 닿는다.

④ 잼 바른 면을 위로 두었느냐 아래로 두었느냐는 어느 면이 바닥에 떨어지느냐에 영향을 미친다.

⑤ 식탁 높이, 빵이 떨어지는 각도 등이 어느 면이 바닥에 떨어지느냐에 영향을 미친다.

삶의 문제에 대한 해결 방안 찾기

7 〈보기〉는 일기 예보에 대한 수학적 확률을 적용한 예이다. 빈칸에 알맞은 숫자를 쓰시오.

보기

일기 예보에서 내일 비가 올 확률이 80%라고 한다. 창고 지붕에 구멍이 나서 수리를 해야 할지 말지 고민이다. 오늘 지붕을 미리 고치면 20만 원의 비용이 들어가지만, 수리를 하지 않고 내일 비를 맞을 경우 물건이 다 젖어 70만 원의 손해가 생긴다. 어떻게 하는 것이 이익일까?

지붕을 수리하지 않을 경우 생기는 '손해'	70만 원 × 80%(비 올 확률) = 56만 원
지붕을 수리할 경우 들어가는 '비용'	20만 원

➡ 비 올 확률이 80%나 되기 때문에, 비용을 비교해 보았을 때, 미리 수리를 하게 되면 (   )만 원을 아끼는 셈이 된다.

어휘 익히기

1 ── 단어 뜻 알기

다음 빈칸에 들어갈 알맞은 단어를 〈보기〉에서 찾아 쓰시오.

> **보기**
>
> 사소하다   중력   확률   우연

1. 물건이 위에서 아래로 떨어지는 것은 (   )이/가 작용하기 때문이다.

   뜻 | 지구 위에 있는 모든 것을 지구 중심으로 끌어당기는 힘.

2. 미국의 항공 우주국은 소행성이 지구와 충돌할 (   )은/는 2700분의 1이라고 발표했다.

   뜻 | 어떤 일이 일어날 가능성을 수로 나타낸 것.

3. PC방에서 나오는데 선생님을 딱 마주친 건 (   )의 일치였다.

   뜻 | 뜻하지 않은 일이 저절로 닥치는 것. 또는 그 뜻밖의 일.

4. 이 일은 일상생활에서 흔히 겪는 (   ) 실수일 뿐이다.

   뜻 | 보잘것없이 작거나 적다.

2 ── 관용 표현 알기

다음 빈칸에 알맞은 사자성어를 쓰시오.

> " ☐ ☐ ☐ ☐ "
>
> 사람들은 일이 잘 풀리지 않고 계속해서 꼬이면, 재수가 없다고 생각하며 '머피의 법칙'에 빠졌다고 푸념한다. 이 사자성어는 눈 위에 또 서리가 내린다는 뜻으로, 좋지 않은 어떤 일이 겹쳐 발생함을 이르는 말이다.

한자	뜻	음
雪	눈	
上	위	
加	더하다	
霜	서리	

3 ── 한자어 익히기

다음 한자어를 소리 내어 읽고 빈칸에 따라 쓰시오.

대할 대 | 준비할 비

대비(對備): 앞일을 미리 헤아려 준비하는 것.
- 홍수에 대비하여 산에 나무를 심어야 한다.
- 지구 온난화에 대비하려면 탄소 배출량을 줄여야 한다.
- 유비무환이란 어려운 일이 닥칠 것을 대비하면 걱정이 없다는 뜻이다.

對 備
대할 대 | 준비할 비

❶ 비유적·함축적 표현의 의미 파악하기

글에 비유적 표현과 함축적 표현을 적절하게 사용하면 글이 훨씬 생생하게 느껴지고, 독자에게는 상상할 수 있는 재미를 준다. 비유적 표현이란 직유법, 은유법, 의인법 등 수사법을 사용하는 것을 말한다. 함축적 표현은 수사법을 사용하지 않아도 행동, 상황, 말 속에 어떤 의도나 다른 뜻을 숨기고 있는 것을 말한다. 보통 글에 나타난 단서나 배경지식을 이용해 숨은 뜻을 추측한다.

★ 글에서 비유적·함축적 표현의 의미를 찾으려면,

(1) 비유를 든 대상의 특징이나 속성(성격)을 파악하여 속뜻을 짐작한다.

(2) 문맥을 따져 어떤 장면(상황)에서 그 말이 쓰였는지 파악한다.

(3) 비유나 함축이 사용된 표현의 속뜻을 풀어서 그 자리에 대신 넣어 본다.

(4) 문맥에 맞게 자연스럽게 어울리는지 판단한다.

1 다음 글에 사용된 비유적 표현과 함축적 표현을 찾고 그 의미를 쓰시오.

음악을 정말 사랑했던 후작은 별궁에서 지내는 6개월 동안은 매일같이 손님들을 초대해 음악회를 열었다. 이 기간 동안 고향과 멀리 떨어진 별궁에서 연주를 해야 했던 단원들은 가족들을 만나러 갈 수 없었다. 1772년에는 여름 궁전에 머무는 기간이 두 달이나 더 길어졌다. 평소에도 오랫동안 가족과 떨어져 개미처럼 일하던 단원들은 불만이 하늘을 찔렀다. 그러나 후작 가문에서 월급을 받는 처지라, 어느 누구도 후작에게 대놓고 말할 수 없었다.

비유적 표현	불만이 하늘을 찔렀다.	뜻:

| 함축적 표현 | 여름 궁전에 머무는 기간이
두 달이나 더 길어졌다. | 뜻: |

2 다음 글을 읽고 물음에 답하시오.

> 산업 디자인에 대한 관심은 산업 혁명 이후 본격적으로 생겨났다. 산업 혁명 이전에는 제품을 만들 때 인간의 손으로 오랜 시간에 걸쳐 한두 개씩 만들었다. 그러다 보니 제품에는 만든 사람의 ㉠땀과 독특한 기술이 담겨 있었다. 그러나 산업 혁명 이후에는 제품이 기계에 의해 생산되면서, 똑같은 모양의 상품이 대량으로 빠르게 만들어졌다.
>
> 이때 공장에서 모든 제품이 만들어지는 ㉡기계 만능주의가 결국은 생활 속의 아름다움을 파괴하게 될 것이라는 우려가 강해졌다. 그래서 산업 디자인이 필요하게 되었다. 물건을 얼마나 아름답게 만드느냐, 얼마나 편리하게 만드느냐, 얼마나 소비자 마음에 들게 만드느냐가 중요한 문제라는 것을 깨닫게 되었기 때문이다.

(1) ㉠의 비유적 표현에 들어 있는 속뜻을 쓰시오.

_____

(2) ㉡의 함축적 표현에 들어 있는 의미로 가장 적절한 것은? (　　　)

① 기계가 사람을 대신하여 모든 제품을 생산하게 될 것이다.

② 제품의 개성이 사라지고 모두 똑같은 제품을 사서 쓰게 될 것이다.

③ 제품이 대량으로 생산되면서 지구가 쓰레기로 몸살을 앓게 될 것이다.

④ 기계가 만든 제품을 사용하면 사람들의 얼굴도 기계처럼 변할 것이다.

⑤ 기계의 생산 능력이 사람보다 뛰어나므로 사람들의 일자리를 뺏을 것이다.

3 다음 글의 밑줄 친 함축적 표현에 담긴 의미를 쓰시오.

> 「백조의 호수」는 러시아의 작곡가 차이콥스키가 작곡한 발레 음악으로, 세계의 발레 음악 중 아름다운 것으로 손꼽힌다. 그러나 1877년 처음 공연 당시는 그리 환영받지 못했다. 그 당시 발레 공연에서 음악은 보조적 역할을 하는 데 머물렀다. 우아한 무용수의 춤을 적당히 받쳐 주기만 하면 되었다.
>
> 그런데 차이콥스키가 만든 곡은 춤의 반주 정도가 아니었다. 그 자체로 완성도 높은 관현악곡이었다. 단순한 춤곡에 익숙했던

▲ 「백조의 호수」 공연 모습

> 사람들은 차이콥스키의 춤곡이 이전과 다르고 어렵다며 얼굴을 찌푸렸다. 그러나 그가 죽은 후에 그 진가를 인정받았다.

❷ 논증의 타당성 평가하기

　논설문이나 광고문과 같이 주장하는 글에는 주장과 그 주장을 뒷받침하는 근거가 섞여 있다. 글쓴이는 여러 가지 근거를 모아 밝혀지지 않은 부분을 추리하거나 자신의 의견을 주장하게 된다. 이때 적절한 근거 자료와 이유를 가지고 와서 의견이나 주장을 내세우는 것을 논증(논리적인 증명)이라고 한다.

　논증의 과정은 타당해야 한다. 이를 위해서는 의견이나 주장이 타당해야 하며, 이것을 뒷받침하는 근거가 적절한 것이어야 한다. 따라서 의견이나 주장이 들어 있는 글을 읽을 때는 논증의 과정이 타당한지, 또 그 근거가 적절한지를 판단하며 읽어야 한다.

★ **논증의 타당성과 근거의 적절성을 평가하며 읽으려면,**
(1) 주장이 무엇인지 파악한다.
(2) 근거가 있는 주장인지, 아니면 근거 없이 단순히 의견만 내세우는지 파악한다.
(3) 주장에 대한 근거가 있다면 근거가 믿을 만한지, 출처가 분명한지 등을 판단한다.
(4) 근거가 주장을 뒷받침하기에 적절한 것인지 따져 본다.

1 **다음 글을 읽고 글쓴이의 추론이 타당한지 평가해 보시오.**

　그렇다면 원시인들이 들소, 멧돼지 등 동물들을 그린 이유는 무엇일까? 원시인들은 사냥으로 먹고살았으며 들소와 같은 동물들이 주된 식량이었다. 따라서 들소를 잡는 것은 부족들에게 가장 중요한 일이므로, 사냥에서 성공하기를 빌었을 것이다. 원시인들은 그림 속에 영혼이 있다고 믿는다. 그래서 동굴 벽에 들소를 그림으로써 그 들소의 영혼을 빼앗고 또 잡을 수 있다고 믿었던 것이다. 또한 들소들이 움직이거나 죽는 모습이 매우 생생하게 그려져 있으며, 어떤 것에는 실제 창으로 찌른 자국들이 남아 있다. 이것을 보면 그림 속의 들소를 찌르면서 공포를 없애고 용기를 키웠음을 알 수 있다.

(1) 주장과 근거를 찾아 다음과 같이 정리하시오.

• 주장 ➡ 원시인들은 들소, 멧돼지 등 동물들을 그림으로써 동물들의 ＿＿＿＿＿＿＿＿＿＿＿

　　　＿＿＿＿＿ 믿었고, 그림 속의 동물들을 찌르면서 ＿＿＿＿＿＿＿＿＿＿＿＿＿＿＿＿＿

• 근거 ➡ 들소 그림을 보면, ＿＿＿＿＿＿＿＿＿＿＿＿＿＿＿＿＿＿＿＿＿＿＿＿＿＿

　＿＿＿＿＿＿＿＿＿＿＿＿＿＿＿＿＿＿＿＿＿＿＿＿＿＿＿＿＿＿＿＿＿＿＿＿＿＿

(2) 근거가 주장을 뒷받침하기에 적절한지 평가하여 해당하는 것에 ✔표 하시오.

적절하다.	적절하지 않다.

2 다음 글을 읽고 물음에 답하시오.

> 동양과 서양의 인물화는 여러 가지 면에서 다르다. 아래의 왼쪽 그림은 조선 시대 화가인 김명국이 그린 「달마도」이다. 단순하고 과감한 붓 자국이 인상적이며 진하고 연한 먹의 농도를 잘 사용했다. 또한 화려하게 채색하지 않고 먹색으로 표현하여 종교적으로 높은 경지에 오른 정신세계를 잘 나타내고 있다. 이 그림은 달마 대사의 모습을 생긴 그대로 그린 것이 아니다. 달마 대사에 대한 전체적인 인상과 느낌 등을 중시하여 그 정신을 나타내려고 노력한 것이다.
>
> 이와 달리 오른쪽 그림은 홀바인이 그린 「헨리 8세」이다. 다양한 색을 사용하여 섬세하고 정교하게 인물을 그리고 있다. 왕의 위엄을 드러내기 위해 당당한 자세를 강조하고, 왕의 생김새와 특징, 화려한 옷과 모자, 여러 가지 장식 등을 사진처럼 정확하게 그리고 있다. 그렇기 때문에 서양에서는 객관적인 사실을 기록으로 남기는 방법으로 미술을 많이 이용했다.
>
>
>
> ▲ 김명국, 「달마도」(17세기)   ▲ 홀바인, 「헨리 8세」(1540)
>
> 이렇듯 과거에는 동양과 서양의 인물화는 그 차이가 비교적 뚜렷했다. 그러나 최근에는 그 차이가 거의 없어지고 있다.

(1) 이 글에서 글쓴이의 주장을 찾아 쓰시오.

_____

(2) 주장을 뒷받침하기 위해 어떤 사례를 근거로 들었는지, 2가지를 찾아 쓰시오.

_____

(3) 이 글의 설명 방식과 논증 과정의 타당성을 바르게 설명한 것을 골라 ✓표 하시오.

문제를 보여 주고 해결책을 제시하는 방식이 사용되었는데, 그 과정이 타당해 보여.	'원인과 결과'를 설명하는 방식이 사용되었는데, 그 과정이 적절하지 않아 보여.	차이점을 중심으로 두 대상을 '대조'하는 방식이 사용되었는데, 그 과정이 타당해 보여.
( )	( )	( )

📷 사진 출처

쪽	사진	출처
20쪽	숭례문	한국학중앙연구원 · 김지용
58쪽	필리프 폰 폴츠, 「페리클레스의 장례 연설」	ⓒPHILIPP FOLTZ / AKG-IMAGES / 게티이미지코리아
66쪽	구리 동구릉 건원릉 망주석	한국학중앙연구원 · 유남해
82쪽	대륙 이동	ⓒSCIENCE SOURCE
110쪽	하와이의 불과 화산의 여신 펠레	ⓒMarlon Trottmann / Alamy Stock Photo
113쪽	카를 브률로프, 「폼페이 최후의 날」	ⓒNiday Picture Library / Alamy Stock Photo
	영화 「폼페이」 포스터	ⓒEntertainment Pictures / Alamy Stock Photo
122쪽	현악 4중주곡을 지휘하는 하이든	ⓒDEA / A. DAGLI ORTI / 게티이미지코리아
126쪽	스튜디오 KCA, 「마천루: 브뤼주의 고래」	ⓒimageBROKER / Alamy Stock Photo
128, 130쪽	라스코 동굴 벽화	ⓒAbaca Press / Alamy Stock Photo
143쪽	김명국, 「달마도」	ⓒ국립중앙박물관
	홀바인, 「헨리 8세」	ⓒPRISMA ARCHIVO / Alamy Stock Photo

• 좋은 사진을 제공해 주신 분들께 감사드립니다.

"
ERI 독해가
문해력이다
독해 학습으로
문해력 키우기
"

★ 주차별 읽기 방법을 생각하며 읽으면 더 큰 학습 효과를 얻을 수 있습니다.

7단계 심화 — ❶ **주차** 학습 중 —

자료를 참고하며 읽기

화제에 대한 관점 비교·평가하기

7단계 심화 — ❷ **주차** 학습 중 —

의도나 관점 추론하기

생략된 내용 추론하기

의도나 관점 추론하기

글쓴이는 일부러 글을 쓰는 자신의 의도나 자신의 관점을 감추기도 한다. 즉, 글쓴이는 전달 효과를 높이기 위해 의도적으로 내용을 생략하기도 하고, 원하는 표현 효과를 얻기 위해 내용을 감추기도 한다. 이렇게 글에 생략되어 있거나 숨겨진 내용을 추론하며 읽는 능력은 훌륭한 독자가 갖추어야 할 기본 능력이다.

★ 글쓴이의 의도나 관점을 추론하기 위해서는,
❶ 글의 종류를 파악한다.
❷ 글 전체의 내용이나 글이 쓰인 상황 맥락을 파악한다.
❸ 글이 쓰인 당시 또는 글쓴이가 처한 사회 문화적 맥락(배경)을 파악한다.
❹ 글에서 대상에 대해 글쓴이가 취하고 있는 태도를 파악한다.

자료를 참고하며 읽기

글을 읽으면서 잘 모르는 내용이나 어려운 단어가 있을 때, 궁금한 것이 생겼을 때에는 인터넷, 도서관 등에서 자료를 찾아 활용한다. 이것을 습관화하면 읽기 능력과 배경지식 향상에 큰 도움이 된다.

★ 도서관에서 자료를 찾을 때에는,
❶ 찾고자 하는 자료의 핵심 주제를 정확히 파악하고 도서관 누리집(홈페이지)에서 찾고자 하는 자료의 핵심 단어를 입력해야 한다.
❷ 도서관 서가(책꽂이)에서 필요한 자료를 찾기 위해서 도서 분류 기호(한국십진분류표)를 참고한다.

★ 인터넷에서 자료를 검색하여 활용할 때에는,
❶ 믿을 만한 전문적인 검색 사이트에서, 찾고자 하는 정보의 핵심어를 정확히 기입한다.
❷ 찾은 정보가 글을 이해하는 데 꼭 필요한 정보인지 판단한다.
❸ 찾은 정보의 출처나 글쓴이를 확인하여 정보의 정확성과 신뢰성을 판단한다.
❹ 하나의 화제에 대해 가급적 두 개 이상의 자료나 서로 다른 관점을 비교·검토한다.

생략된 내용 추론하기

생략된 내용 추론하기란 글을 읽어 나가면서 글에 제시되지 않은 내용들을 구성해 내는 읽기이다. 글쓴이는 글을 쓰면서 의도적으로 내용을 생략하기도 한다. 어떤 내용을 자세히 설명하지 않아도 독자가 너무도 당연히 잘 알 것이라고 판단한 것이다. 또한 간결하고 효과적인 표현을 위해서 생략하는 경우도 있다.

★ 글에서 생략된 내용을 추론하기 위해서는,
❶ 글에서 '이것', '그것'처럼 다른 내용을 가리키는 말인 지시어의 의미를 파악한다.
❷ 글 또는 말에서 '그러나, 그런데'와 같이 앞뒤의 내용을 연결해 주거나 이어질 내용을 안내해 주는 말인 담화 표지를 통해 문장의 연결 관계를 파악한다.
❸ 이미 알고 있는 배경지식을 활용하여 글의 내용과 관련된 상황을 상세화한다.
❹ 생략된 내용을 이해하거나 추론하기 위해 스스로 다양한 질문을 하고 확인한다.

화제에 대한 관점 비교·평가하기

동일한 화제에 대한 여러 관점을 비교하며 평가하는 것은 그 화제에 대한 독자의 안목을 넓혀 준다. 이때 독자는 객관적이고 합리적인 기준을 세워, 글에 제시된 다양한 관점을 비교·대조하면서 비판적으로 평가해야 한다. 그다음으로 읽은 내용을 종합하고 재구성하여, 화제에 대한 자신의 관점을 세워야 한다.

★ 여러 관점의 차이를 비교하고 평가하기 위해서는,
❶ 동일한 화제에 대해 여러 관점을 제시하고 있는 글을 찾아본다.
❷ 글에 제시된 여러 관점을 정리하고, 이를 기준에 따라 비교하며 비판적으로 평가해 본다.
❸ ❶, ❷를 바탕으로 화제에 대한 자신의 관점을 세워 본다.

★ 여러 관점의 차이를 비교하고 평가하는 기준은,
❶ 타당성: 어떤 글의 주장과 근거가 더 논리적인가?
❷ 신뢰성: 어떤 글의 내용과 출처가 더 명확하고 믿을 만한가?
❸ 공정성: 어떤 글의 관점이나 태도가 한쪽으로 치우치지 않고 더 객관적인가?

ERI 독해가
문해력이다

7단계 심화

중학 1 ~ 2학년 권장

EBS
당신의 문해력

정답과 해설

한눈에 보는 정답
상세한 지문·문항 해설

ERI 독해가

문해력이다

7단계 심화

중학 1 ~ 2학년 권장

정답과 해설

한눈에 보는 정답

상세한 지문·문항 해설

한눈에 보는 정답

1 주차

01회 (21쪽)
1 ④ 2 ③ 3 ④ 4 ⓐ 흥인지문 ⓑ 의 ⓒ 숭례문 ⓓ 중앙 5 ④ 6 ③
어휘 익히기 1 1 철가 2 이념 3 호아 4 명칭 2 틈틈

02회 (27쪽)
1 ⑤ 2 ④ 3 ④ 4 ② 5 ② 6 ②
어휘 익히기 1 1 조바심 2 문안 3 공직 4 배변 2 교육

03회 (33쪽)
1 인공 지능 로봇, 모든 인공 생명 2 (1) ○ (2) × (3) × 3 ② 4 ⑤ 5 ② 6 ④
어휘 익히기 1 1 연계 2 위상 3 방안 4 본질적 2 개과천선

04회 (39쪽)
1 ④ 2 (전쟁을 통해) 테러나 전쟁을 일으킨 집단을 제압하는 것 3 ④ 4 ④ 5 ④
6 ⑤
어휘 익히기 1 1 학살 2 명분 3 전점 4 인도주의 2 빛

05회 (42쪽)
1 1 ④ 2 ⑤ 3 (1) ③ (2) ④
2 1 ③ 2 ③

STEAM 독해 (47쪽)
1 ⑤ 2 (1) 여름, 겨울 (2) 밤, 낮 (3) 백야, 극야 (4) 12, 열대 3 모로코, 알제리, 튀니
지, 리비아, 이집트, 사우디아라비아, 이라크, 이라키, 시리아 4 예 쌀밥,
닭고기 수프, 소고기볶음, 올리브 절임. 올리브 등등으로 구성된 식단 5 (1) (가), (나)
(2) (나), (다), (다), (가)

2 주차

01회 (55쪽)
1 ⑤ 2 지구 온난화, 빗길, 다이아몬드 3 ③ 4 ③ 5 ③ 6 ⑤
어휘 익히기 1 1 신경전 2 회약고 3 개입 4 분쟁 2 눈, 물

02회 (61쪽)
1 ⑤ 2 ⑤ 3 ④ 4 ⑤ 5 ③ 6 ③
어휘 익히기 1 1 민화 2 수호신 3 여론 4 요충지 2 위, 없고

03회 (67쪽)
1 공판, 시보, 형명 2 ③ 3 ⑤ 4 ② 5 ④ 6 ⑤
어휘 익히기 1 1 심문 2 규율 3 공정인 4 부각 2 사필귀정

04회 (73쪽)
1 ① 2 ⑤ 3 ④ 4 ⑤ 5 ⑥
어휘 익히기 1 1 요인 2 정기 3 성실 4 전자 2 치마

05회 (76쪽)
1 1 (1) 조선 시대 (후기), 임진왜란, 병자호란, 선조, 인조, 조선왕조실록 (2) ③
2 (1) ④ (2) ②
2 1 (1) 예 누군가 급히 119에 전화를 걸었다. (2) 운전자였던 남자 (3) 예 엄마와 아들,
예 '아들'이라고 부를 수 있는 사람은 일반적으로 엄마이고, 아빠는 운전자였으므
로. 2 (1) 도전, 응전 (2) 물냄기와 함께 있는 것 3 청어, 물매기, 시련

4주차

01회 (119쪽)
1 ④ 2 ② 3 ③ 4 ⓐ 5 ⑤ 6 ⑤ 7 ③
어휘 익히기 1 1 투박하다 2 기법 3 걸작 4 소작농 2 대기만성

02회 (125쪽)
1 ② 2 ④ 3 ③ 4 ⑤ 5 ② 6 느리고 서정적인, 우아하고 빠른 7 ③
어휘 익히기 1 1 모안 2 보면대 3 후원 4 일화 2 쳇바퀴

03회 (131쪽)
1 ② 2 ① 3 ④ 4 ⑤ 5 ② 6 ① 7 (1) 벽화를 그린 솜씨가 원시인들의 솜씨라고 볼 수 없을 정도로 뛰어났기 때문에. × (2) 그림에 실제 창으로 찌른 자국들이 남아 있기 때문에. ○
어휘 익히기 1 1 훼손 2 발굴 3 광물질 4 기원 2 감쪽같바

04회 (137쪽)
1 ④ 2 ② 3 ① 4 예 자신만 재수가 없다고 생각한다. / 자신만 운이 나쁘다고 생각한다. 5 ④ 6 ③ 7 36
어휘 익히기 1 1 중의 2 획률 3 우연 4 사소한 2 설상가상

05회 (140쪽)
1 1 불만이 매우 많았다. / 평소 때보다 두 달이나 더 집에 가지 못했다. 2 (1) 노력, 정성, 수고 (2) ② 3 치이름스기가 만든 곰을 싫어했다.
2 1 (1) • 영혼을 빼앗고 또 잡을 수 있다고 / 공포를 없애고 용기를 기었다. • 들소들이 음직이거나 죽는 모습이 매우 생생하게 그려져 있으며, 어떤 것에는 실제 창으로 찌른 자국들이 남아 있다. (2) 적절하다. (2) 1 과거에는 동상과 서양의 인물화는 그 차이가 비교적 뚜렷했다. (2) 「달마도」, 「헬리 8시」, (3) 차이점을 중심으로 두 대상을 '대조하는 방식이 사용되었는데, 그 과정이 타당해 보여.

3주차

01회 (85쪽)
1 ④ 2 ④ 3 ③ 4 마그마가 바닷물에 식어 새로운 지각이 된다. 5 ②
어휘 익히기 1 1 시추공 2 맨틀 3 가설 4 용성 2 바위 치기

02회 (91쪽)
1 ② 2 ③ 3 ④ 4 ① 5 승화가 일어날 때 승화열이 생긴다. 6 ③
어휘 익히기 1 1 풍미 2 동결 3 용기 4 승화 2 콩어지책

03회 (97쪽)
1 ① 2 ① 3 ③ 4 ⑤ 5 ④ 6 ⑤
어휘 익히기 1 1 먹이 사슬 2 속 3 악순환 4 배타적 2 자승자박

04회 (103쪽)
1 ④ 2 ⑤, 뉴턴의 실험은 빛의 성질을 밝힌 매우 중요한 연구였다. 3 ① 4 ⑤ 5 ⑤ 6 ②
어휘 익히기 1 1 주목 2 제기 3 백색광 4 파동 2 한 획

05회 (106쪽)
1 1 • 주장: 인간은 이타적이다. • 근거: 위기가 닥치거나 어려울 때일수록 배려와 자선, 용기가 더 넘쳐난다. / 적절하다. 2 (1) 우리나라도 지진에 대비해야 한다. (2) ② (3) ③
2 1 예 조명기 앞에 빨강색, 초록색, 파란색의 셀로판지를 붙여서 다양한 색의 빛을 합성해 연하는 조명 색을 만든다. 2 ② 3 예 교실에서 친구들이 큰 소리로 웃거나 떠들 때 어느 정도 데시벨 이상의 소리가 나면 이를 감지하고 경고음을 내는 곤충 로봇이 있으면 좋겠다.

STEAM 독해 (111쪽)
1 일본, 뉴질랜드, 칠레, 필리핀, 미국, 멕시코, 캐나다, 에콰도르, 페루 등 2 ⑤ 3 서룽들이 음직이거나 죽는 모습이 매우 생생하게 그려져 있고 4 (가) 지역은 고온 건조하기 때문에 모두 농사에 유리하고, (나) 지역은 고온 다습하기 때문에 벼농사에 유리하다. 5 예 영화 「샌 안드레이스」, 미국 서부의 샌 안드레이스 단층은 대륙판과 해양판이 어긋나는 경계로 지진이 자주 발생한다. 이 영화는 대규모의 지진이 이 지역에 연속으로 발생하는 상황을 영상에 담고 있다.

20 (읽기 지문)

ERI 지수 **806**　인문 | 역사

가 조선의 국가 통치 이념은 유교에 따른 민본 사상에 있다. 민본 사상이란 백성을 나라의 근본으로 생각한다는 것이다. 이는 '민심은 천심'이라는 말 속에 잘 담겨 있다. 민본 사상과 관련된 정치사상이 바로 왕도 정치 이다. 이는 왕이 인(仁)과 덕(德)을 바탕으로 백성을 다스려야 한다는 정치사상이다. 이러한 유교적 정치 이념은 조선의 도성인 한양에도 잘 반영되어 있다.

나 한양은 한반도의 중앙에 위치하고, 한강이 흘러 교통이 편리하다. 또한 주변이 산으로 둘러싸여 있으며, 외부의 적을 막는 데 유리하였다. 전체적으로 볼 때에는 물이 흐르는 땅의 모양새를 갖추었다. 여기에는 이러한 지형을 중요하게 여겼던 당시의 이념과 사상이 반영되어 있다.

다 조선은 왕조의 힘을 만든 먼저 한양의 주요 건축물에 유교의 통치 이념을 반영하였다. 이에 따라 유교 이념을 강조한 건축물로 명정을 위치를 정하였다. 이는 정부구성 중심으로 유교 정신을 잘 반영하고 있다.

라 한양에는 성곽으로 정부구성과 동, 서, 남, 북으로 총 네 개의 큰 문이 있다. 이들의 이름은 각각 흥인지문, 도의문, 숭례문, 숙정문이다. (후에 숙정문의 역할을 새로 만든 홍지문이 대신하게 된다.) 이 네 문 이름은 모두 유교정신에서 가져온 것이다. 즉 유교에서 사람이 마땅히 지켜야 할 도리라고 여긴 인 의예지신(仁義禮智信)을 구체화한 것이다. 동쪽 문인 흥인지문은 어짊[仁], 서쪽 문인 도의문은 의로움[義], 북쪽 문인 숙정문은 지혜로움[智]을 뜻한다. 그리고 중앙에 시간을 알려 주는 종을 보관하는 보신각에는 믿음[信]이 들어 있다.

마 그런데 이와 같은 도성의 통치 이념을 담은 오래된 건축물들이 일제 강점기에 철거되거나 철거의 위기를 맞기도 하였다. 특히 도의문은 교통에 방해가 된다는 이유로 일본에 의해 철거되었다. 전차가 다니는 데 방해가 되는 그런 낡아 빠져 안 부셔 버려야 한다는 것이 당시 일본 군인들의 이러한 주장에 숭례문과도 숭례문이 있다. 당시 일본 군인들이 정말 다행스럽게도 숭례문과 흥인지문은 철거의 위기를 넘겼다. 임진왜란과 흥인지문은 부산에 상륙한 지 20일 만에 한양에 숭례문과 흥인지문을 통하여 한양에 들어왔다는 사실 때문이었다. 즉 이 두 문은 일본의 승리를 기념하는 역사적 가치가 있다는 것이다. 당시 일본인 신문사 사장의 이러한 주장으로 숭례문과 흥인지문은 철거를 면하게 되었다. 다행이라고만 보기에 는 ㉠가슴 아픈 역사적 아이러니가 아닐 수 없다.

▲ 숭례문 정면

---

21 (정답과 해설)

세부 내용 파악하기

1 이 글의 내용으로 적절한 것은? (④)
① 도의문은 일제 강점기에 철거될 위기를 면했다.
② 숭례문과 흥인지문은 임진왜란 당시 파괴되었다.
③ 사대문은 흥인지문, 도의문, 숭례문, 보신각으로 이루어져 있다.
④ 임진왜란 당시 왜군들이 사대문 중 일부 문을 통해 한양에 들어왔다.
⑤ 사대문은 한양의 사방에 세워진 문들과 중앙에 보신각을 가리키는 말이 아니다.

해설 **마**를 통해 사대문이 경복궁을 중심으로 동서남북 네 개의 큰 문을 일컫는 것임을 알 수 있다. 또한 숭례문과 흥인지문은 임진왜란 당시 파괴되지 않았으며, 도의문만 철거되었음을 알 수 있다.

중심 내용 파악하기

2 가~마의 중심 내용으로 적절하지 않은 것은? (③)
① 가: 조선의 국가 통치 이념
② 나: 한양의 지리적 특성
③ 다: 유교 이념을 반영한 종묘와 사직단
④ 라: 유교의 주요 가르침을 반영한 사대문의 명칭
⑤ 마: 사대문의 역사적 운명과 아이러니

해설 **다**는 유교 덕목을 강조한 조선의 통치 이념이 도성인 한양의 주요 건축물에 어떻게 반영되어 있는지 설명하고 있다.

글쓴이의 태도 파악하기

3 마에 드러난 글쓴이의 태도에 대한 설명으로 가장 적절한 것은? (④)
① 사적 표현을 사용하여 일제 강점기 도성의 운명을 강조하고 있다.
② 사건들을 비교·대조하며 설명하며 중립적인 태도를 유지하고 있다.
③ 숭례문과 흥인지문의 운명에 대해 묘사하며 일제가 내린 결정을 지지하고 있다.
④ 조선의 통치 이념이 담긴 사대문이 일제 강점기에 겪은 시련에 대해 안타까워하고 있다.
⑤ 역사적 사실을 제시하며 예방할 수 있었던 일을 막지 못한 데 대한 아쉬움을 드러내고 있다.

해설 **마**는 일제 강점에 의해 철거된 도의문과, 철거는 면했지만 일본의 승리를 상징하는 수단으로 여겨졌던 숭례문과 흥인지문에 대해 설명하고 있다.

세부 내용 파악하기

4 이 글을 읽고 유교 이념과 관련된 한양의 건축물을 다음과 같이 정리할 때, ⓐ~ⓓ에 알맞은 내용을 쓰시오.

덕목	인	(ⓑ)	예	지	신
뜻	어질다	의롭다	예의 바르다	지혜롭다	믿음직스럽다
방위	동	서	남	북	(ⓓ)
명칭	(ⓐ)	돈의문	(ⓒ)	숙정문	보신각

답 ⓐ흥인지문 ⓑ의 ⓒ숭례문 ⓓ중앙
해설 **라**의 내용을 통해 사대문과 보신각의 위치와 각각에 반영되어 있는 유교 덕목을 알 수 있다.

1 단어 뜻 알기

다음 빈칸에 들어갈 알맞은 단어를 〈보기〉에서 찾아 쓰시오.

보기
| 이념 | 명칭 | 호위 | 철거 |

1. 조선 총독부 건물이 마침내 (철거)되었다.
  뜻 건물이나 시설 같은 것을 헐어서 없애거나 치우는 것.

2. (이념)의 차이는 심각한 갈등을 조래할 수 있다.
  뜻 어떤 일의 밑바탕을 이루는 정신이나 생각. 또는 가장 좋다고 여겨지는 생각.

3. 왕은 신하들의 (호위)을/를 받으며 화려하게 행차했다.
  뜻 중요한 사람을 곁에서 따라다니며 보호하는 것.

4. 우리 시는 새롭게 복원될 역의 (명칭)을/를 공모했다.
  뜻 사물에 붙인 이름.

2 관용 표현 알기

다음 빈칸에 알맞은 말을 쓰시오.

"바람 앞의 [등][불]"

전차가 다니는 데 방해가 되는 그림 남아 빠진 문은 비표를 쏘아 부쉬 버려야 한다는 일본 군인들의 일부 군인들의 주장에 승례문과 중인지문도 철거의 위기에 처했다. 이 숙담은 이처럼 매우 위태로운 처지에 놓여 있음을 비유적으로 이르는 말이다.

3 한자어 익히기

다음 한자어를 소리 내어 읽고 빈칸에 따라 쓰시오.

| 政 정사 정 | 治 다스릴 치 |
| 政 정사 정 | 治 다스릴 치 |

정치(政治): 나라를 다스리는 일. 국가의 권력을 획득하고 유지하며 행사하는 활동.
• 정치 체제는 역사에 따라 변하기도 한다.
• 청소년들의 정치 활동이 활발해지고 있다.
• 그러한 시도가 새로운 정치의 모반기가 되었다.

표현의 의미 추론하기

5 다음에 제시된 '아이러니'의 뜻을 참고할 때, ㉠과 같이 표현한 글쓴이의 의도를 추론한 내용으로 적절한 것은? (④)

아이러니(irony) [명사]
「1」 표현의 효과를 높이기 위하여 실제와 반대되는 뜻의 말을 하는 것. 못난 사람을 보고 '잘났어'.
라고 하는 것. ≒반어(反語).
「2」 예상 밖의 결과나 모순이나 부조화.

① '아이러니「1」의 뜻으로 사용하여 일본인 신문사 사장을 비판하고 있어.
② '아이러니「1」의 뜻으로 사용하여 승례문의 중인지문이 철거되지 않은 것에 대한 아쉬움을 표현하고 있어.
③ '아이러니「2」의 뜻으로 사용하여 돈의문이 철거되지 않은 것에 대한 느낌을 표현하고 있어.
④ '아이러니「2」의 뜻으로 사용하여 일제 강점기에 사대문의 하나인 돈의문이 일부가 철거를 면한 사실을 표현하고 있어.
⑤ '아이러니「2」의 뜻으로 사용하여 일제의 임진왜란 때 해군이 한양에 틀어온 것을 기념한 것에 본 노하고 있어.

해설 글쓴이는 일제 강점기에 돈의문이 철거되는 사실을 먼저 제시한 뒤, 승례문과 중인지문이 철거되지 않은 이유를 말하고 있다. 철거되지 않은 이유가 일본이 승례문과 중인지문이 역사적 가치가 있기 때문이었다는 근거를 바탕으로, '예상 밖의 결과나 빚은 모순이나 부조화라는 뜻을 가진 '아이러니'를 활용하여 표현하였다.

자료를 참고하여 읽기

6 〈보기〉의 자료는 '돈의문'에 대해 더 알아보기 위해 인터넷에서 찾은 내용이다. 〈보기〉를 통해 돈의문에 대해 추가적으로 알 수 있는 내용으로 적절하지 않은 것은? (③)

보기

▲ 옛 한양의 돈의문 전경

돈의문은 서울 성곽의 사대문(四大門) 가운데 '서대문(西大門)'이라고도 한다. 일제 강점기인 1915년에 일제에 의해 도시 계획에 따른 도로 확장을 명계로 철거되어 지금은 그 흔적조차 찾을 길이 없다. 다만 현재 자리는 경희궁 터에서 독립문 쪽으로 넘어가는 고갯길쯤이었음을 으로 집작된다. 1890년대 말쯤에 많은 적은 사진을 통해 대략적인 모습을 가늠할 수 있었다. 그리고 양쪽 둘레에 낮은 담을 설치하였다.

이 모습을 알 수 있는데, 건고하게 쌓은 독대 한가운데에 아주을 반원행으로 만든 출입구를 냄 지막하게 내어 도성의 중입을 가능하게 하였다.
— 한국민족문화대백과사전

① 돈의문의 출입구 모양
② 돈의문의 대략적인 구조
③ 돈의문의 건축 과정과 철거 과정
④ 한양의 사대문 중 하나인 돈의문의 역사
⑤ 돈의문의 대략적인 위치와 돈의문의 흔적

해설 이 글에서 돈의문의 위치와 그 명칭이 지닌 의미, 돈의문이 일제 강점기에 철거되었다는 사실을 확인할 수 있다. 이를 바탕으로 인터넷에서 찾은 〈보기〉의 자료에서는 좀 더 구체적인 사항인 철거된 시기와 위치, 철거되기 전의 대략적인 모습과 구조를 파악할 수 있으며, 건축 과정에 대한 정보는 찾을 수 없다.

해심 개념 파악하기

1 이 글에서 말하는 '격대 교육'에 대한 설명으로 가장 적절한 것은? (⑤)

① 부모가 직접 그 자식들을 교육하는 것이다.
② 자녀의 수가 적고 귀했던 과거의 교육 방법이다.
③ 할아버지가 손자들을 대상으로 한문 교육을 주로 했다.
④ 할머니가 손녀들에게 주로 노래만을 가르쳤다.
⑤ 어린아이들의 교육을 그 부모가 아닌 조부모들이 담당하는 것이다.

해설 1문단에서 제시된 설명에서 알 수 있듯이, '격대 교육'이란 부모가 그 자식들을 직접 가르치는 것이 아니라 세대를 건너뛰어서 조부모가 그 손주들을 가르치는 것이다.

논지 전개 방식 파악하기

2 이 글의 내용 전개 방식에 대한 설명으로 적절하지 않은 것은? (④)

① 격대 교육이 이루어진 이유에 대해 설명하고 있다.
② 격대 교육과 관련된 생활 공간의 차이를 설명하고 있다.
③ 격대 교육이라는 용어를 정의의 방법으로 설명하고 있다.
④ 격대 교육의 과정을 연도별로 시간적 순서에 따라 나열하고 있다.
⑤ 격대 교육의 대표적인 사례를 제시하여 독자의 이해를 돕고 있다.

해설 ① 글에서 시간적 순서에 따라 정보를 나열한 부분은 찾아볼 수 없다. 1문단에서 격대 교육에 관련하여 그 뜻을 밝히고(③), 격대 교육이 이루어진 이유를 설명하고 있다(①). 3문단에서는 과거에 생활 공간의 차이에 따라 남아와 여아의 각 대 교육의 공간이 달랐음을 설명하고 있으며(②) 이러한 예로 5문단에서 각각 이문건과 퇴계 이황의 사례를 제시하고 있다(⑤).

문맥을 활용하여 추론하기

3 ㉠에 대한 반응으로 적절하지 않은 것은? (④)

① 가족적인 분위기에서 가정 교육이 이루어질 수 있었겠어.
② 인간적인 접촉을 기반으로 이루어지는 교육임을 짐작할 수 있어.
③ 유치원이 없던 시절에 어린이 교육이 어떻게 이루어졌는지 짐작할 수 있어.
④ '무릎'이라는 단어에서 알 수 있듯이 주로 유아의 걸음마 교육에 중심이 있었을 거야.
⑤ 아동의 성장 과정에서 일상생활에 적용하는 데 필요한 것들도 중요하게 여기고 교육했음을 알 수 있어.

해설 ㉠에 앞뒤 문맥을 통해, 걸음 뗄 시기 아이들이 할머니의 교육이 할머니의 무릎 위에서 이루어졌음을 알 수 있다. 하지만 할머니가 걸음마 훈련 등을 가르쳤다는 단서는 이 글에 드러나 있지 않다.

전통적으로 우리나라에서는 어린아이들의 교육을 그 조부모가 맡아서 한 경우가 많았다. 이처럼 자식을 부모가 직접 교육하지 않고 위인 할아버지, 할머니가 교육을 하는 것을 '격대 교육'이라고 불렀다. 아버지, 어머니가 자녀 교육을 하지 않고 조부모가 맡게 된 이유는 무엇일까? 자녀가 많았던 옛날에는 1~2년 차이로 아이를 출산하는 경우가 많았다. 엄마들은 새로 태어난 갓난아기를 돌보아야 한다. 그래서 먼저 태어나서 그사이 젖을 뗀 아이들은 엄마 품을 떠나 바로 보살핌을 받아야 했다.

이때 젖을 뗀 아이들은 안죽에 있는 집인 안채에서 할머니와 함께 생활했다. 할머니는 손주들을 보살피며 일상의 기본 습관 등을 가르쳐 주었다. 세면 훈련부터 옷 입기, 밥 먹기, 언어 습관을 비롯해 각종 놀이와 각종 노래를 가르쳤다. 오늘날로 치면 안채는 어린이집이나 유치원이었다. 이 시기에 대부분의 교육이 할머니의 무릎 위에서 이루어진다. 그래서 이를 오늘날 ㉠무릎하교라고 부르기도 한다.

▶ 안채에서 행해진 할머니의 격대 교육

예닐곱 살 즈음 철이 드는 시기라면 성별에 따라 머무는 공간이 달라지기도 했다. 조선 시대 전통적인 집 안 남녀의 생활 공간이 사랑채와 안채 지와 함께 생활하기도 했기 때문이다. 여자아이는 주로 안채에 그대로 남아 있었다. 반면에 남자아이는 사랑채에서 할아버지와 함께 예의범절을 익혀 나갔다. 아침저녁 따뜻한 인사를 올리는 법 등 생활에 필요한 도리를 자연스럽게 배우고 익득해 나갔다.

▶ 성별에 따라 교육 공간이 달라지기도 했던 격대 교육

(㉡) 조부모들은 자신의 자녀들이 성장하여 부모가 되기까지 한 세대를 건너 본 경험이 있다. 그러다 보니 성장 속에서 인생 경험을 바탕으로 사람의 마음과 정서를 읽고 다루는 방법을 잘 알았다. 또한 그들은 새로운 지식과 기술은 부족했을 것이다. 그렇지만 풍부한 인생 경험을 바탕으로 인생의 깊이를 아는 마음의 여유가 있었다. 한창 성장기에 있는 어린아이들을 기르는 것은 부모들에 비해 아이 교육에 대한 욕심과 조바심이 덜하다. 조바심에야 마음을 좋아하는 것 또는 그러한 마음...

쉽지 않다. 이때 조부모들은 다그치지기보다는 인내심 있게 타일으고 감싸 줄 수 있다. 여기에는 막명히 천천히 자세히 타일러 주어야 한다. 조선 증기의 신비 이문건이 쓴 「양아록」이라는 책이 있다. 여기에는 막명히 천천히 자세히 타일러 주어야 할 때가 많다. 손주들을 교육하는 조부모들의 이해심이 조급하게 신비 이문건이 무슨 이야기 있으랴. '라는 내용이 이어 있다.

▶ 격대 교육의 장점

16세기 조선의 훌륭한 학자였던 퇴계 이황도 격대 교육에서 빼놓을 수 없는 인물이다. 퇴계는 300여 명이 남는 제자들을 길러 내고 140번이 넘게 공직에 부름을 받았던 조선의 큰 학자였다. 그러나 그 바쁜 가운데도 자신의 손주들은 물론 친척들의 아이들까지도 꼼꼼히 챙겼다. 특히 그는 편지를 많이 썼다. 손자 안도에게만도 125통에 이르는 편지를 썼다. 퇴계는 손자 안도가 글을 읽기 시작하면서부터 수없이 많은 편지를 주고받았다. 이는 퇴계가 70세가 되어 세상을 떠날 때까지 계속되었다. 편지를 이용한 퇴계만의 격대 교육법인 셈이다. 지로 찬찬히 바로잡아 주는 큰 스승이었다.

▶ 격대 교육의 예②─ 퇴계 이황의 경우

어휘 익히기

1 단어 뜻 알기

다음 빈칸에 들어갈 알맞은 단어를 〈보기〉에서 찾아 쓰시오.

<보기>

배변 문안 조바심 공직

1. 나는 약속 시간에 늦을까 봐 (조바심)으로 마음을 졸였다.
   뜻 조마조마하여 마음을 졸이는 것 또는 그러한 마음.
2. 우리 조상들은 아침저녁으로 집안 어른께 (문안) 인사를 드렸다.
   뜻 웃어른이 잘 지내는지 여쭈는 것 또는 그런 인사.
3. 국가의 (공직)을 맡은 사람은 청렴하고 성실해야 한다.
   뜻 나라나 공공 단체의 일을 맡아보는 자리.
4. 아이들에게 적절한 (배변) 훈련 시기는 보통 생후 27~36개월 사이이다.
   뜻 대변을 몸 밖으로 내보냄.

2 관용 표현 알기

다음 빈칸에 알맞은 말을 쓰시오.

"황금 천 냥이 자식 교 육 만 못하다"

우리나라는 예부터 자식 교육에 큰 가치를 두었다. 이러한 전통은 오늘날까지도 이어진다. 이 속담은 자식들에게 돈이나 재산을 모아 줄 생각 말고 자식 교육을 잘 시키라는 의미를 담고 있다. 이는 우리 선조들의 자식 교육에 대한 관심과 가치관을 잘 보여 준다.

3 한자어 익히기

다음 한자를 소리 내어 읽고 빈칸에 따라 쓰시오.

세대(世代): 같은 시대를 살아가는 사람들을 비슷한 나이와 생각에 따라 나눈 것 또는 그런 사람들.
• 한국 사회의 세대 갈등이 깊어지고 있다.
• 미래 세대를 위해 자원을 보존해야 한다.
• 할머니와 이야기하다 보면 세대 차이가 느껴진다.

世	代
대 세	시대 대

생각한 내용 추론하기

4 이 글의 연결 관계를 고려할 때 ㉠에 들어갈 문장으로 가장 적절한 것은? (②)

① 옛날 교육은 여러 가지 문제점이 많았다.
② 옛날 교육은 그것만이 지닌 장점이 있었다.
③ 옛날 교육은 모두에게 불편한 과거의 인습이었다.
④ 옛날 교육은 유교적 전통을 강화하기 위한 것이었다.
⑤ 옛날 교육은 아이들을 엄격하게 교육하기 위한 제도였다.

해설 ㉠의 다음에 이어지는 내용을 살펴보면, 조부모가 양육했을 경우의 장점을 제시하고 있다. 이렇게 옛날 교육의 장점을 설명하고 있는 문단의 첫 문장으로 적절한 것은 ②이다.

내용 추론하기

5 이 글을 통해 알 수 있는 조선 시대 문화에 대한 설명으로 적절한 것은? (②)

① 노동력이 약화된 노인들이 먼저 읽기 쓰기 교육을 담당했음을 알 수 있다.
② 인체와 사랑채의 구분이 있는 것을 통해 남녀유별의 유교 윤리를 따랐음을 알 수 있다.
③ 옛날 교육을 통해서 3대 이상이 모여 사는 대가족 제도가 부모의게 되었음을 알 수 있다.
④ 6~7세 이상의 어린아이들도 성인들과는 달리 생활에 따른 구분이 전혀 없었음을 알 수 있다.
⑤ 퇴계의 예를 통해서 옛날 교육은 일반적으로 급부부가 완성된 이후에 이루어졌음을 알 수 있다.

해설 옛날 교육은 이 글에서는 아이들의 연령과 성별에 따라 교육 공간이 변하고 있음을 제시하고 있다.

주장의 적절성 평가하기

6 '옛날 교육'에 대해 토론한 내용으로 가장 적절한 것은? (②)

① 일상의 기본 습관에 대한 교육도 중시했다는 측면에서 보면 오늘날의 유치원 교육과는 크게 다른 점이 없다.
② 남아와 여아를 구분하여 교육했다는 점은 현대적 관점에서 보면 남녀 차별 교육의 문제점을 가지고 있다고 볼 수도 있어.
③ 조부모는 아동의 부모들과 달리 자녀 교육에서 시행착오를 경험하지 않았다는 점이 교육의 가장 큰 장점일 것 같아.
④ 인체와 사랑채가 각각 교육의 장소와 놀이의 장소로 엄격히 구분되었다는 점에서 교육이 매우 체계적으로 이루어졌음을 알 수 있어.
⑤ 또래 친구들과 함께 지내는 시간을 통해서 사회성이 더 발달할 수 있다는 측면에서 보면 옛날 교육은 매우 이상적인 교육 방식이야.

인문 | 도덕

ERI 지수 **790**

피노키오 이야기는 어린 시절에 누구나 한 번쯤 들어 보았을 것이다. 가족이 없는 제페토 할아버지는 나무토막을 연거 된다. 이것으로 인형을 만들어 '피노키오'라고 부른다. 살아 움직이는 피노키오는 제페토 할아버지의 기대에 따라 진다. 이야기의 곳곳에서 피노키오는 상어에게 먹힌 할아버지를 구한다. 그리고 착한 아이가 된 주의 요성의 도움으로 진짜 아이로 변한다. 피노키오 이야기는 이와 같이 도덕적 교훈을 담고 있는 동화로 알려져 있다. 그렇지만 다른 한편으로는 인공 지능의 미래를 생각하며 읽어 볼 수도 있다.

직색으로 인간을 닮은 로봇을 만드는 것이다. 다시 말해 미래 로봇 진화의 목표는 '인간 되기'라는 것이다. 이는 로봇 공학과 때라야 벨 수 있는 인간과 로봇을 구별하기란 쉽지 않을 것이다. 미래에 마저 인간처럼 사고하고 행동하는 인공 로봇이 등장한다면, 인간과 로봇을 다시 질문을 다시 던지게 한다. 또한 로봇의 이상과 관리를 어느 만큼 인정해야 할 것인가? 피노키오 이야기는 행복한 결말로 끝난다. 하지만 우리의 실제 미래에서도 그럴 까, 우리 추운과 함께 살아가는 '로봇 공학 3원칙'을 모두 '착한' 로봇일까?

이 원칙들은 논리적으로 서로 철저하게 연계되어 있다. 이것은 로봇을 이기적이지 않게 만들 수 있다는 입장을 전제로 하고 있다. 제2 원칙, 로봇은 인간에게 복종해야 한다. 로봇이 반드시 인간의 명령에 복종하는 한, 로봇은 반드시 자신을 보호해야 한다.

'로봇에게 인권을!'과 같은 구호가 일상의 현실이 될 시대가 온 울지도 모른다. 이제 우리는 로봇을 우리에게 제대로 봉사하도록 준비가 되어 있는가를 물어야 한다.

(7) 우리가 로봇을 받아들일 준비가 되어 있는지를 묻는 것이다.

*인공 생명: 자연계의 생명체와 달리 인간에 의해서 프로그램에 의해 만들어진 생명체. 로봇이나 자동 기계, 소프트웨어 프로그램상의 생명체 등을 가리킨다.

세부 내용 추론하기

1 이 글의 글쓴이의 관점에서 '제페토 할아버지'와 '피노키오'에 대응하는 것을 다음과 같이 정리할 때, 빈칸에 알맞은 말을 이 글에서 찾아 쓰시오.

| 제페토 할아버지 | → | 인간 |
| 진짜 아이가 된 피노키오 | → | 인공 지능 로봇, 또는 인공 생명 |

해설 글쓴이는 제페토 할아버지와 피노키오를 통해 인간과 인공 지능 로봇의 관계를 설명하고자 하였다.

글의 내용 적용하기

2 피노키오가 '로봇 공학 3원칙'에 따라 만들어진 로봇이라고 가정했을 때, 피노키오의 다음 행동 중 '로봇 공학 3원칙'에 맞는 것에는 ○표, 맞지 않는 것에는 ×표 하시오.

(1) 상어에게 먹힌 할아버지를 구했다. (○)
(2) 제페토 할아버지에게 거짓말을 했다. (×)
(3) 제페토 할아버지 몰래 학교에 빠졌다. (×)

맥락을 활용하여 관점 추론하기

3 '로봇'에 대한 글쓴이의 생각으로 가장 적절한 것은? (②)

① 로봇이 향상 인간을 보호하고, 인간에게 봉사하는 존재가 될 것이다.
② 로봇을 단지 통제의 대상이 아닌 공존의 대상으로 고려해야 할 수도 있다.
③ 로봇은 인간과 다름없는 존재로서 이미 인간의 안정적인 삶의 동반자가 되었다.
④ 로봇은 인간에게 위험한 존재이므로 철저한 통제 기술을 개발하지 않으면 안 된다.
⑤ 로봇이 가지는 단지 인간에게 어떠한 이익을 제공할 수 있는가에 달려 있다.

표현의 의미 추론하기

4 ⊙의 질문에 가장 가까운 것은? (⑤)

① 로봇이 어떠한 측면에서 활용될 수 있는가?
② 인간은 로봇에게 윤리를 가르칠 수 있는가?
③ 전쟁에서 군사 로봇을 사용하는 것은 적절한가?
④ 로봇으로 인한 사고가 발생했을 때, 누가 책임을 져야 하는가?
⑤ 인간은 로봇을 만들고 사용할 때 어떠한 태도를 가져야 하는가?

어휘 익히기

1 단어 뜻 알기
다음 빈칸에 들어갈 알맞은 단어를 〈보기〉에서 찾아 쓰시오.

〈보기〉
본질적   위상   방관   연계

1. 미국과 한국은 정치적으로도, 경제적으로도 긴밀하게 (연계)되어 있다.
   뜻 | 어떤 일이나 사람과 관련하여 관계를 맺음.

2. 국제 사회에서 우리나라의 (위상)이/가 점차 높아지고 있다.
   뜻 | 다른 것들 사이에서 개인, 단체의 위치나 수준.

3. 그는 이 상황을 마치 남의 집 불구경하듯 팔짱 끼고 (방관)만 하고 있다.
   뜻 | 어떤 일에 나서지 않고 곁에서 보기만 하는 것.

4. 삶이 (본질적) 목표는 행복이 주구라고 할 수 있다.
   뜻 | 본디 성질과 관계가 있는. 또는 그런 것.

2 관용 표현 알기
다음 빈칸에 알맞은 사자성어를 쓰시오.

"개 과 천 선"

피나그리오는 나무 인형에 불과한 자신을 진심으로 아껴 주셨던 제페토 할아버지의 사랑을 깨닫게 된다. 그 후 자신이 저질렀던 과거의 잘 못을 반성하고 착한 어린이가 되기로 결심한다. 이 사자성어는 이처럼 지난날의 잘못이나 허물을 고쳐 올바르고 착하게 됨을 뜻하는 말 이다.

한자	뜻	음
改	고치다	개
過	실수	과
遷	옮기다	천
善	착하다	선

3 한자어 익히기
다음 한자어를 소리 내어 읽고 빈칸에 따라 쓰시오.

人 사람 인   權 권세 권

人 사람 인   權 권세 권

인권(人權): 인간으로서 당연히 가지는 기본적 권리.
- 모든 사람은 본래부터 인권을 가지고 태어난다.
- 로봇에게도 인권을 부여해야 하는지에 대해 고민해야 한다.
- 인종과 국적, 종교, 신분, 지위 등 그 어떤 이유로도 인권이 무시되어서도 안 된다.

독서 전략 방식 파악하기
5 이 글에 대한 평가로 적절하지 않은 것은? (②)

① '로봇 공학 3원칙'의 내용을 반박하며 주장을 펼치고 있어.
② 통계와 근거 자료를 구체적으로 제시함으로써 독자들을 설득하고 있어.
③ 전문가의 견해를 들어 로봇의 위상과 권리에 대해 생각하도록 강조하고 있어.
④ 독자들에게 계속 질문을 던져서 인간과 로봇의 관계에 대해 생각하게 만들고 있어.
⑤ 인간과 로봇 간의 관계를 비유와 예시를 통해 설명하여 독자의 관심과 흥미를 유발하고 있어.

해설 이 글에서 언급된 근거 자료들을 제시된 부분은 찾아볼 수 없다. 로봇 공학 3원칙이 논리적으로 서로 충돌하게 연계된 것처럼 보이나, 통계까지 제시한 곳은 없다고 하였다(①). 브룩스 교수의 견해를 들어 로봇이 위상과 권리에 대해 생각할 수 있도록 해 주어야 할 필요가 있다는 점을 강조하고 있다(③). 2~4문단에 걸쳐 로봇이 위상과 권리에 대해 제기할 수 있는 문제를 제시하여 독자로 하여금 해당 주제에 대해 계속 생각하도록 만들고 있다(④). 인간과 로봇 간의 관계를 미노우(?)와 지페로(?)로 비유하여 관심과 흥미를 유발하고 있다(⑤).

다른 관점에서 이해하기
6 이 글을 읽고 〈보기〉의 앤드류의 입장을 지지하는 관점에서 보인 반응으로 적절하지 않은 것은? (④)

〈보기〉
"바이센테니얼 맨은 1976년 발표된 아이작 아시모프의 소설을 바탕으로 만들어진 영화로, 인간이 되고 싶은 로봇의 이야기를 다룬 작품이다. 이 영화의 주인공인 로봇 앤드류는 어느 날 제작 오류로 인간만이 가질 수 있는 지능과 호기심을 가지게 된다. 이후 나무 조각품을 조각하는 재능을 발휘하게 되면서, 앤드류는 아끼는 가족들의 지원 아래 많은 수익을 거두게 된다. 점차 자신의 권리를 가지게 되 앤드류는 자신을 인간으로 인정해 달라는 소송을 제기하게 된다.

① 인간과 로봇이 정서적 교류를 맺는 것이 가능하다고 생각해.
② 로봇도 인간과 동등하게 스스로 판단하고 결정할 권리가 있다고 생각해.
③ 로봇도 인간과 동일하게 경제 활동에 참여할 수 있도록 해 주어야 한다고 생각해.
④ 로봇의 권리를 어느 범위까지 인정할 것인지를 고민하는 것은 가치가 없다고 생각해.
⑤ 로봇이 비록 인공 생명이기는 하지만 인간과 다르지 않은 동일한 존재로 생각할 수도 있어.

해설 인간이 로봇을 이렇게 부여해야 할지 고민할 필요가 있다는 것이 이 글의 핵심 내용이다. 한편 〈보기〉는 자신의 권리를 주장하며 소송에 로봇 앤드류의 이야기를 지지하는 관점으로 로봇이 인간과 동등한 권리를 가질 수 있도록 해야 한다는 것이다. 이러한 관점에 해당하지 않는 것은 ④이다.

ERI 지수 **770**　인문 | 도덕

정의로운 전쟁은 과연 존재하는가? 현실주의의 입장에서 전쟁은 국가가 가지는 힘을 바탕으로 자기 나라의 이익을 추구하는 것으로 본다. 반면 이상주의의 입장에서는 그 어떤 전쟁도 결코 정의로울 수 없으며, 인류의 평화를 위해 피해야 하는 것으로 바라본다. 그러나 세계 곳곳에서 민간인들을 무차별적으로 저질러지는 테러를 그냥 두고 볼 수는 없을 것이다. 전쟁이나 테러가 자기 나라의 이익에 직접적 또는 간접적인 영향을 미칠 수 있기 때문이다. 따라서 전쟁을 통해 테러나 전쟁을 일으킨 집단을 제압할 수 있다는 ㉠그것이 자국의 이익에 도움이 될 수도 있다.

미국의 유명한 정치 철학자인 왈처는 『정의로운 전쟁과 정의롭지 못한 전쟁』이라는 책을 썼다. 그는 어떤 조건 아래에서는 정당한 전쟁이 가능하다는 주장을 펼쳐 관심을 얻었다. 왈처는 '논리적인 폭력과 테러 앞에서 아무것도 하지 않는 정의로운 오히려 정의롭지 못하다.'라고 주장한다. 즉 아주 강한 책임감 아래 이루어지는 제...

한적인 전쟁은 정의로울 수 있다는 것이다. 그렇다면 그가 말한 정의로운 전쟁의 조건은 무엇일까?

무엇보다도 전쟁 시작 전에 정당한 명분이 있어야 한다. 즉 저국의 침략이나 분제로운 침략의 위험이 있을 때, 이를 막기 위한 전쟁은 정당한 명분을 갖는다는 것이다. 독립을 위한 독립운동도 그러하다. 인권을 짓밟는 것이나 대규모의 학살을 막기 위해 전쟁에 개입하는 것도 정당한 명분을 갖는다고 본다. 만약 전쟁이 일어나지 되었을 경우라도 전쟁을 정당하게 지켜야 할 정의에 대해서 다음과 같이 말하고 있다. 즉 민간인에 대한 직접적 무력 사용이 금지되어야 한다. 또 전쟁을 하는 사람은 이득이 더 커서는 안 된다.

인도주의에 비추어 좋은 의도를 가지고 있어야 한다. 그리고 전쟁으로 인한 이익보다 피해가 더 커서는 안 된다.

또한 정의로운 전쟁이 되기 위해서는 전쟁이 끝난 후에도 고려해야 할 것이 있다. 그리고 전쟁 이전의 상태로 돌아갈 수 있도록 복구에 힘써야 한다. 피해에 대한 보상을 하고, 강화 조약을 맺고, 무기를 통제하는 것 등도 필요하다. 이러한 다양한 문제가 전쟁 후에 고려되어야 할 정의로운 전쟁의 조건으로 보인다.

이러한 왈처의 주장에 따르면 현실주의적 입장에서 정의로운 전쟁은 충분히 가능한 것으로 보인다. 그렇다면 정의로운 전쟁은 과연 가능하다고 인정되는가? 이것은 정의로운 전쟁을 피할 수 없음지도 모른다. 지금까지의 인류 역사가 그러했던 것처럼 향상 어느 국가간 정당한 명분을 만들어서 전쟁을 시작해왔다. 그리고 수많은 생명을 죽이나 다치게 한다. 또한 전쟁에서 승리하면 당연히 처벌과 배상 요구가 뒤따랐다.

과연 정의로운 전쟁이 가능한가? 인류는 영원히 전쟁을 피할 수 없는 것인가? 이에 대해 많은 고민과 논의가 이루어져야 할 필요가 있다.

세부 내용 파악하기

1 이 글에서 말하는 정의로운 전쟁의 조건으로 적절하지 않은 것은? (④)

① 정당한 명분이 있어야 한다. → 3문단에서 정의로운 전쟁은 정당한 명분이 있어야 함을 들어있다.
② 민간인에 대한 공격이 없어야 한다. → 4문단에서 정의로운 조건으로 민간인에 대한 직접적 무력 사용 금지를 들고 있다.
③ 대규모 학살이 이루어져서는 안 된다. → 3문단에서 대규모의 학살을 막기 위한 것을 정당한 명분으로 들고 있다.
④ 전쟁으로 인한 피해보다 이득이 커서는 안 된다.
⑤ 정당한 보복 또는 분명한 침략 위험이 있을 때 가능하다. → 3문단에서 정당한 조건으로 저국의 침략이 나 분명한 침략의 위험이 있을 때를 들고 있다.

해설 4문단으로 인한 이익보다 피해가 더 커서는 안 된다고 하였다.

가리키는 말의 의미 파악하기

2 ㉠이 가리키는 바가 무엇인지 쓰시오.

(전쟁을 통해) 테러나 전쟁을 일으킨 집단을 제압하는 것

해설 '그것'이라는 지시어의 바로 앞에, '전쟁을 통해 테러나 전쟁을 일으킨 집단을 제압할 수 있다는'이라는 구절이 제시되어 있다.

내용 전개 방식 파악하기

3 이 글에서 사용하고 있는 설명 방식으로 적절하지 않은 것은? (④)

① 전쟁에 대한 두 가지 입장을 대조하고 있다.
② 도입부에서 질문을 던져 독자의 관심을 끌고 있다.
③ 전문가의 의견을 인용하여 글의 신뢰성을 높이고 있다.
④ 정의로운 전쟁의 실제 사례를 구체적으로 제시하고 있다.
⑤ 정의로운 전쟁에서 고려해야 할 사항들을 순차적으로 설명하고 있다.

해설 1문단에서 전쟁에 대한 두 가지 입장(현실주의와 이상주의)을 대조하고 있으며(①), 도입부에서 '정의로운 전쟁은 과연 존재하는가?'라는 질문을 던지고 있다(②). 또한 유명한 정치 철학자인 왈처의 말을 인용하여 글의 신뢰성을 높이므로 전문가의 의견을 제시하였으며(⑤), 정의로운 전쟁에서 고려해야 할 정의로운 조건들을 차례대로 제시하였다. 정의로운 전쟁에서의 실제 사례는 제시하지 않았다.

글쓴이의 관점 추론하기

4 '전쟁'에 대한 글쓴이의 관점으로 가장 적절한 것은? (④)

① 전쟁은 국제 평화를 이루어 내기 위해 필요가 있다.
② 평화를 최우선 조건으로 전쟁은 충분히 인정된다.
③ 자국의 이익을 실현한다는 점에서 전쟁은 긍정적 측면이 있다.
④ 정의로운 전쟁이 과연 가능한지에 대한 고민이 좀 더 필요하다.
⑤ 독재와 테러를 막기 위해 정의로운 전쟁은 반드시 인정되어야 한다.

해설 이 글에서는 정의로운 전쟁에 대한 전문가의 견해를 소개하면서 전쟁으로 그것에 동의하지는 않고 있다. 즉 6문단에서 정의로운 전쟁이 가능하다고 인정되는지 결국 인류는 영원히 전쟁을 피할 수 없는지에 대해 많은 고민과 논의가 필요하다고 마무리하고 있다.

화제에 대한 관점 비교 · 평가하기

5 이 글의 내용을 바탕으로 <보기>를 이해한 것으로 적절하지 않은 것은? (④)

보기

2003년에 A, B 두 국가 사이에 시작된 ○○ 전쟁은, 정의로운 전쟁이라고 할 수도 있다. 왜냐하면 A국이 독재 정치를 하면서 인권을 침해하는 B국을 자국 내에게 인권을 탄압하지 않도록 외교적으로 설득하는 노력을 하지 않았으며, A국 안에서 내란이 일어나는 것을 막지도 않았다. 이런 측면에서 보면 ○○ 전쟁이 정의로운 전쟁이라고 볼 수 없다. 한편, B국이 ○○ 전쟁을 일으킨 이유가 A국의 석유 생산권을 장악하기 위한 것이라는 사실이 새롭게 밝혀지기도 하였다.

① 현실주의 입장에서 볼 때, ○○ 전쟁은 B국의 이익에 들어맞는 측면을 가지고 있어.
② B국이 전쟁 중에 A국의 부국을 제대로 돕지 않아서, ○○ 전쟁은 정의로운 전쟁이라고 볼 수 없어.
③ B국이 A국 국민들의 희생을 막고자 했다는 점에서는, ○○ 전쟁을 정의로운 전쟁이라고 볼 수 있어.
④ A국이 B국을 침략할 위험이 없었다는 점에서, ○○ 전쟁은 정의로운 전쟁이라고 볼 수 있어.
⑤ A국이 당시 인권을 짓밟는 독재 정권 지하에 있었다는 점에서, ○○ 전쟁은 정당한 명분을 갖는 것이라고 볼 수 있어.

정답 <보기>는 ○○ 전쟁을 A국 국민의 희생을 막기 위한 것이었다고 하지 않았으므로 전쟁을 정의로운 전쟁이라고 볼 수도 있지만 전쟁에서는 정의로운 전쟁이라고 볼 수도 있다는 관점을 보이고 있다. A국이 B국을 침략할 위험이 없었다고 해도 독재 치하에서 인권을 지켜내는 사람들을 탄압한다면 이를 위한다는 명분을 가지고 전쟁을 침략할 위험이 있었다고 해도 독재 치하의 정의로운 전쟁에 해당할 수도 있다고 보는 것이다.

논증의 태도 파악하기

6 이 글에 대한 설명으로 가장 적절한 것은? (⑤)

① 전쟁으로 인한 민간인의 희생을 근거로 듦며, 제한적으로 전쟁이 이루어져야 함을 주장하고 있다.
② 자국의 이익을 추구한 사람들을 비판하며, 전쟁을 일으킨 사람들을 차별해야 함을 주장하고 있다.
③ 대규모 희생이 비극적 참상을 소개하며, 전쟁이 절대로 일어나서는 안 되는 것임을 강조하고 있다.
④ 전쟁들로 인해 고통받고 있는 피해자들의 모습을 제시하며, 정의로운 전쟁이 필요함을 강조하고 있다.
⑤ 정의로운 전쟁의 조건을 구체적으로 제시하며, 정의로운 전쟁이 가능한 것인지에 대해서는 다소 부정적인 태도를 취하고 있다.

정답 글쓴이는 전쟁을 전 · 중 · 후 과정에서 지켜야 할 정의로운 조건을 구체적으로 소개하며, 그러한 조건을 지킨다 하더라도 과연 정의로운 전쟁이라고 인정할 수 있는 것인지에 대해 다소 부정적인 태도를 보이고 있다.

어휘 익히기

1 단어 뜻 알기
다음 빈칸에 들어갈 알맞은 단어를 <보기>에서 찾아 쓰시오.

보기

명분 희생 인도주의 전범

1. 전쟁 중에 많은 사람이 (희생)을/를 당했다.
   뜻 | 사람을 전인하게 마구 죽이는 것

2. 더 이상 (명분) 없는 싸움을 지속할 필요가 없다.
   뜻 | 어떤 일을 하려고 내세우는 까닭이나 구실.

3. 제2차 세계 대전의 패전국인 독일은 (전범)들을 엄격하게 처벌했다.
   뜻 | '전쟁 범죄', 혹은 '전쟁 범죄인'을 줄여 이르는 말.

4. 이웃 나라에 큰 지진이 일어나자 정부는 (인도주의) 차원에서 도와주기로 결정했다.
   뜻 | 인종, 민족, 나라, 종교 등을 뛰어넘어 모든 사람이 행복하게 사는 세상을 만들려는 사상.

2 관용 표현 알기
다음 빈칸에 알맞은 말을 쓰시오.

"말 한마디에 천 냥 [빚]도 갚는다"

간디의 '비폭력주의' 사상을 바탕으로 문제를 해결하려던 하자는 '비폭력 대화'라는 개념을 제안하며 타인에게 상처를 주지 않으며, 서로 간에 유대를 맺을 수 있는 대화 방식을 연구했다. 이 수많은 이처럼 말만 잘하면 어려운 일이나 불가능해 보이는 일도 해결할 수 있는 경우를 이르는 말이다.

3 한자어 익히기
다음 한자어를 소리 내어 읽고 빈칸에 따라 쓰시오.

戰爭(전쟁): 국가와 국가, 또는 교전(交戰) 단체 사이에 무력을 사용하여 싸움.
• 정부가 범죄와의 전쟁을 선포했다.
• 그는 전쟁으로 인해 부모를 잃고 고아가 되었다.
• 치열한 입시를 말할 때 입시 전쟁이라고 말하기도 한다.

戰	爭
싸울 전	다툴 쟁

戰	爭
싸울 전	다툴 쟁

05회 읽기 방법 익히기

❶ 자료를 참고하며 읽기

글을 읽으면서 잘 모르는 내용이나 어려운 단어가 있을 때, 궁금한 것이 생겼을 때에는 인터넷, 도서관 등에서 자료를 찾아 활용한다. 이것을 습관화하면 읽기 능력과 배경지식 향상에 큰 도움이 된다.

★ 도서관에서 자료를 찾을 때에는
(1) 찾고자 하는 자료의 핵심 주제를 정확히 파악하고 도서관 누리집(홈페이지)에서 찾고자 하는 자료의 핵심 단어를 입력해야 한다.
(2) 도서관 서가(책꽂이)에서 필요한 자료를 찾기 위해서 도서 분류 기호(한국 십진분류표)를 참고한다.

★ 인터넷에서 자료를 검색하여 활용할 때에는
(1) 믿을 만한 전문적인 검색 사이트에서, 찾고자 하는 정보의 핵심어를 정확히 판단한다.
(2) 찾은 정보가 궁금한 것의 출처나 필요한 정보인지 판단한다.
(3) 찾은 정보를 이해하는 데 꼭 필요한 정보인지 판단한다.
(4) 하나의 화제에 대해서 가급적 두 개 이상의 자료나 다른 관점을 비교·검토한다.

1

'자료를 참고하며 읽기'의 효과에 대한 설명으로 적절하지 않은 것은? (④)

① 글을 정확하고 깊이 있게 이해할 수 있다.
② 능동적으로 글을 읽는 습관을 기를 수 있다.
③ 궁금증을 해결하고, 배경지식을 확장할 수 있다.
④ 읽어야 할 글의 분량이 줄어들어 독서 시간을 줄일 수 있다.
⑤ 다양한 매체 자료를 활용하는 능력과 비판적 시각을 기를 수 있다.

해설 자료를 참고하며 글을 읽는다고 해서 읽어야 할 글의 분량이 줄어드는 것은 아니다.

2

인터넷 정보 검색 및 활용 방법으로 적절한 것은? (⑤)

① 자신이 좋아하는 사이트를 중심으로 검색한다.
② 화제에 대한 긍정적 관점을 중심으로 정리한다.
③ 자신이 지지하는 관점을 중심으로 선택한다.
④ 자신의 평소와 같은 내용을 중심으로 검색한다.
⑤ 화제에 대한 관점이나 공통점이나 차이점을 검토한다.

해설 인터넷 정보를 검색하고 활용할 때는, 정보의 출처나 출처나 글쓴이의 전문성에 유의하되, 서로 다른 관점의 자료를 비교·검토하는 것이 좋다.

---

3 다음 글을 읽고 물음에 답하시오.

광화문 광장은 현재 대한민국의 수도 서울의 중심이자, 조선 왕조의 도성이었던 한양의 중심이기도 했다. ⊙광화문 광장에서 나가 보면, 너비가 100m에 이르는 웅장한 세종대로를 굽어보고 있는 광화문과 조선 왕조의 모습을 감상할 수 있다. 하지만 예전에 ⓒ청사는 사양식 건물로 일제 강점기에 우리나라를 지배하기 위하여 설치하였던 식민 통치 기관이 있었던 곳이다.

조선 총독부는 1910년부터 1945년 광복에 이르기까지 35년간 지속된 일제 강점기 동안 한민주의 정기를 말살하고 조선인을 탄압하는 정치를 했다. ⓒ일본 정부는 우리 민족을 심리적으로 억누르기 위해 조선 왕조의 상징인 경복궁 앞에 조선 총독부를 지었다. 조선의 임금들이 나랏일을 보던 근정전을 가려 버린 것이다.

⊜이 건물은 해방 후 바로 철거되지 않고, 미군정 기간 동안은 '중앙청'으로 불리었고 그 후 일제 강점기의 흔적을 없애고 우리 민족의 ⓟ역사를 바로 세우기 운동 차원에서 1995년 8월 15일 철거되었다.

(1) 이 글을 보다 잘 이해하기 위해 참고 자료를 찾아 활용을 계획을 세운다고 할 때, 적절하지 않은 것은? (③)

① ⊙에 현재 모습을 담은 사진과 과거의 모습을 담은 구어사전을 인터넷에서 검색해 봐야겠어.
② ⓒ을 이해하기 위해 이러한 단어는 국어사전을 활용하여 뜻을 찾아봐야겠어.
③ ⓒ을 이해하기 위해 여러 민족의 대표적인 건축을 이름을 사전에서 찾아봐야겠어.
④ ⊜의 내용을 이해하기 위해 '미군정 기간'에 대해 역사책이나 책을 찾아봐야겠어.
⑤ ⓟ의 세부 내용을 정확히 이해하기 위해 신문 기사나 책을 찾아봐야겠어.

해설 ⓒ에서는 조선 총독부를 경복궁 앞에 지은 이유를 설명하고 있다. 일본 정부가 우리 민족을 심리적으로 억누르기 위해 조선 왕조의 상징인 경복궁 앞에 조선 총독부 건물로 기었다는 것이다. 이를 이해하기 위해 여러 민족의 대표적인 건축물 이름을 사전에서 찾아보는 것은 적절하지 않다.

(2) 이 글을 읽고, 조선 총독부 건물의 철거에 대한 자료를 찾기 위해 인터넷에서 자료를 검색하였다. 검색을 통해 얻은 자료 중 참고 자료로 적절하지 않은 것은? (④)

① 1995년 8월 15일 자 조선 총독부 건물 철거 생중계 영상
② 청안시의 '조선 총독부 철거 후 진행된 전시 공원' 관련 안내 자료
③ 조선 총독부 건물 철거 후 진행된 광화문 복원 사업에 대한 기사
④ 근정전을 철거하게 된 이유를 자세히 설명해 주는 기사와 자료
⑤ 조선 총독부 건물 철거 시 소식에 일본인 관광객들의 관광객들의 사진과 설명 기사

해설 글을 읽으며 생긴 궁금증을 해결하기 위해서 매체를 활용하여 참고 자료를 찾을 수 있다. 인터넷을 통해 자료를 찾을 수 있다. 조선의 임금이 나랏일을 보던 근정전은 조선이 지은 건물이다. 따라서 ④는 관련된 자료라고 보기 어렵다.

다음의 (가), (나), (다)에 나타난 안락사에 대한 관점과 이를 뒷받침하는 근거를 정리할 때, 적절하지 않은 것은? (③)

안락사는 불치병에 걸린 환자의 극심한 고통을 덜어 주기 위하여, 본인 또는 가족의 요구에 따라 고통이 적은 방법으로 환자의 생명을 단축하는 행위를 말한다. 안락사는 다음 (가), (나), (다)에서도 나타나듯이 여전히 관점의 차이와 논란을 보여 준다.

(가) 안락사는 환자 본인의 자기 결정권을 존중하는 차원에서 인정되어야 한다. 죽음을 결정할 수 있는 권리는 환자 본인에게 있다. 이미 없는 연명 지료는 환자 자신과 가족들에게 고통스러운 일이다. 따라서 본인의 죽음을 직접 결정할 수 있도록 적극적 안락사를 인정해야 한다.

(나) 적극적 안락사는 약물 등을 사용하여 직접 사망을 유발하는 행위가 이루어진다는 점에서 환자의 가족과 의사를 범법자로 내몰 수 있는 여지가 있다. 또한 안락사가 이루어진 후에 당사자의 죽음에 개입한 이들이 정신적인 고통을 받을 수 있으며, 더 나아가 의료 현장에서 범죄 문제가 생길 가능성도 존재한다. 그렇다고 하여 환자의 고통을 외면할 수도 없다. 따라서 이러한 안락사를 도입하여 생명을 연장하는 장치의 사용을 중단함으로써 죽음의 시기를 앞당기는 소극적 안락사를 도입하는 것이 적절하다고 본다.

(다) 안락사는 생명 경시의 풍조를 불러올 수 있다는 점에서 허용되어서는 안 된다. 또한 환자 본인의 의사와 다르게 가족의 판단이나 병원의 이해관계 등에 의해 안락사가 이루어질 수 있다는 점을 염두에 두어야 한다. 이를 방지할 수 있는 법적·제도적 장치가 부족한 상태에서 안락사를 도입하는 것은 사회적 약자의 인권을 침해하는 일이다.

	주장	근거
(가)	안락사에 찬성함.	환자의 자기 결정권을 존중해야 한다. ……①
(나)	소극적 안락사에 찬성함.	• 환자의 고통을 고려해야 한다. ……② • 생명 연장 장치의 사용 중단은 가족들을 범법자로 만들 수 있다. ……③
(다)	안락사에 반대함.	• 생명 경시의 풍조를 불러올 수 있다. ……④ • 환자의 의사에 반하는 안락사가 이루어질 수 있다. ……⑤

해설 (가)는 안락사의 긍정적 측면에 대해, (다)는 안락사의 부정적 측면에 대해 말하고 있는 점에서 각각 안락사에 찬성하는 입장과 반대하는 입장에 해당한다. (나)는 적극적 안락사의 문제점을 지적하며 소극적 안락사의 도입을 주장하고 있으므로 안락사에 찬성하는 입장에 해당한다. 생명 연장 장치의 사용 중단은 소극적 안락사의 방법으로 범죄 문제와 여지가 안락사에 찬성하는 입장에 해당한다.

---

② 화제에 대한 관점 비교·평가하기

동일한 화제에 대한 여러 관점을 비교하며 평가하는 것은 그 화제에 대한 독자의 안목을 넓혀 준다. 이때 독자는 객관적이고 합리적인 기준을 세워, 글에 제시된 다양한 관점을 비교·대조하면서 비판적으로 평가해야 한다. 그다음으로 읽은 내용을 종합하고 재구성하여, 화제에 대한 자신의 관점을 세워야 한다.

★ **여러 관점의 차이를 비교하고 평가하기 위해서는,**
(1) 동일한 화제에 대해 여러 관점을 제시하고 있는 글을 찾아본다.
(2) 글에 제시된 여러 관점을 정리하고, 이를 기준에 따라 비교하며 비판적으로 평가해 본다.
(3) (1), (2)를 바탕으로 화제에 대한 자신의 관점을 세워 본다.

★ **여러 관점의 차이를 비교하고 평가하는 기준은,**
(1) 타당성: 어떤 글의 주장과 근거가 더 논리적인가?
(2) 신뢰성: 어떤 글의 출처가 더 명확하고 믿을 만한가?
(3) 공정성: 어떤 글이 관점이나 태도가 한쪽으로 치우치지 않고 더 객관적인가?

1 다음의 ⊙에 대한 설명으로 가장 적절한 것은? (③)

'노키즈존(No Kids Zone)'은 어린아이들의 출입을 금지하는 장소나 가게를 말한다. 최근 노키즈존이 빠르게 늘어나면서, 이에 대한 의견이 팽팽하게 대립하고 있다. 노키즈존을 두는 곳에 찬성하는 이들은 아이들 방지하는 부모들이 다른 손님들의 권리를 침해한다고 주장한다. 그러나 ⊙내가 주변을 둘러보았을 때 이러한 사례를 많이 볼 수 없었다. 따라서 어린아이들을 차별하는 노키즈존 제도를 실시해서는 안 된다고 생각한다.

① 주장과 근거가 충차하여 신뢰성을 가진다.
② 노키즈존 제도에 중립적인 관점을 가지고 있다.
③ 자신이 본 경험만을 근거로 제시하여 타당성이 떨어진다.
④ 내용의 신뢰성을 높여지지만 논리적인 타당성을 보여 준다.
⑤ 자신의 객관적인 경험을 바탕으로 공정한 태도를 보여 준다.

해설 내가 주변을 둘러보았을 때의 경험을 근거로 삼는 것은 충분히 객관적인 사례가 될 수 없어 논리적이지 않다.

라마단에는 언제 식사를 할까?

이 글은 주요 독자에는 **라마단**입니다. 라마단과 연결해서 **사회, 역사, 과학**을 공부해요. 라마단의 금식 시간 규정이 변화를 들으면서 종교 문화를 알아보고 판단의 과학적인 내용도 알아보아요.

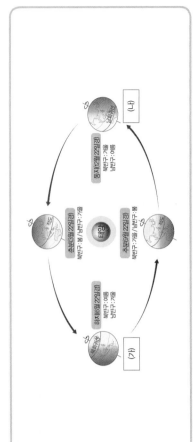

▲ 이슬람의 성지 메카

이슬람교에서 요구되는 신에 대한 믿음을 비롯한 엄격한 종교 의무 수행은 무슬림*들의 일상에 엄청난 영향을 미친다. 메카를 향해 하루에 다섯 번씩 기도하는 것을 비롯해 ㉠이슬람 율법에 따라 먹을 수 있는 음식으로 정해진 것만을 먹어야 한다. 또한 이슬람력으로 1년 중 아홉 번째 달에 해당하는 '라마단'이라고 하는 금식월을 반드시 지켜야 한다.

라마단은 몸과 마음을 정화하여 신에게 좀 더 가까이 가고 가난한 이웃의 심정을 이해하며 고통을 나눈다. '라는 이미가 있다. 이 기간 동안에는 기도와 명상으로 시간을 보내며 음식을 먹지 않아야 하고, 해가 진 이후에야 식사를 할 수 있다. 그래서 라마단 기간에 이슬람권 국가로 여행을 하게 된다면 호텔에서 조식을 제공받기 어려울 수도 있으니 주의해야 한다.

라마단 기간에 이슬람 지역을 여행하는 것이 불편할 때

기억을 떠올리며 몇 년 뒤 이전 여행 일정을 피해 가다라도 그때라도 포다시 라마단 기간에 해당할 수도 있다. 왜냐하면 라마단 기간은 매년 조금씩 달라지기 때문이다.

라마단의 양력 날짜가 매년 바뀌는 것은 이슬람권에서는 것의 음직임으로만 날짜를 계산하는 '순태음력'을 써 왔기 때문이다. 순태음력을 사용하는 이슬람력도 1년을 약 345~355일로 본다. 그래서 오늘날의 태양력과는 매년 10일 남짓 차이가 나고, 8년에서 9년이 지나면 라마단은 다른 계절에 돌아오게 된다.

전통적인 이슬람 문화권은 위도상 대부분 저위도 지역에 속한다. 그래서 금식 시간을 지키기가 상대적으로 수월했다. 하지만 교통ㆍ통신의 발달과 세계화의 흐름 속에 일어난 활발한 인구 이동의 결과 이슬람이 전 세계에 보포하게 되었다. 그러다 보니 라마단에서 금식 시간으로 규정한 '해가 뜰 때부터 질 때까지'라는 시간의 무슬림의 커게 되었다. 위도가 높아지면 계절에 따른 낮의 길이 차이가 커지기 때문에 라마단이 있을 때 북반구의 고위도 지역에 사는 무슬림들은 ㉡위도가 높아지면 계절에 따른 낮의 길이 차이가 커지기 때문에 라마단이 있을 때 북반구의 고위도 지역에 사는 무슬림들은 특히 서양력을 기준으로 6월이 라마단이었을 때 북반구의 고위도 지역에 사는 무슬림들은 정말하게 되었다. 이때 라마단 의식에서의 '해가 뜰 때부터 질 때까지'라는 구정을 따르기가 불가능하다. 이는 불가능하기 때문에 이슬람 율법을 따르거나 주변에서 가장 가까운 지역의 해가 지는 시 말 그대로 지킨다면 한 달 내내 음식을 먹을 수 없다. 이는 불가능하기 때문에 이슬람 율법을 따르거나 주변에서 가장 가까운 지역의 해가 지는 시간에 맞은 무슬림들은 맞은 무슬림들은 무슬림들의 수달림들은 메카의 해가 지는 시간을 따르는 지역의 해가 지는 시간에 맞은 무슬림들은

간을 따라도 좋다. 라고 해석을 내려 주었다. 세계화 시대에 읽는 다양한 변화 속에 종교에 자세가 중미롭다.

➡ 현실을 고려하여 라마단 금식 시간을 재해석한 이슬람교계의 유연한 자세

* **무슬림**: 이슬람교 신자.

1 이 글을 통해 알 수 있는 사실이 아닌 것은? (⑤)

① 라마단은 서양력으로 매년 날짜가 바뀐다.
② 이슬람 문명에서는 주요 순태음력을 사용한다.
③ 고위도 지역에는 여름에 백야 현상이 나타난다.
④ 이슬람 신자는 하루에 다섯 번 메카를 향해 기도한다.
⑤ 라마단 기간에 한 달 동안 아무런 음식도 먹지 못한다.

해설 라마단 기간에는 해가 진 이후부터 해가 뜨기 전까지는 음식을 먹는 것이 가능하다.

2 다음은 지구의 공전에 따른 계절의 변화를 나타낸 것이다. (가), (나) 시기에 대한 (1)~(4)의 설명에서 ( ) 안의 말 중 알맞은 말에 ○표 하거나 빈칸에 적절한 답을 쓰시오.

(1) (가) 시기에 북반구는 (여름, 겨울)에 해당하고, 남반구는 (여름, 겨울)에 해당한다.

(2) (나) 시기에는 북반구 고위도로 갈수록 (낮, 밤)의 길이가 길어지고, 남반구 고위도로 갈수록 (낮, 밤)의 길이가 길어진다.

(3) (가) 시기 북극권에서는 (백야, 극야) 현상이 나타나고, 남극권에서는 (백야, 극야) 현상이 나타난다.

(4) 적도 주변은 일 년 내내 낮의 길이가 (   ) 시간 정도이고 일사량이 많아 주로 (열대) 기후가 나타난다.

해설 (가)는 하지 무렵으로 북반구는 여름 남반구는 겨울인 시기이다. 이 시기 북반구 지역은 낮이 길어 여름 남반구는 겨울인 시기이다. 이 시기 북반구 지역은 낮이 길고 특히 북부구 지역은 받아

3 〈보기〉를 참고하여 다음 지도상의 나라 중 이슬람권 국가에 해당하는 나라는 어디인지 3개 이상 쓰시오.

보기

▲ 종교를 기준으로 구분한 문화 지역

크리스트교 이슬람교 힌두교 불교 기타

<u>모로코, 알제리, 튀니지, 리비아, 이집트, 사우디아라비아, 이라크, 시리아, 요르단, 이란, 터키 등</u>

해설 〈보기〉의 지도에서 이슬람교에 해당하는 나라의 대략적인 위치를 확인하고 이에 속하는 나라를 제시된 지도에서 찾는다.

---

4 이슬람권에서 ⊙을 할랄(Halal) 음식이라고 한다. 〈보기〉의 내용을 참고하여 이슬람권 친구들을 위한 점심 메뉴로 적절한 음식을 쓰시오.

보기

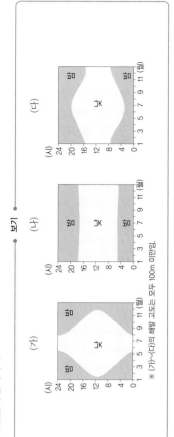

먹을 수 있는 음식	먹을 수 없는 음식
• **곡물류:** 쌀, 보리, 밀, 호밀 등 • **육류:** 소, 닭, 오리, 낙타 등 • **어패류:** 독, 중독성이 있는 것 제외 • **과일류:** 대추, 포도, 올리브 등 • **견과류:** 호두, 이몬드 등	• 알코올류(술과 알코올성 음식) • 돼지고기(피, 부산물), 개, 고양이, 파충류 • 지느러미와 비늘 없는 물고기(장어, 메기 등) • 이슬람법에 따라 도축되지 않았거나 도축 전 죽은 동물 • 독, 중독성이 있는 것

이슬람교에서 먹어도 되는 음식과 먹는 것을 금지한 음식

예 쌀밥, 닭고기 수프, 소고기볶음, 올리브 절임, 포도 등으로 구성한 식단

해설 할랄 음식, 죽은 할랄 인증을 받은 음식으로 구성한다.

---

5 〈보기〉의 (가)~(다)는 ⓒ을 뒷받침하기 위한 사례에 해당하는 지역의 연중 밤낮의 길이를 나타낸 것이다. (1), (2)의 물음에 답하시오.

보기

(가) (나) (다)

※ (가)~(다)의 해발 고도는 모두 100m 미만임.

(1) 어떤 해, 라마단이 서양력 6월에 해당한다고 한다. 전통적인 기준에 따를 때 음식을 먹을 수 없는 시간이 긴 지역부터 순서대로 쓰시오.

<u>(가), (다), (나)</u>

해설 6월에 (가)는 낮이 24시간이므로 라마단의 전통적인 기준에 따르면 음식을 먹을 수 있는 시간이 없다. (다)는 6월에 약 18시간이 낮, 6시간 정도가 밤이다. (나)는 6월뿐만 아니라 연중 밤과 낮의 길이가 각각 12시간씩으로 비슷하다.

(2) 어떤 해, 라마단이 서양력 12월에 해당한다고 한다. 전통적인 기준에 따를 때 음식을 먹을 수 없는 시간이 긴 지역부터 순서대로 쓰시오.

<u>(나), (다), (가)</u>

해설 12월에 음식을 먹을 수 없는 시간이 가장 긴 지역은 이 시기에 낮 시간이 가장 긴 (나)이고, 이어서 (다)이므로, (가) 순이다. 따라서 (나), (다), (가) 순서로 음식을 먹을 수 없는 시간이 길다.

제목 정하기

1 이 인터뷰의 전체적인 내용을 드러내 주는 제목으로 가장 적절한 것은? (⑤)

① 오늘의 해외 소식
② 국제 영공 분쟁의 사례
③ 영토 분쟁이란 무엇인가
④ 국제 영해 분쟁 발생 지역
⑤ 국제 영역 분쟁의 사례와 그 원인

해설 이 인터뷰는 국제 영역 분쟁의 대표적인 사례들과 함께 그 발생 원인을 각각 역사적 배경과 환경, 경제 및 자원 등의 경제적 측면에서 설명하고 있다. 제목은 글이 전체 내용을 담고 있는 중심 생각이다. 따라서 제목은 전체적인 내용이 잘 드러나도록 붙여야 한다. 이 글은 국제 영역 분쟁이 무엇이며 그 발생 원인이 무엇인지를 꼼꼼하게 살펴 정하는 것이 적절하다.

세부 내용 이해하기

2 '한스섬'과 관련된 영역 분쟁을 다음과 같이 정리할 때, 빈칸에 들어갈 적절한 말을 쓰시오.

(지구 온난화) 때문에
바다의 얼음이 녹음.
↓
새로운 (뱃길) 개념과
(다이아몬드)이/가
묻혀 있을 가능성
↓
자원과 경제적 이익에
따른 국제 영역 분쟁

해설 글을 읽고 정보들이 연결 관계를 생각하며 도식화를 하면서 정보를 재구성하면 중심 내용을 파악하고 이해하는 데 도움이 된다. 한스섬 분쟁은 지구 온난화로 한스섬 주위 바다의 얼음이 녹으면서 빙길이 만들어지고, 한스섬에 다이아몬드가 묻혀 있을 가능성이 높아서 일어났다는 점에서 자원과 경제적 이익에 따른 국제 영역 분쟁에 해당한다.

의도나 관점 추론하기

3 ㉠의 관점에서 <보기>에 대해 답한 내용으로 가장 적절한 것은? (③)

보기
구약 성서의 기록에 따르면, 이스라엘 민족은 지금의 팔레스타인에 왕국을 세웠다. 이후 왕국은 '북이스라엘'과 '남유다'로 나뉘게 되었고, 각각 앗시리아와 바빌론에 의해 망했다. 그 결과 이스라엘 민족은 뿔뿔이 흩어져 1,500년이 넘는 세월 동안 전 세계를 떠돌며 살았다. 이러한 이스라엘 민족이 팔레스타인 지역에 국가를 세운 것은 자기 조상들이 옛 땅을 되찾는 것일 뿐이다.

① 이스라엘 왕국을 멸망시킨 나라들에게 분쟁의 책임을 물어야 해.
② 성서의 기록이 영토권 주장의 근거가 된다는 사례를 찾아봐야겠군.
③ 종교적 성전의 내용을 근거로 그 지역에 살고 있던 사람들을 내쫓는 건 문제가 될 수도 있어.
④ 이스라엘 민족을 뿔뿔이 흩어지게 만든 나라들이 이스라엘 민족에게 보상을 해 줄 필요가 있어.
⑤ 구약 성서의 내용과 팔레스타인의 종교 경전의 내용을 비교하여 공통점과 차이점을 확인해야 해.

해설 <보기>는 구약 성서의 내용을 근거로 이스라엘 민족이 팔레스타인 지역에 국가를 세운 것이 정당하다고 보고 있으므로, ㉠의 관점에서 <보기>에 대해 답한 내용으로는 ③이 적절하다.

ERI 지수 784

뉴스 진행자: 오늘 해외 소식 코너에서는 국제적인 영역 분쟁 문제를 다루어 보았습니다. 도움 말씀을 주실 국제 전문가 한 분을 모셨습니다. 어서 오십시오. 최근에 국제 영역 분쟁 문제가 심각해지고 있다고요? 대표적인 사례들로는 어떤 것이 있을까요?

전문가: 영역 분쟁에는 영토, 영해, 영공 분쟁이 포함됩니다. 그중에 대표적인 것이 바로 영토 분쟁이지요.

영토 분쟁 하면 빼놓을 수 없는 나라가 바로 이스라엘과 팔레스타인입니다. 이 두 나라 사이의 분쟁은 유대인들이 제2차 세계 대전 이후, 성서의 기록을 근거로 팔레스타인 지역에 대한 권리를 주장하면서 비롯되었습니다. 그리고 이곳에 이스라엘 국가를 세우게 되었죠. 그로 인한 유혈 분쟁이 21세기까지도 이어지고 있습니다. ㉠수천 년 전 성서의 기록을 이동할 수밖에 없게 되었습니다. 특히 이 분쟁은 두 나라뿐 아니라 다른 중동 국가들의 분쟁으로 이어지고 있습니다. 중동은 석유가 많이 나는 지역인데, 그곳에서의 석유 생산량의 변화는 세계 경제에 큰 영향을 미칩니다. 이에 자체적 국제적 노력과 협정에도 불구하고 개입하면서 이곳은 오늘날 위험한 지역을 빛내거나 자주 분쟁이 일어날 위험이 있는 지역으로 불려 있고 상호 보복이 반복되고 있습니다.

뉴스 진행자: 70년이 넘는 긴 시간 동안 유혈 사태가 계속되고 있어서 가슴이 아프네요. 또 어떤 지역에서 분쟁이 일어나고 있나요?

전문가: 지구 온난화로 인해 영역 분쟁이 새롭게 시작된 곳도 있습니다. 캐나다와 덴마크가 신경전을 받고 있는 한스섬이 그 주인공인데요. 한스섬은 캐나다와 그린란드 사이에 위치한 작은 섬입니다. 그동안 두 나라 바다가 얼음 위로 꽁꽁 얼어붙어서 배가 전혀 다닐 수 없었습니다. 그런데 지구 온난화로 섬 주변의 얼음이 녹으면서 이곳이 북대서양과 태평양을 잇는 중요한 뱃길로 떠올랐습니다. 또한 이곳으로 알려져 있습니다. 두 나라는 이 섬을 차지하기 위해 팽팽한 기 싸움을 벌이고 있습니다.

이야기뿐이지만 문제 될 수 있는 곳으로도 있습니다. 두 나라는 1980년대 이후 한동안 이 땅 '술래잡기 전쟁'을 벌였습니다. 덴마크 군인들이 먼저 덴마크가 먼저 차지하기도 했습니다. 덴마크 군인들이 먼저 "덴마크에 오신 것을 환영합니다." 라고 쓴 표지판을 섬에 놓고 있습니다. 그러자 캐나다군은 한 병 '캐나다의 술 한 병'과 "캐나다에 오신 것을 환영합니다." 라고 쓴 표지판을 한스섬에 넘겼다고 합니다. 최근 ㉡지금까지 분쟁은 영토 분쟁이의

뉴스 진행자: 이렇게 많은 곳에서 분쟁이 일어나고 있군요. 시청자 여러분은 어떤 생각이 드시나요? ㉡지금까지 해외 소식 전문가 인터뷰였습니다. 감사합니다.

어휘 익히기

1 단어 뜻 알기

다음 빈칸에 들어갈 알맞은 단어를 <보기>에서 찾아 쓰시오.

보기: 분쟁   개입   좌아고   신경전

1. 하기 초 학생 간 미묘한 (신경전)이/가 벌어진다고 한다.
   뜻 상대를 연제하 하려고 말이나 몸짓 같은 것으로 벌이는 싸움.

2. 카쥬미르는 인도와 파키스탄이 (좌아고)(으)로 붙는다.
   뜻 전쟁이 일어날 위험이 크거나 싸우는 지역을 빗대어 이르는 말.

3. 이 일은 나하고도 직접 관계가 없으니까, 나는 이 일에 (개입)하지 않으면 좋겠어.
   뜻 자신과 직접적인 관계가 없는 일에 끼어드는 것.

4. 지금도 세계 곳곳에서는 종교, 자원 등 다양한 원인으로 (분쟁)이/가 계속되고 있다.
   뜻 복잡하게 뒤얽힌 문제를 둘러싸고 서로 싸우거나 다투는 것.

2 관용 표현 알기

다음 빈칸에 알맞은 말을 쓰시오.

"제 논 에 물 대기"

나라 간의 영토 분쟁은 서로 자기 나라의 이익만을 추구하려는 데에서 발생한다. 이 속담은 농사를 짓는 때 필요한 물을 자기 논에만 끌어다 쓴다는 뜻으로, 이렇게 자기에게만 이롭도록 일을 하는 경우를 비유적으로 이르는 말이다.

3 한자어 익히기

다음 한자어를 소리 내어 읽고 빈칸에 따라 쓰시오.

領土   거느릴 령 / 땅 토   령토

領土   거느릴 령 / 땅 토   령토

영토(領土): 한 나라의 주권이 미치는 땅.
· 영토를 침범하다.
· 동북아 영토 분쟁에는 역사적 배경이 있다.
· 독도가 우리나라의 영토라는 것은 여러 고문헌에 기록되어 있다.

반응의 적절성 파악하기

4 ㉠에 대한 독자의 답으로 적절한 것은? (③)

① 이스라엘과 팔레스타인의 분쟁은 성서 기록에 근거한다는 섬에서 2,000년 동안 지속되어 왔음을 확인할 수 있습니다.

② 중동 지역 분쟁에 서방 국가들까지 개입하는 것으로 보아 중동 보어 국가들은 물론 서방 국가들도 현지 영토 소유에 큰 관심을 가지고 있음을 알 수 있습니다.

③ 한스섬을 둘로 나누는 방안에 비추어 볼 때 분쟁의 양국 간 직극적인 해결 방안을 찾으려는 노력이 없었다는 것을 알 수 있습니다.

④ 한스섬을 둘로 나누는 방안에 비추어 볼 때 분쟁의 양국 간 직극적인 해결 방안을 찾으려는 노력이 없었다는 것을 알 수 있습니다.

⑤ 한스섬을 둘러싼 분쟁은 자원이나 경제적인 이익이라는 전혀 정치적인 원인이 없는 다른 분쟁과는 다름을 알 수 있습니다.

해설 한스섬을 두고 캐나다와 덴마크가 '슬병이 섬' 사이에 벌어진 양국 간에 실제 전투가 일어난 것이 아니라, 상대적으로 유머가 담긴 신경전 또는 심리전에 가깝다는 점에서 유혈 충돌을 동반하는 지열과는 차이가 있다.

맥락을 통해 추론하기

5 '슬병이 전투'가 담고 있는 맥락을 고려할 때, ㉡에 들어갈 내용으로 가장 적절한 것은? (③)

① 맛없는 음은 지워 주세요.
② 덴마크의 섬이 세계 최고입니다.
③ 캐나다의 섬에 오신 것을 환영합니다.
④ 캐나다 정부의 허락 없이 다녀가서 미안합니다.
⑤ 덴마크 정부의 허락 없이는 아무도 이 섬에 들어올 수 없습니다.

해설 ㉡에는 캐나다의 영토임을 선언하면서 동시에 '덴마크에 오신 것을 환영합니다'라는 표현에 대응하는 내용이 들어가는 것이 적절하다.

문제 해결 방안 찾기

6 이 인터뷰의 '전문가'가 국제 분쟁의 평화적인 해결 방안을 제시했다고 가정할 때, 가장 적절한 것은? (⑤)

① 세계 각 민족들은 자신들만의 고유한 종교와 문화를 버리고 하나로 뭉쳐야 합니다.

② 강력한 군사력만이 영토 분쟁에서 승리하는 지름길임을 역사가 증명해 주고 있습니다.

③ 최근 지역 분쟁이 가장 큰 원인이 되고 있는 지구 온난화 문제를 해결할 수 있는 국제적 노력이 그 어느 때보다도 중요해지고 있습니다.

④ 지역 분쟁이 발생하는 곳만은 강력한 국제 연합군을 파견하여 군사 충돌을 일으키는 집단을 엄정하게 과괴시키는 것이 가장 효과적입니다.

⑤ 무력을 사용하는 방법은 근본적인 해결 방안이 될 수 없기 때문에 서로 이해와 양보를 통해서 지드지근 해결해 나가는 국제적인 노력이 필요합니다.

해설 평화적인 해결 방안이라고 했으므로 군사력보다는 대화를 통한 상호 이해와 타협, 양보를 위한 노력이 필요하다.

고대 그리스는 폴리스라고 불리는 작은 도시들이 모여서 이루어진 도시 국가로 알려져 있다. 아테네나 스파르타 같은 도시가 그 대표적인 예이다. 이들 도시의 가장 높은 곳을 '아크로폴리스'라고 불렀다. 아크로폴리스에는 수호신을 모시는 신전이 있어 신앙의 중심지였다. 그중 아테네에 있는 아크로폴리스가 가장 대표적인 (㉠)이다. 여기에는 파르테논 신전이 있다.

한편, 아고라는 일상적인 활동이 이루어지는 시민 생활의 중심지였다. 아고라의 원래 의미는 '모이다'이다. 기원전 6세기에 지어진 아테네의 아고라는 대체로 카다로 중심 운동장만 한 크기의 직사각형 넓게 자리 잡은 공간이자, 경제 활동의 중심지이기도 했다. 동시에 아고라는 이렇게 시내 중

▲ 그리스의 아크로폴리스

심지에 넓게 자리 잡은 소통의 공간이자, 경제 활동의 중심지이기도 했다. 동시에 아고라는 이렇게 시민들이 사고 활동을 하면서 여론을 형성하던 이소통의 장이었다. 한편과 사상 등에 대한 토론이 이루어졌었다. 그때 예술의 중심지 역할도 했었다. 시민들은 여기서 민회(民會)를 열어 국방이나 정치 문제를 토론하기도 한다. 그래서 아고라는 오늘날에도 사회의 공적인 의사소통이나 직접 민주 정치가 이루어지는 공간을 뜻하기도 한다.

이러한 아고라에서 민주주의가 싹이 텄다고 할 수 있다. 민주주의를 가리키는 '데모크라시'라는 말도 고대 그리스어에서 왔다. 데모크라시는 '국민에 의한 지배'라는 뜻이는 다수 국민에 의해 국가의 중요한 의사가 결정된다는 뜻이다. 그런데 고대 그리스에서 정치에 참여할 수 있는 '시민'은 자유민인 성인 남성만으로 제한되었다. 따라서 여성, 노예, 외국인은 정치에 참여할 수 없었다. 이러한 점에서 고대 그리스의 정치는 제한적 민주 정치라고 할 수 있다.

오늘날에 비하면 고대 그리스 아테네와 같은 도시 국가들은 영토도 작고 인구도 적었다. 그래서 직접 민주 정치가 가능하기도 하였다. 하지만 오늘날 대부분의 국가에서는 이를 그대로 적용하기가 쉽지 않다. 이러한 이유 때문에 현대에는 국민이 선거를 통해 국회의원과 같은 대표를 뽑는다. 그리고 이들을 통해 정치에 간접적으로 참여한다. 이를 간접 민주 정치 또는 대의 민주 정치라고 한다.

중심 화제 파악하기

1 이 글의 중심 화제로 가장 적절한 것은? (⑤)

① 아크로폴리스
② 아고라의 기능
③ 아테네와 민주주의의 어원
④ 아크로폴리스와 종교의 기원
⑤ 고대 그리스의 민주주의와 아고라

해설 글을 읽고 중심 내용을 찾기 위해서는 전체적인 글의 내용이 무엇에 관해서 이야기를 이야기하는 지 잘 파악하면 된다. 이 때 글에서 전체적으로 이야기하고 있는 '무엇'이 바로 중심 화제이다. 이 글에서는 고대 그리스의 아고라의 기능에서 특히 이것이 민주주의 제도와 콘텐틴 내용을 제시하고 있다.

생략된 내용 추론하기

2 ㉠에 생략된 내용을 추론한 것으로 적절한 것은? (⑤)

① 신전이 있어 관광 명소로 중요한 역할을 했기 때문에
② 시민들의 행사와 의식에 중심적인 역할을 했기 때문에
③ 신전 건축을 위해 많은 비용과 노동력을 들였기 때문에
④ 신전이 신들의 적들을 물리치는 데 도움을 주었기 때문에
⑤ 높은 곳이나 적의 침입과 동향을 파악할 수 있었기 때문에

해설 독해를 잘하기 위해서는 세부 내용을 읽어 나가면서 정보들을 서로 연결하여 글에 나타나 있지 않은 내용들을 추론할 수 있어야 한다. 이를 위해서는 글을 꼼꼼히 읽고 정보들의 연결 관계를 생각하며 읽으며 질문을 하고 답해 보는 훈련이 필요하다. ㉠에는 '군사적 요충지'가 된 이유에 대한 설명이 생략되었다고 볼 수 있다. 그 이유로 적절한 것은 서 재시된 도시가 가장 높은 곳이라는 정보로부터 ⑤임을 추론할 수 있다.

내용 전개 방식 파악하기

3 이 글에 사용된 내용 전개 방식에 대한 설명으로 적절하지 않은 것은? (④)

① 어떤 용어의 개념을 정의하고 있다. → 민주주의 개념을 정의하고 있다.
② 어떤 일의 원인과 결과를 설명하고 있다. → 대의 정치가 생겨난 이유를 인과의 방식으로 설명하고 있다.
③ 두 대상을 비교·대조하고 있다. → 아크로폴리스와 아고라의 기능을 비교·대조하고 있다.
④ 정보를 공간적 순서에 따라 서술하고 있다.
⑤ 특정 대상의 기능을 나열하여 제시하고 있다. → 아고라의 기능을 나열하고 있다.

해설 글의 내용 전개 방식은 전체적 또는 부분적으로 글이 쓰여지는 방식을 말한다. 특히 전체적인 글의 내용 전개 방식을 글의 구조라고도 한다. 글이 전개 방식이 하나의 대표적인 유형에는 나열, 비교·대조, 문제-해결, 원인-결과(인과), 예시, 정의 등이 있다. 이 글에 시간적 또는 공간적 순서에 따른 정보의 서술은 나타나 있지 않다.

어휘 익히기

1 단어 뜻 알기

다음 빈칸에 들어갈 알맞은 단어를 〈보기〉에서 찾아 쓰시오.

보기
수호신   요충지   여론   민회

1. 고대 그리스 도시 국가에서는 (민회)을/를 열어 국가의 중요한 일을 결정하였다.
뜻 | 고대 그리스·로마의 도시 국가에 있었던 정기적인 시민 총회.

2. 고대 그리스인들은 신전에는 (수호신)이/가 있다고 믿었다.
뜻 | 나라나 마을, 사람을 지키고 보살펴 주는 신.

3. 사람들이 모이는 광장에서는 어떤 정쟁이나 문제에 대한 (여론)이/가 형성될 수 있다.
뜻 | 어떤 일에 관하여 세상 사람들이 두루 지닌 생각이나 의견.

4. 사람들은 이곳을 아주 중요한 방어에 유리한 구방이 (요충지)(으)로 인식하였다.
뜻 | 아주 중요한 구실을 하는 곳.

2 관용 표현 알기

다음 빈칸에 알맞은 말을 쓰시오.

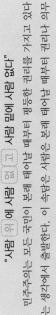

"사람 위 에 사람 없 고 사람 밑에 사람 없다"
민주주의는 모든 국민이 본래 태어날 때부터 평등한 권리를 가지고 있다는 생각에서 출발한다. 이 속담은 사람은 본래 태어날 때부터 권리나 의무가 평등함을 이르는 말이다.

3 한자어 익히기

다음 한자어를 소리 내어 읽고 빈칸에 따라 쓰시오.

代	議
대신할 대	의논할 의

代	議
대신할 대	의논할 의

대의(代議): 선거를 통하여 뽑힌 의원이 국민의 의사를 대표하여 정치를 담당하는 일.
• 국회는 대의 기관이다.
• 간접 민주 정치를 대의 정치라고도 한다.
• 오늘날의 민주주의는 대의 제도로 이루어진다.

문제를 활용하여 추론하기

4. ⓒ에 들어갈 말로 가장 적절한 것은? (⑤)
① 언덕
② 시장
③ 법관
④ 건물
⑤ 광장
해설 | 앞뒤 문맥을 통해서 ⓒ에 들어갈 말은 '주변이 건물로 둘러싸인 다양한 용도로 소통이 공간'임을 알 수 있다. 따라서 광장이 가장 적절하다.

세부 내용 파악하기

5. 이 글을 통해서 알 수 있는 '아고라'의 기능으로 적절하지 않은 것은? (③)
① 민회의 장소
② 정치의 중심지
③ 군사적 요충지
④ 정치 활동의 중심지
⑤ 문화 예술의 중심지
해설 | 이 글에서는 아고라를 고대 그리스의 기둥신앙의 중심지, 군사적 요충지과 아고라의 기능(정치·경제·문화·예술의 중심지)을 구체적으로 제시하고 있다.

내용 추론하기

6. 이 글을 통해서 알 수 있는 고대 그리스 아테네의 민주 정치에 대한 설명으로 적절한 것은? (③)
① 모든 사람들이 정치 토론에 참여할 수 있었다는 점에서 민주주의 출발점이 되었다.
② 오늘날의 대도시와 그 규모가 비슷한 고대 도시 국가인 폴리스를 통해서 민주주의가 싹틀 수 있었다.
③ 고대 그리스의 시민은 일부 성인 남자들로만 제한되었다는 점에서 오늘날의 시민 개념과 차이가 있다.
④ 모든 사회 구성원들이 직접 정치 활동에 참여할 수 있었다는 점에서 오늘날의 민주 정치와 기본적으로 동일한 제도이다.
⑤ 국민이 곧 국가의 주인이라는 고대 그리스 아테네의 민주주의 사상은 대통령 중심제인 오늘날 민주 정치 이념과는 완전히 다르다.
해설 | 이 글에서 고대 그리스에서 정치 활동에 참여할 수 있는 시민은 자격을 자유로운 성인 남자로 제한되어 있었다고 하였다. 따라서 여성이나 노예, 외국인 등은 정치에 참여할 수 없었다. 이러한 점에서 고대 그리스의 시민은 오늘날의 시민 개념과 차이가 있다.

ERI 지수 850 사회 | 법

[A] 우리나라의 옛날이야기 중에는 재판과 관련되는 이야기들이 상당수 있다. 그중의 하나가 바로 유명한 「망주석* 재판」이다. 비단 장수 이 서방은 어느 날 무덤 앞 망주석에 비단을 내려놓고 잠시 쉬다가 깜박 잠이 들었다. 그런데 잠에서 깨어 보니 비단 보따리가 감쪽같이 사라졌다. 비단 장수는 마을 원님에게 비단을 찾게 해 달라고 간청한다. 이야기를 들은 원님은 당장 망주석을 잡아 오게 해서 심문을 한다. 원님은 아무 말이 없는 망주석이 범인이라며 곤장을 치도록 명령한다. 사람들이 관청에 몰려들어 이 광경을 지켜보며 키득키득 웃어 댄다. 원님은 웃어 댄 사람들에게 그 벌로 비단 한 필씩을 바치도록 한다. 사람들은 옆 마을에 새로운 비단 장수가 왔다는 소문을 듣고 몰려갔다. 그러고는 너도나도 비단을 한 필씩 사다가 원님에게 바친다. 원님은 그 비단이 모두 이 서방이 잃어버린 비단임을 밝혀낸다. 원님은 마침내 비단을 훔쳐 간 진짜 범인을 붙잡는 데 성공한다.

(심문: 법관이나 수사관 같은 사람이 어떤 일에 관련된 사람한테 궁금한 것을 캐묻는 것.)

▲ 구리 동구릉 건원릉 망주석

➡ 「망주석 재판」 이야기의 내용

이 이야기에서 ㉠원님의 재판 행위는 공법의 영역에 속할까, 사법의 영역에 속할까? 전통적으로 법을 분류할 때 크게 공법과 사법으로 나눈다. 공법은 국민인 개인과 국가 또는 국가 기관 간의 공적인 생활 관계를 규율하는 법을 가리킨다. 공법의 대표적인 예로 헌법과 형법을 들 수 있다. 헌법은 국민의 권리와 의무 등을 정해 놓은 국가의 최고법이다. 형법은 범죄의 유형과 그에 따른 벌의 내용을 정해 놓은 법이다.

(공적인: 개인이 아니라 나라나 사회에 얽힌. 규율하는: 질서를 잡으려고 정해 놓은 규칙이나 법.)

➡ 공법의 의미와 종류

공법과 달리 사법은 개인과 개인 사이의 사적인 생활 관계를 규율하는 법을 말한다. 사법의 대표적인 예로는 민법과 상법을 들 수 있다. 민법은 개인 간의 가족 관계나 재산 관계 등을 다스리는 법이다. 상법은 상업이나 경제생활 관계를 다스리는 법이다.

➡ 사법의 의미와 종류

공법과 사법을 구별한 것은 오래전인 고대 로마법 시절부터라고 한다. 그러나 왕이 모든 권력을 쥐고 행사하던 시절에는 공법과 사법이라는 구분이 큰 의미를 가질 수 없었다. 물론 그때도 개인과 개인 사이의 권리와 의무 관계를 규율하는 법과 재판이 있었다. 그렇지만 왕이 제멋대로 권력을 행사하는 부분이 너무도 컸다. 따라서 사법은 큰 비중을 차지하지 못했던 것이다.

➡ 공법과 사법의 구분이 무의미했던 왕조 시대

1215년에 영국의 존 왕은 귀족들의 압력에 못 이겨 대헌장(마그나 카르타)을 인정하였다. 이 대헌장에는 법률에 의하지 않고는 귀족에게 세금을 거두지 못하도록 하는 약속도 들어 있다. 이를 통해 귀족들조차도 왕으로부터 재산을 지키는 일 자체가 중대한 과제였음을 알 수 있다. 물론 평범한 일반 백성들의 재산권은 더욱 보호받지 못하는 상황이었다.

➡ 귀족의 권리 보장을 내용으로 하는 영국의 대헌장

그런데 ㉡공법과 사법의 구별이 일반적으로 인정되고 중요한 의미를 갖게 된 것은 근대에 들어서부터이다. 이때부터 개인이 자유롭게 재산을 모으고 계약을 맺는 등 자유로운 법률관계를 형성할 수 있게 되었기 때문이다. 현대에 들어와서는 개인의 권리와 재산을 보호하는 것이 더욱 중요하게 부각되었다. 또한 국가와 개인의 관계가 복잡해지면서, 공법과 사법의 체계도 더욱 발전하였다.

(부각되었다: 두드러지게 나타내는 것.)

➡ 공법과 사법의 구별이 중요해진 근현대 사회

* **망주석** : 옛날에 무덤 앞의 양쪽에 세우는 한 쌍의 돌기둥.

중심 내용 파악하기

1 이 글에서 설명하고 있는 법의 유형을 다음과 같이 도식화할 때, 빈칸에 알맞은 법의 종류를 쓰시오.

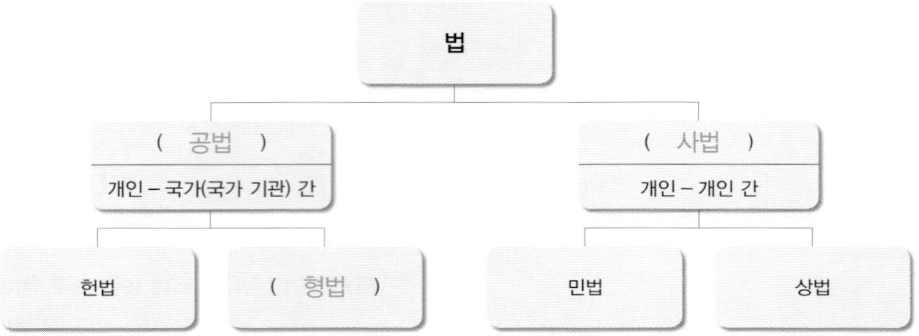

법
(공법)
개인 – 국가(국가 기관) 간
(사법)
개인 – 개인 간
헌법
(형법)
민법
상법

해설 이 글에서 공법은 국민인 개인과 국가 또는 국가 기관 간의 공적인 생활 관계를 규율하는 법이라고 하였으며 헌법과 형법을 예로 들고 있다. 사법은 개인과 개인 사이의 사적인 생활 관계를 규율하는 법이라고 하였으며 민법과 상법을 예로 들고 있다.

사회 문화적 배경 추론하기

2 이 글을 읽고 추론한 내용으로 적절하지 않은 것은? (③)

① 근대에 들어와서야 개인의 사유 재산권에 대한 인식이 확대된 것이로군.
② 13세기 초의 영국만 하더라도 평범한 일반 백성들의 재산권 보호는 쉽지 않았겠군.
③ 존 왕이 대헌장을 승인함으로써 왕이 모든 권력을 쥐고 귀족 계급을 지배하게 되었군.
④ 원님이 직접 재판을 한 것으로 보아 원님은 오늘날의 공무원과 법관의 역할을 모두 수행했군.
⑤ 고대 로마 시대에는 일반 평민들의 재산권이나 신분이 법률적으로 완전히 보호받은 것은 아니겠군.

해설 귀족들의 압력에 의하여 존 왕이 대헌장을 승인한 것이기 때문에 대헌장을 승인함으로써 왕이 귀족 계급을 지배하게 되었다는 것은 적절하지 않은 내용이다.

해설 원님의 재판 행위는 국가를 대신하여 진짜 범인이 비단을 훔친 행위에 대해 벌을 주는 형법을 집행한 것이다. 형법은 공법에 속한다. 따라서 공법, 형법에 모두 관련된다(②, ③). 한편, 각각 개인인 이 서방이 진짜 범인으로부터 비단을 돌려받는 것은 개인 간의 재산 관계를 다루는 민법, 사법의 영역에 속한다(④). 따라서 넓게 보면 원님의 재판은 공법과 형법, 사법과 민법에 모두 관련된다(①). 그런데 망주석에 곤장을 치게 한 것은 원님이 '개인적인 감정으로 잘못 판단한 것'이 아니라 진짜 범인을 잡기 위한 의도적인 행위이자 공적인 행위였기 때문에 공법의 영역에 속한다.

핵심 개념 파악하기

3 ㉠에 대한 답으로 적절하지 않은 것은? (⑤)

① 원님의 재판 행위는 넓게 보면 공법과 사법 영역에 모두 관련될 수 있다.
② 원님은 국가를 대신하여 재판을 진행했다고 볼 수 있으므로 공법의 영역에 속한다.
③ 원님이 재판을 마치고 진짜 범인에게 벌을 내렸다면 형법과 공법 영역에 해당한다.
④ 원님이 진짜 범인에게 이 서방의 재산인 비단을 돌려주고 손해를 배상하게 했다면 사법의 영역에 속한다.
⑤ 원님이 망주석에게 곤장을 치게 한 것은 개인적인 감정으로 잘못 판단한 것이기 때문에 사법의 영역에 속한다.

어휘 익히기

1 단어 뜻 익히기

다음 빈칸에 들어갈 알맞은 단어를 〈보기〉에서 찾아 쓰시오.

보기
| 심문 | 공직인 | 규율 | 부과 |

1. 경찰은 범인으로 의심되는 용의자를 (심문)하여 자백을 받아냈다.
　뜻: 범죄나 수사권 같은 사람이 어떤 일에 관련된 사람한테 궁금한 것을 캐묻는 것.
2. 우리 학급 학생들의 행동을 (규율)하는 원칙을 만들 것이다.
　뜻: 질서를 잡으려고 정해 놓은 규칙이나 법.
3. 공무원은 국가를 위한 (공직인) 업무를 주로 하는 사람들이다.
　뜻: 개인이 아니라 사회에 얽힘.
4. 기후 환경 변화는 21세기 인류에게 가장 크게 (부과)되는 문제이다.
　뜻: 두드러지게 나타내는 것.

2 관용 표현 읽기

다음 빈칸에 알맞은 사자성어를 쓰시오.

사 필 귀 정

원님이 비단을 훔친 간 범인을 찾아내어 비단 장수의 억울함을 풀어 주고, 범인이 벌을 받게 되는 것은 처음에는 잘못되었던 일이 결국 이처럼 모든 일은 반드시 바른길로 돌아가게 됨을 뜻한다. 이 사자성어는 이처럼 모든 일은 반드시 바른길로 돌아가게 됨을 뜻한다.

한자	뜻	음
事	일	사
必	반드시	필
歸	돌아가다	귀
正	바르다	정

3 한자어 익히기

다음 한자어를 소리 내어 읽고 빈칸에 따라 쓰시오.

법률(法律): 국가 및 공공 기관이 정한 사회 규범.
• 그 나라의 법률은 상당히 엄격하다.
• 국가의 보호를 받으려면 법률을 지켜야 한다.
• 구청에서는 무료로 법률에 대한 상담을 받을 수 있다.

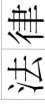
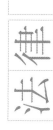

내용 적용하기

4 ⓒ에 따를 때, 다음 중 적용되는 관련 범의 종류가 다른 하나는? (②)

① 부모님이 친구들에게 돈을 빌리면서 계약서를 작성하셨다.
② 횡단보도에서 길을 건널 때에는 교통 신호를 지켜야 한다.
③ 결혼하면 혼인 신고를 함으로써 법률상 정식 부부로 인정받는다.
④ 할아버지의 사망 신고 후, 재산은 할머니와 아버지 새로 들어감에 따라 나누어 가졌다.
⑤ 집 앞의 가게와 매우 비슷한 이름의 가게가 새로 생겨서 개인 문제가 생겼다.

해설

내용 적용하기

5 다음을 오늘날의 관점에서 볼 때, 비단 장수 이 서방이 저지를 범죄와 관련되는 범의 종류를 〈보기〉에 서 있는 대로 고른 것은? (④)

보기
| 공법 | 사법 | 헌법 | 민법 | 형법 | 상법 |

① 공법
② 헌법
③ 공법, 헌법
④ 공법, 헌법, 형법
⑤ 공법, 헌법, 형법, 상법

해설

상황에 맥락 재구성하기

6 다음을 읽은 학생들이 [A]의 내용을 현재 상황에 맞게 바꾸어 보는 활동을 한다고 할 때, 토의의 내용으로 적절하지 않은 것은? (⑤)

① 인회: 재판으로 상황을 당시 그대로 할지, 현재 상황으로 재구성할지 고민이 필요할 것 같아.
② 영수: 현재 상황으로 바꾼다면 인물의 역할이나 범의 내용에 대한 이해도 필요하지 않을까?
③ 다솜: 역사적 상황이 많이 달라졌기 때문에 제화를 잘 세워야 할 것 같아. '웃음'과 관련된 개인의 표현의 자유와 관련되 부분을 다뤄 보면 어떨까?
④ 진주: 그래, 맞주석 제판을 보고 단지 웃었다는 이유 때문에 비단을 바치도록 벌을 내린 것에 이의를 제기하는 제판을 기획해 보는 것도 좋을 것 같아.
⑤ 창희: 비단 장수가 자신이 입은 손해를 배상받기 위해, 도둑에게 비단을 갚을 것을 요구하는 형법 재판을 꾸며 보는 것은 어때?

해설

가 시장은 어떤 상품(또는 재화)이나 서비스를 사려는 사람과 팔려는 사람이 모여 거래하는 곳이다. 사람들은 시장을 통해서 효율적으로 거래를 할 수 있고, 다양한 정보도 쉽게 얻을 수 있다. 그러면 시장의 종류에는 어떤 것이 있을까? 먼저 시장은 형성되는 주기에 따라 상설 시장과 정기 시장으로 구분된다. 상설 시장은 3일장, 5일장, 7일장과 같이 일정한 간격을 두고 형성된 날짜에만 장이 열린다. 또한 거래되는 상품의 종류에 따라 다양하게 구분된다. 예를 들어, 수산물 시장, 청과물 시장, 꽃 시장 등이 있다. 그리고 거래 형태에 따라 ⊙눈에 보이는 시장과 ⓒ눈에 가까이 보이지 않는 시장으로 구분할 수 있다. 전자는 전통 시장과 대형 마트가 대표적인 예이다. 후자는 최근에 급격히 성장한 온라인 쇼핑몰이 대표적인 예이다.

나 시장에서 일정한 가격에 상품이나 서비스를 사려는 욕구를 수요, 일정한 가격에 팔려는 욕구를 공급이라고 한다. 수요자나 공급자는 실제로 각각 사거나 팔 수 있는 능력을 갖추고 있어야 한다. 수요자는 소비자를, 공급자는 생산자를 가리킨다. 특정한 가격에 사려고 하는 상품의 양을 수요량, 팔려고 하는 상품의 양을 공급량 이라고 한다.

다 물건을 사려는 수요자의 입장에서, ⓒ일반적으로 가격이 오르면 수요량은 감소하게 된다. 반대로 가격이 내리면 수요량은 증가하게 된다. 이러한 가격과 수요량의 관계를 수요 법칙이라고 한다. 반대로 물건을 팔려는 사람, 즉 공급자의 입장에서는 어떨까? 가격이 오르면 공급자는 더 많이 팔려고 하기 때문에 공급량이 더 많이 증가하게 될 것이다. 따라서 가격이 내리면 공급량이 감소하게 된다. 이러한 가격과 공급량의 관계를 공급 법칙이라고 한다. 수요량과 공급량이 일치하는 지점에서 시장의 균형을 이룬다. 이때의 가격을 균형 가격이라고 한다. 또 이때의 거래량을 균형 거래량이라고 한다.

라 결론적으로 수요와 공급의 균형이 개점이 이루는 무엇일까? 먼저 수요 변화가 발생하는 정 도를 맞추 하는 기호의 변화, 관련 상품 가격의 변화, 소비자 수의 변화, 미래 가격에 대한 소비자의 기대 변화 등을 들 수 있다. 반대로 공급 변화의 요인으로는 생산 비용이나 기술의 변화, 생산자 수의 변화, 미래 가격 에 대한 생산자의 기대 변화 등을 들 수 있다.

2주차_4회 정답과 해설

1 [중심 화제로 파악하기]

가의 중심 화제로 적절한 것은? (①)

① 시장의 종류
② 시장의 원리
③ 정기 시장의 뜻
④ 시장을 구분하는 기준
⑤ 시장에서 거래하는 상품

[해설] 중심 화제는 해당 글에서 주로 '무엇'에 대해서 이야기하는가와 관련된다. ㉮에서는 시장이 있음을 설명하고 있다.

2 [세부 내용 파악하기]

⊙과 ⓒ에 해당하는 예를 짝지은 것으로 가장 적절한 것은? (⑤)

	⊙	ⓒ
①	편의점	대형 마트
②	인터넷 쇼핑몰	백화점
③	상설 시장	정기 시장
④	벼룩시장	풍물 시장
⑤	전통 시장	인터넷 쇼핑몰

[해설] '눈에 보이는 시장'과 '눈에 보이지 않는 시장'은 바로 ⊙ 앞에서 '거래 형태'에 따른 구분이라고 밝히고 있다.

3 [글쓴이의 의도 파악하기]

ⓒ과 같이 표현한 이유로 적절한 것은? (③)

① 가격과 수요량은 항상 일정하기 때문에
② 가격이 오르면 수요량은 항상 감소하기 때문에
③ 가격이 오르면 수요량은 대체로 줄어들기 때문에
④ 가격에 관계없이 수요량은 언제나 일정하기 때문에
⑤ 가격과 수요량은 언제나 특별한 관련성이 없기 때문에

[해설] '일반적으로 대체로' 등은 '항상 그러한' 것은 아니다.'라는 의미를 담고 있다.

4 [문맥 표지 이해하기]

문맥을 고려할 때, ⓐ에 들어갈 말로 가장 적절한 것은? (④)

① 그러나
② 따라서
③ 그러므로
④ 그렇다면
⑤ 그렇지만

1 단어 뜻 알기

다음 빈칸에 들어갈 알맞은 단어를 〈보기〉에서 찾아 쓰시오.

보기
상설   정기   전자   요인

1. 경남에 앞서 기업들이 성공 (요인)을/를 분석해 보았다.
   뜻 | 어떤 일이 일어난 까닭. 또는 조건이 되는 요소.

2. 아빠가 좋아하는 가수의 (정기) 순회공연이 있는 날이다.
   뜻 | 정해진 때. 또는 정해진 동안.

3. 서울 역사 박물관은 봄을 맞아 (상설) 전시관을 단장하였다.
   뜻 | 언제든지 쓸 수 있게 늘 갖추어 두는 것.

4. 둘 중 하나를 택할 수 있다면 디자인으로 볼 때 (전자)보다는 후자를 택하겠다.
   뜻 | 앞서 말한 두 가지 가운데 먼저 말한 것.

2 관용 표현 알기

다음 빈칸에 알맞은 말을 쓰시오.

"0이면 다 똥 [지][마]"

가격에 차이가 없다면 품질, 성능, 디자인 등을 비교하여 제품을 고르는 것이 합리적인 소비일 것이다. 이 속담은 값이 같은 값이면 지마를 고른다는, 값이 같거나 값이 크게 차이 나지 않으면 품질이 좋은 것을 택한다는 의미이다.

3 한자어 익히기

다음 한자어를 소리 내어 읽고 빈칸에 따라 쓰시오.

商	品
장사 상	물건 품

상품(商品): 물건.
• 서비스도 상품이 될 수 있다.
• 수요 공급 법칙에 의해 상품의 가격이 결정된다.
• 시장에서는 언제 누구나 상품권을 사용하여 상품을 살 수 있다.

商	品
장사 상	물건 품

독해 이해하기

5 이 글을 바탕으로 다음 [그림]을 이해한 내용으로 적절하지 않은 것은? (③)

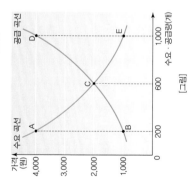

[그림]

① A는 수요가 적은 것을 나타낸다.
② B는 공급이 적은 것을 나타낸다.
③ C는 최저 가격을 나타낸다.
④ D는 공급이 많은 것을 나타낸다.
⑤ E는 수요가 많은 것을 나타낸다.

해설 | [그림]에서 수요 곡선 A는 수요량이 많은지 적은지를 보여 준다. A는 수요량이 200임을 나타내고, D는 수요량이 1,000임을 나타낸다. 공급 곡선 B는 공급량이 적은지 많은지를 보여 준다. B는 공급량이 200임을 나타내고, D는 공급량이 1,000임을 나타낸다. 두 곡선이 만나는 점 C는 '최저 가격'이 아니라 수요와 공급이 일치하는 균형 가격을 나타낸다.

독해력을 통해 새로운 내용 추론하기

6 이 글을 통해 알 수 있는 수요와 공급의 변화 요인의 예로 적절하지 않은 것은? (⑤)

① 사람들의 상품에 대한 취향이 과거와 달라졌다.
② 제품의 원료가 부족하여 생산에 어려움이 많다.
③ 최근 경기가 어려워져 가계 소득이 많이 줄어들었다.
④ 한국의 화장품 수가 몇 년 전에 비해서 크게 줄어들었다.
⑤ 이 지역은 경치가 좋아서 예나 지금이나 방문객 수가 변함없이 많다.

해설 | ①에서 수요나 공급의 변화가 발생하는 이유를 설명하고 있다. ①은 기호 변화, ②는 생산 비용의 변화, ③은 소득 변화, ④는 소비자 수의 변화에 따른 수요 변화이며, ②는 생산 비용의 변화에 따른 공급 변화이다. ⑤는 방문객 수가 변함없이 많다고 하였으므로 수요 변화를 보여 주는 예에 해당하지 않는다.

05회 읽기 방법 익히기

❶ 의도나 관점 추론하기

글쓴이는 일부러 글을 쓰는 자신의 의도나 자신의 관점을 감추기도 한다. 즉, 글쓴이는 전달 효과를 높이기 위해 내용을 의도적으로 하고, 원하는 표현 효과를 얻기 위해 내용을 감추기도 한다. 이렇게 글에 생략되어 있거나 숨겨진 내용을 추론하며 하는 능력은 훌륭한 독자가 갖추어야 할 기능이다.

★ 글쓴이의 의도나 관점을 추론하기 위해서는,
(1) 글의 종류를 파악해야 한다.
(2) 글쓴이의 쓰인 상황 맥락을 파악한다.
(3) 글 전체의 내용이나 글이 쓰인 사회 문화적 맥락(배경)을 파악한다.
(4) 글에서 대상에 대해 글쓴이가 취하고 있는 태도를 파악한다.

1 다음 글을 읽고 물음에 답하시오.

예전에 숨막을 귀한 것이 종이었다. 나나무로 종이를 만드는 과정이 그만큼 힘들었기 때문이다. 그 때문에 나랏일에 필요한 문서나 책을 만들 때를 제외하고는 새 종이를 마음껏 쓸 수가 없었다. 과거 시험에 떨어진 사람들의 답안지를 '낙복지'라고 했는데, 주은 겨울에 전투가 벌어지면 군사들에게 보낼 옷에 넣을 솜이 부족할 때 솜 대신에 넣어 보내 준 것도 바로 이 낙복지였다. 『조선왕조실록』에 따르면, 각자 임진왜란 병자호란 시기의 임금인 선조부터 인조에 이르기까지 여러 왕들이 주은 겨울이 되면 어려움 이 낙복지를 구해 군사들에게 보내며 자신의 마음을 전하고 하였다. 즉 낙복지로 솜 제을 옷은 군사들에 대한 고마움과 미안함을 담은 왕의 선물이면서, 좌박한 환경에서 추위를 이겨 내기 위해 고민한 지혜가 담긴 산물인 것이다.

(1) 이 글의 낙복지 옷의 사례는 주로 어느 시기의 이야기인지 쓰고 그렇게 짐작할 수 있게 하는 단어를 찾아 3개 이상 쓰시오.

• 시기: 조선 시대 (후기)   • 시기를 짐작할 수 있게 하는 단어: 임진왜란, 병자호란, 선조, 인조,
조선왕조실록

해설 조선왕조실록, 임진왜란, 병자호란, 선조, 인조 등의 단어를 통해서 조선 시대 후기임을 알 수 있다.

(2) 글쓴이가 이 글을 쓴 이유에 해당하지 않는 것은? (③)
① 낙복지의 기능이 무엇인지 설명하기 위해
② 낙복지가 무엇을 못하는지를 설명하기 위해
③ 낙복지 옷이 어느 정도로 주변을 차단하는지를 정확히 설명하기 위해
④ 낙복지 옷에 담긴 왕의 군사들에 대한 고마움과 미안함을 알리기 위해
⑤ 낙복지 옷이 물자를 절약하고자 하는 생활 속 지혜에서 나온 산물이라는 점을 알리기 위해

2 다음 글을 읽고 물음에 답하시오.

[해설] 다음의 제시문은 조선 시대 정약용이 쓴 『목민심서』라는 책에 나오는 내용이다. 『목민심서』는 정약용이 자신의 관직 생활과 삶의 경험을 바탕으로 백성을 다스리는 관리로서 갖추어야 할 태도 등을 자세히 밝힌 책이다.

배슬살이를 하는 방법은 인제라도 바라나는 의미로 '배팅 기(棄)' 한 글자를 벽에 써 붙이고 아침저녁으로 눈여겨보는 것이다. 자신의 행동에 어려움이 있거나 마음에 거슬리는 일이 있거나, 자신보다 직위가 높은 윗사람이라도 말이나 태도에 너무 예의가 없거나, 내 뜻을 전혀 행할 수가 없으면 배슬을 그만두어야 한다. 내가 언제든지 배슬을 가볍게 배릴 수 있는 사람이며 쉽게 건드릴 수 없는 사람임을 상관이 알고 난 후에라야, 비로소 내가 그 밑에서 수령* 노릇을 할 수 있는 것이다. 만약 부들부들 떨면서 자리를 잃을까 두려워하면, 윗사람이 나를 업신여겨 오히려 그 자리에 오래 있을 수 없게 된다.

그러나 아전이나 아랫사람 사이의 서열은 본래 엄격한 것이다. 따라서 비록 배슬을 그만두겠다는 뜻을 보인다 하고 동아가는 상황이 이르더라도, 말씨와 태도는 마땅히 온순하고 겸손히 해야 발끈한음이 드러도록 함부로 비도하지 않아야 비로소 예의에 맞는다고 할 수 있다.

* 감사: 요즘의 도지사에 해당하는 조선 시대의 벼슬
* 수령: 요즘의 시장이나 군수에 해당하는 조선 시대의 벼슬

(1) 이 글에 제시된 『목민심서』에 대한 설명으로 가장 적절한 것은? (④)
① 어떻게 하면 과거 급제를 할 수 있는지 알려 주기 위한 글이다.
② 학문에 힘쓰는 선비는 관리가 되어서는 안 된다는 것을 설득하기 위한 글이다.
③ 자신의 경험과 체험을 읽기 쉽게 기록하여 간직하기 위해 쓴 글이다.
④ 백성을 다스리는 관리로서 바람직한 태도를 밝히기 위해 쓴 글이다.
⑤ 어떻게 하면 관리에 쉽게 적응하고 오랫동안 관직을 유지할 수 있는지를 알려 주기 위해 쓴 책이라고 하였다.

해설 [해설] 부분에 『목민심서』는 백성을 다스리는 관리로서 갖추어야 할 태도 등을 자세히 밝힌 책이라고 하였다.

(2) 이 글을 통해서 알 수 있는 글쓴이의 관점으로 가장 적절한 것은? (②)
① 윗사람이 무례할 때에는 응대를 잠지 말고 가서 자신의 생각을 말해야 한다.
② 관직을 그만둘 때도 그만두더라도 윗사람에 대한 예의범절은 반드시 지켜야 한다.
③ 윗사람인 상관과 아랫사람인 하관 사이에 문제부터 조심하는 것은 아니다.
④ 윗사람이 마음에 들지 않을 때는 모든 처신고 눈감아 줄 수 있는 사람이어야 한다.
⑤ 배슬을 하는 동안 자신의 뜻을 실현할 수 없으면 인내하며 때를 기다려야 한다.

해설 글쓴이는 윗사람이 나무 예의가 없거나 자신의 뜻을 전혀 행할 수가 없으면 배슬을 그만두라고 하면서도, 배슬을 그만두겠다고 말하고 동아가더라도 말씨와 태도는 온순하고 겸손히 해야 한다고 말하고 있다.

❷ 생략된 내용 추론하기

생략된 내용 추론하기란 글을 읽어 나가면서 글에 제시되지 않은 내용들을 구성해 내는 읽기이다. 글에 쓰이는 글을 쓰면서 의도적으로 내용을 생략하기도 한다. 어떤 내용을 자세히 설명하지 않아도 독자가 너무도 당연히 알 것이라고 판단하면 생략하는 경우도 있다.

★ 글에서 생략된 내용을 추론하기 위해서는,

(1) 글에서 '이것', '그것'처럼 다른 내용을 가리키는 말인 지시어의 의미를 파악한다.
(2) 글 또는 말에서 '그러나', '그런데'와 같이 앞뒤의 내용을 연결해 주거나 이어질 내용을 파악한다.
(3) 이미 알고 있는 배경지식을 활용하여 글의 내용과 관련된 상황을 상세화한다.
(4) 생략된 내용을 이해하거나 추론하기 위해 스스로 다양한 질문을 하고 확인한다.

1 다음 글을 읽고 물음에 답하시오.

급길 한복판에서 교통사고가 발생했다. 그로 인해 승용차에 타고 있던 운전자와 열 살가량의 아이가 부상을 당했다. (㉮) 뒤이어 요란한 경보음과 함께 구급차가 신속하게 환자들을 수송했다. 응급실에 도착하자마자 긴급하게 수술 준비가 시작되었다. 다행히 수술 직전에 이상을 되찾았다. 그러자 간호사가 ㉠그에게 물었다. "환자분, 저 아이와는 어떤 관계세요?" "네, 제 아들입니다." 이윽고 ㉡외과 의사가 급히 수술실에 도착했다. 이사는 ㉢어린 환자를 보고 깜짝 놀라 소리쳤다. "아이고 내 아들아! 이게 어찌 된 일이냐?"

(1) ㉮에 생략된 정보는 어떤 것이 있을지 쓰시오.

예 누군가 급히 119에 전화를 걸었다.

해설 문장이 연결 관계를 생각하며 생략하는 문장 사이에 생략된 내용을 담화 표지나 배경지식을 활용하여 상세화해 본다. 구급차가 환자들을 수송하기 위해서는 먼저 무엇을 보아 누군가 119에 신고를 했음을 찾을 수 있다.

(2) ㉠이 가리키는 사람은 누구인지 쓰시오.

운전자였던 남자

해설 ㉠이 지시 대상이가 가리키는 내용은 바로 앞 문장에 나오는 '운전자였던 남자'이다.

(3) ㉡과 ㉢은 어떤 관계를 가리고 생각하는지, 왜 그렇게 생각하는지 쓰시오.

• ㉡과 ㉢의 관계:

엄마와 아들

• 그렇게 생각한 까닭:

㉣에서 생각하는 내용은 필요시 단어의 의미, 문장 연결 표지, 배경지식 등을 적극적으로 활용하여, 글에 제시된 상황을 재구성해 본다.

해설 생략된 내용을 추론하기 위해서는 필요시 단어의 의미, 문장 연결 표지, 배경지식 등을 적극적으로 활용하여, 글에 제시된 상황을 재구성해 본다.

---

2 다음 글을 읽고 물음에 답하시오.

역사학자 토인비는 인류 역사는 곧 '도전과 응전'의 역사로 설명할 수 있다고 했다. 즉 외부의 침략이나 가혹한 환경과 같은 도전 상황에서 이에 맞서서 응전하여 싸우고 이것을 극복해 내는 것이 인류 역사의 과정이었다는 것이다. 토인비는 ㉠이 주장을 뒷받침하기 위해 청어와 관련된 이야기를 예로 들었다. 보통 북해나 발틱 해협 같은 먼바다에서 잡히는 청어는 운반되는 동안 죽어 버리기 일쑤였다. 그런데 언젠가부터 먼 린던 시내에 살아 있는 청어가 다음 아닌 청어의 천적인

▲ 물메기

물메기 때문이었다. 청어들이 가득 담긴 수조에 물메기를 몇 마리 넣으면 청어는 물메기에게 잡아먹히지 않으려고 함께 도망 다닌다. 청어에게 물메기와 함께 있는 것은 가혹한 시련이 있고, ㉡그에 맞서 필사적으로 도망한다 보니 오히려 죽지 않고 살아남을 수 있었다. 우리는 살에 시련이나 고통을 찾아오면 세상을 원망하기도 한다. 하지만 토인비의 주장에 따르면 ㉢이런 이나 고통을 꼭 나쁜 것만은 아니다.

(1) ㉠이 가리키는 바를 다음과 같이 요약할 때, 빈칸에 들어갈 단어를 쓰시오.

"인류 역사는 (도전)과 (응전)의 역사이다."

해설 ㉠은 토인비의 주장을 가리킨다. 토인비는 "인류 역사는 곧 '도전과 응전'의 역사로 설명될 수 있다고 설명하고 있다.

(2) ㉡이 뜻하는 바를 다음과 같이 정리할 때, 빈칸에 들어갈 내용을 이 글에서 찾아 쓰시오.

| ㉡ | = | 가혹한 시련 | ↑ | 물메기와 함께 있는 것 |

해설 ㉡이 가리키는 내용은 바로 앞에 나오는 '가혹한 시련'이며, '가혹한 시련'의 내용은 '(청어가) 물메기와 함께 있는 것'을 가리킨다.

3 글쓴이가 ㉢과 같이 말한 이유를 추론하여 다음과 같이 정리할 때, 빈칸에 들어갈 말을 쓰시오.

(청어) 무리 속에 (물메기)를 몇 마리 넣어 두면 청어들이 더 오래 살아남듯이,
(시련)이나 고통을 잘 극복하기만 하면 더욱 강인한 삶을 살 수 있다.

해설 ㉢은 글쓴이가 토인비의 말을 통해 궁극적으로 말하고자 하는 내용이라고 볼 수 있다. 토인비는 청어들이 물메기와 더 오래 살아남듯이, 인간도 적절한 가와 함께 있는 시련을 겪으면 물메기처럼 살아남게 된다고 하였다. 글쓴이는 과 함께 있는 시련을 겪으면서 살면서 시련이나 고통을 잘 극복해 내면 오히려 바람직한 결과를 얻을 수 있음을 말하고자 하는 것이다.

ERI 지수 799

과학 | 지구 과학

과학자들은 지구 내부가 어떻게 생겼을지 궁금했다. 이를 해결하기 위해 러시아 콜라반도에서 시추 공을 뚫었다. 20년 동안 땅속 끝까지 내려갔지만 겨우 12.2km밖에 파지 못했다. 땅으로 내려갈수록 압력과 온도가 높아 져 더 뚫고 내려가기 어렵기 때문이다. ㉮ 그렇다면 지각판들은 점점 더 멀어질 것이다. 아래의 세계를 어떻게 알아낼 수 있을까?

1963년 미국, 영국, 소련은 매기건, 우주 공간, 물속에서의 해무기 실험을 금지하는 '부분적 해 실험 금지 조약'을 맺었다. 이에 따라 ㉠미국과 소련은 서로의 지하 핵 실험을 감시하기 위해 세계 세계 곳곳에 지진 관측소 를 설치하여 지진 발생 지역을 파악하였다. 그런데 그 과정에서 뜻밖의 발견을 하였다.

즉 지진이 발생하면 지진파가 사방으로 퍼져 나가는데, 지구 내부를 이루는 물질의 상태가 어떤가에 따라 지진파의 방향과 속도가 바뀌게 된다. 지진파의 방향과 속도가 바뀌는 지점을 조사한 결과, 지구의 중심 구조를 알게 되었다. 이에 따르면, 지구는 가장 안쪽에 매우 뜨거운 고체 상태의 '내핵', 그 위에 액체 상태의 '외핵', 또 그 위에 뜨겁고 끈적거리는 암석 물질로 이루어진 '맨틀'이 있다. 그리고 표면에는 단단한 '지각'이 덮고 있다.

이렇게 된 맨속의 구조는 오랫동안 풀리지 않았는데, 이것이 약 3억 년 전에 여러 대륙으로 분리되고 이동하여 현재와 같은 모양이 되었다는 가설을 세웠다. 그렇지만 지구의 중심 구조가 밝혀지면서 이 여러 대륙이 어떤 힘에 의해 이동했는지 못 즉 지구 중심에 있는 뜨거운 해이 맨틀을 데우 면, 맨틀의 아래쪽은 데워지고 맨틀의 위쪽은 차가워서 온도 차가 생겨난다. 이로 인해, 윗이 끓 올라가고 맨틀의 위쪽은 아래로 내려가게 된다. 이 때 맨틀 위에 붙은 지각도 함께 움직이게 되고, 지 각의 아랫 부분이 강대지면서 한 덩어리였던 지각이 10개 이상의 지각판으로 나누어졌다는 것이다. 이렇게 지각판의 여러 개의 지각판으로 구성되어 있다는 주장을을 판 구조론이라고 하며, 과학자들은 이를 배경 내의 가설인 맨틀 이동설이 제기될 당시, 어떤 힘에 의해 대륙을 구체적으로 밝혀지 못했던 가설인 지구 내부의 구조로 인해 되면서 만 구조론 판 구조론에 따르면, 맨틀에서 만들어진 마그마가 지각판을 밀어내어 지각의 판은 서로 멀어지거나 다른 잣과 충돌하 게 되면, 이전에 있던 지각은 앞으로 밀려난다. 이로 인해 지각의 판은 서로 멀어지거나 다른 잣과 충돌하여 지진이나 화산 폭발 등 다양한 현상이 발생한다. 그리고 보면 지각들은 약 45억 년 전부터 잠시도 멈추지 않고 언제나 실아 움직이고 있다.

↑ 판 구조론에 따른 대륙 이동의 원리

* **지각:** 지구의 바깥쪽을 차지하는 부분.

---

26 정답과 해설

중심 내용 파악하기

1 이 글의 중심 내용으로 알맞은 것은? (④)

① 과학적 발견은 뜻밖의 사건에 의해 우연히 일어난다.
② 맨틀 이동설에 의하면 지구의 나이는 45억 살이 된다.
③ 수백만 년이 지나면 지각판들은 점점 더 멀어질 것이다.
④ 지구의 내부 구조가 밝혀진면서 판 구조론이 등장하였다.
⑤ 세계 곳곳의 지진 관측망들이 지진 발생을 예측하고 있다.

해설 이 글은 1문단에서 땅속에 대한 궁금증을 드러내고, 2문단에서 지진 관측을 하다가 우연히 서 그 결과 지구의 중심 구조를 알게 되었음을 설명하였음을. 5문단에서는 이를 바탕으로 대륙 이동이 일어나는 지각판이 나누어진 과정을 설명하고 있다. 따라서 이 글의 중심 내용은 지구의 내부 구조가 밝혀지면서 판 구조론이 등장 하였다는 것이다.

배경지식을 활용하여 추론하기

2 ㉠과 같이 해 실험을 감시하기 위해 지진 관측을 한 이유로 적절한 것은? (④)

① 해포탄에 의한 진행을은 감시해야 하기 때문에
② 지진이 발생하는 시험에 맞춰 해 실험이 이루어지기 때문에
③ 마침 미국과 소련은 지진 발생 지역을 조사하고 있었기 때문에
④ 해 실험을 하면 지진이 일어난 때와 같은 지진파가 발생하기 때문에
⑤ 지진 관측망을 설치하는 과정에서 세계 곳곳을 감시할 수 있기 때문에

해설 해 실험을 하게 되면 엄청난 폭발력 때문에 지진이 일어날 때와 같은 종이 이유에 의해 이동했 다. 따라서 지진파가 어디에서 생겼는지 조사하면 진짜 지진이 발생한 것인지 아니면 해 실험 때문에 생긴 지진 관측을 한 것이다.

새로운 내용을 단서로 추론하기

3 ㉡의 내용으로 적절한 것은? (③)

① 지진은 왜 발생할까?
② 베게너는 어떤 사람일까?
③ 어떤 힘에 의해 대륙을 이동시킬까?
④ 해무기 개념을 왜 멈추지 못할까?
⑤ 한 덩어리의 대륙은 어떤 모양이었을까?

해설 ㉡은 '의문'에 대한 답을 제공했다. 뒤에 이어지는 내용. '그렇지만 어떤 힘에 의해 이동했 는지 설명하지 못했다. 그런데 지구의 중심 구조가 밝혀지면서 이 여러 대륙이 어떤 힘에 의해 이동했 느지 설명이 되면서' 판 구조론의 근거가 되는 새로운 지 못했지만 지구 내부의 구조를 알게 되면서 이동이 일어난 것이다.

1 단어 뜻 알기

다음 빈칸에 들어갈 알맞은 단어를 〈보기〉에서 찾아 쓰시오.

〈보기〉			
시추공	중상	맨틀	가설

1. 그는 지하로 300m (시추공)을/를 뚫어 지하수를 찾아냈다.
뜻 지하자원을 찾거나 지질을 살피려고 기계로 뚫은 구멍.

2. 지구 내부의 (맨틀)은/는 지구 부피의 83%, 질량으로는 68%를 차지한다.
뜻 지구 내부의 핵과 지각 사이에 있는 부분.

3. 하나의 (가설)이/가 진리로 받아들여지려면 관찰이나 실험에 의해 입증되어야 한다.
뜻 아직 증명되지 않았지만 어떤 사실을 설명하려고 임시로 세운 이론.

4. 지구의 내부를 구성하는 (중상) 구조는 바깥쪽부터 지각, 맨틀, 핵으로 구성되어 있다.
뜻 겹치거나 층을 이룬 모양.

2 관용 표현 알기

다음 빈칸에 알맞은 말을 쓰시오.

"계란으로 바위 치기"

지구 내부가 궁금해 러시아 콜라반도에서 시추공을 통로 20년 동안 땅을 파 내려갔지만 겨우 12.2km밖에 파지 못했다. 이렇게 해서는 지구 아래의 세계를 도저히 알아낼 수 없을 것이다. 이 속담은 이처럼 불가능하고 무모해 보이며 도저히 승산이 없음을 뜻하는 말이다.

3 한자어 익히기

다음 한자어를 소리 내어 읽고 빈칸에 따라 쓰시오.

表面
겉 표 / 낯 면

표면(表面): 사물의 가장 바깥쪽 또는 가장 윗부분.
· 지구 표면은 단단한 지각이 덮고 있다.
· 표면만 봐서는 아무 변화가 보이지 않는다.
· 집중 호우로 아스팔트 표면에 물이 차 있다.

表面
겉 표 / 낯 면

글의 내용 구조 파악하기

4 다음 이 글에서 설명한 대륙이 이동하는 현상을 순서에 따라 정리한 것이다. 빈칸에 들어갈 적절한 내용을 쓰시오.

맨틀 하부와 상부의 온도 차로 인해 맨틀이 움직인다.

↓

그 맨틀에 의해 맨틀 위에 있는 지각판이 움직인다.

↓

맨틀에서 만들어진 마그마가 지각판을 밀어내며 치솟는다.

↓

마그마가 바닷물에 식어 새로운 지각이 된다.

↓

이전에 있던 지각이 옆으로 밀려난다.

↓

지각판이 서로 벌어지거나 충돌한다.

해설 빈칸에 들어갈 내용은 판 구조론에 따른 지각 이동 과정을 설명한 6문단을 통해 알 수 있다. '맨틀에서 만들어진 마그마가 지각판을 밀어내며 치솟는 뒤 바닷물에 식어 새로운 지각이 되면, 이전에 있던 지각은 옆으로 밀려난다'라고 한 문장으로 서술된 것에 포함되어 있는 세 가지 과정을 정리해 둔다.

문제 해결 방법 찾기

5 〈보기〉에서 설명한 지진파의 특성을 참고할 때, ㉠에 대한 답을 찾는 과정으로 적절하지 않은 것은? (②)

〈보기〉
지구의 중상 구조를 알아내는 데 지구 내부를 통과하는 지진파의 성질을 이용할 수 있다. 지구 내부를 관통하는 지진파에는 대표적으로 P파와 S파가 있다.
그림에서 보는 바와 같이, 빨간색은 P파, 파란색은 S파로 표시된 P파는 고체, 액체를 모두 통과하지만, 파란색으로 표시된 S파는 고체만 통과할 수 있다.

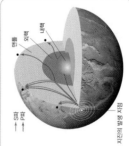

→ P파
→ S파
맨틀
외핵
내핵
지진의 발생 지점

① P파는 해, 맨틀, 지각을 모두 통과할 수 있다.
② P파가 외핵을 통과한 것을 보니, 외핵은 고체이다.
③ S파가 맨틀을 통과한 것을 보니, 맨틀은 고체이다.
④ S파는 외핵을 통과하지 못하고 방향이 꺾인다.
⑤ 만약 P파와 S파 모두 통과했다면 그 물질은 고체이다.

해설 3문단을 보면, 맨틀은 고체, 내핵은 액체, 외핵은 액체, 지각은 고체이다. 맨틀은 고체(양체), 지각은 고체임을 알 수 있다. 이를 바탕으로 〈보기〉의 설명을 보면 P파는 고체, 액체를 모두 통과하므로, 고체인 지각과 맨틀을 내핵, 그리고 액체인 외핵을 모두 통과할 수 있다. 따라서 2번에서 P파가 외핵을 통과했으므로 외핵은 액체인데 P파가 통과했다고 한 것은 틀린 설명이다.

가 국이나 찌개를 끓일 때, 멸치나 다시마 등을 우려낸 육수를 사용하면 맛이 깊어진다. 그런데 육수를 우려 내는 것은 시간이나 재료가 많이 요구되므로 보통 귀찮은 게 아니다. 그럴 때 육수에 들어갈 내용물을 가루 로 만들어 동전만큼 압축시킨 것을 물에 넣으면 우리 국물과 같아진다. 그 원리는 무엇일까? 그것은 동결 건 조이다.

나 식품을 영하 10℃ 정도의 저온에서 냉동시켜 식품 속 수분을 얼린 뒤 식품이 든 용기 안이 얌체을 진공 상태에 가깝도록 낮춰준다. 이어 식품에 약한 열을 가하면서 서서히 건조시킨다. 그러면 식품 속의 얼음이 바 로 수증기로 바뀌면서 식품 속의 수분이 사라지기 시작한다. 이것을 아주 빠르게 건조시켜 남아 있던 수분을 모두 없애면 형태는 그대로이지만 바짝 마른 상태가 된다. 이와 같이 물질 속의 수분이 얼음과 같은 고체 상 태에서 액체 단계를 거치지 않고 바로 기체로 변하여 날아가 버리는 것이 **승화**이다.

다 이런 방법으로 만든 식품을 동결 건조 식품이라고 한다. 이것은 단순히 말리기만 하는 일반 건조 식품과 다르다. 오래 보존할 수 있는는 점과 포장할 때 습기가 들어가지 않도록 주의해야 한다는 점은 비슷하지만,

라 말리면서 형태가 쪼그라드는 일반 건조 식품과는 달리, 모양이 그대로 유지된다. 또한 동결 건조 식품은 식 품 속 단백질 등이 변하지 않기 때문에 본래의 풍미를 거의 잃지 않는다. 셋째, 구멍이 많으면 물에 썰어 놓은 음식의 맛과 향이 냉장고에 생긴다. 고체에는 분자들 간의 간격이 매우 불규칙적이다. 승화가 일어나기 위해서는 고체 상태에서 서로 연

마 이처럼 물질이 승화하면서 주변의 열에너지를 흡수하 여 그 물질은 온도는 올라가지만 주변의 온도는 낮아진다. 예를 들어, 아이스크림을 포장할 때 드라이아이스를 함께 넣는다. 그러면 고체인 드라이아이스가 승화하면서 주변의 열을 흡수하기 때문에 박스 안의 아이스크림이 시원하게 유지되는 것이다.

▲ 드라이아이스

화제 파악하기

1 이 글의 중심 화제로 적절한 것은? (②)

① 육수 분말의 장점
② 승화의 원리와 활용
③ 고체 분자의 결합력
④ 동결 건조 식품의 예
⑤ 동결 건조 식품의 유통

해설 이 글의 화제를 '동결 건조 식품이 만들어지는 원리'라고 할 수도 있다. 그러나 선지에 동결 건조 식품은 없으면 그 원 리인 '승화'를 생각해 보아야 한다. 이 글은 동결 건조 식품을 설명하고 있는 것 같지만, 이는 소재일 뿐이고 사실은 승화라 는 과학적 원리를 설명한 글이다.

설명 방식 파악하기

2 <보기>에 쓰인 공통된 설명 방식으로 적절한 것은? (③)

보기

튀김·찌개 끓이는 법은 간단하다. 첫째, 재료를 준비한다. 둘째, 재료를 손질한다. 셋째, 썰어 놓은 재료를 볶는다. 넷째, 건더기가 어느 정도 익으면 씻어 놓은 냉이를 넣는다. 마지막으로, 냉이 향이 날아가지 않게 한소끔 끓여 내놓는다.

① 어떤 현상의 원인과 결과를 제시하였다.
② 어떤 내용을 예를 들어 쉽게 설명하였다.
③ 일이 되어 가는 순서나 과정에 따라 설명하였다.
④ 관련이 있는 것끼리 묶어서 공통점을 설명하였다.
⑤ 낯선 말이나 금 중에서 필요한 부분을 풀어서 설명하였다.

해설 <보기>에서는 동결 건조 식품을 만드는 과정을 <보기>에서는 된장찌개 끓이는 과정을 순서대로 설명하고 있다. 이와 같이 일이 되어 가는 순서나 절차에 따라 설명하는 방식을 '과정'이라고 한다.

내용 상세화하기

3 동결 건조 식품의 가공 절차를 다음과 같이 정리할 때, '승화' 현상이 일어나는 지점으로 적절한 것은?
(④)

①	②	③	④	⑤
식품을 얼린다.	식품이 든 용기를 진공 상태로 만든다.	식품에 열을 서서히 가한다.	식품 속에 얼었던 수분이 날아간다.	물기가 날아간 건조 식품만 남는다.

해설 <보기>에서, '이와 같이 물질 속의 수분이 얼음과 같은 고체 상태에서 액체 단계를 거치지 않고 바로 기체로 변하여 날아 가 버리는 것이 승화이다.'라고 설명한 부분을 참고하면 ④에서 승화가 일어남을 알 수 있다.

내용 전개 방식 파악하기

4 ㉰에 쓰인 내용 전개 방식에 대한 설명으로 적절한 것은? (①)

① 다른 것과 대조하여 대상의 장점을 부각시켰다.
② 전문가의 의견을 들어 내용의 신뢰성을 높였다.
③ 구체적인 예를 나열하며 내용을 상세히 설명하였다.
④ 어려운 낱말의 뜻을 풀이하여 독자의 이해를 도왔다.
⑤ 문제에 대한 해결책을 제시하여 독자의 관심을 유도했다.

해설 ㉰에서는 동결 건조 식품과 일반 건조 식품을 비교하여 공통점을 먼저 말하고, 이어 차이점을 들어 대조하고 있다. 이러한 설명 방식을 통해 동결 건조 식품이 장점을 부각하고 있다. 이렇듯 '비교 혹은 대조'는 글에서 자주 쓰이는 내용 전개 방식이지만 설명 방식이다.

중심 생각 파악하기

5 ㉴의 중심 문장을 찾아 쓰시오.

승화가 일어날 때 승화열이 생긴다.

해설 하나의 문단에는 하나의 중심 내용이 있으며, 이는 대개 처음이나 끝에 위치하는 경우가 많다. ㉴에서는 첫 문장에서 승화가 일어날 때 승화열이 생긴다고 말하고 나서, 그 나머지 문장들은 어떻게 승화열이 생기는지에 대해 추가적인 설명하고 있다. 따라서 첫 문장이 가장 중요하다. 이렇게 문장들 간의 관계를 파악하여 가장 중요한 문장을 판단해야 한다. 이를 위해서는 문장들 간의 의미 관계를 먼저 보아야 한다.

도식 표현 이해하기

6 <보기>는 식품의 동결 건조 과정을 나타낸 그림이다. 그림에 대한 설명으로 적절하지 않은 것은? (③)

<보기>
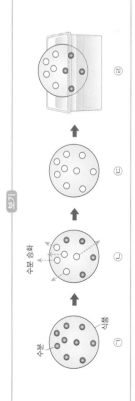
수분 · 수분 승화 · 식품

① ㉠은 식품의 동결 상태이다.
② ㉡은 결합이 끊어진 분자들이 날아가는 중이다.
③ ㉢에서 주변의 에너지를 흡수한다.
④ ㉣은 형태를 유지한 채 건조된 상태이다.
⑤ ㉤에서 수분을 만나면 거의 원래 형태로 돌아간다.

해설 그림을 보면, 순서대로 ㉠ 동결 상태 → ㉡ 승화 → ㉢·㉣ 완전 건조 상태 → ㉤ 수분을 만나 원상 복구의 단계라고 할 수 있다. ㉢에서 승화가 일어나므로 ㉢의 이때 주변의 에너지를 흡수한다. 그러므로 ㉢에서 주변의 에너지를 흡수한다는 ③의 설명은 적절하지 않다.

어휘 익히기

1 단어 뜻 알기
다음 빈칸에 들어갈 알맞은 단어를 <보기>에서 찾아 쓰시오.

<보기> 동결 용기 승화 풍미

1. 추어탕에 깻잎을 올리면 구둘이 (풍미)을/를 높일 수 있다.
   뜻 음식의 고상한 맛.

2. 생선을 고를 때는 (동결)된 것보다 살아 있는 활어가 더 좋다.
   뜻 물 같은 것이 얼어붙는 것.

3. 남은 음식은 밀폐 (용기)에 담아 냉장 보관해야 상하지 않는다.
   뜻 물건을 담는 그릇.

4. 얼어 있던 빨래가 녹지 않고 바로 마르는 것도 (승화) 현상이다.
   뜻 고체가 액체 상태를 가치지 않고 바로 기체로 바뀌는 것.

2 관용 표현 알기
다음 빈칸에 알맞은 사자성어를 쓰시오.

"궁 여 지 책"

육수를 우리내는 것은 시간이나 재료가 많이 요구된다. 시간은 없는데 급히 요리를 하지 않으면 안 될 때, 구둠용 동결 건조 식품을 사용하면 빨리 요리를 할 수 있다. 이 사자성어는 이처럼 궁한 상황에 몰려 짜낸 계책 혹은 피, 힘든 상황에서 내놓는 해결책을 뜻하는 말이다.

한자	뜻	음
窮	곤하다	궁
餘	남다	여
之	어조사	지
策	피	책

3 한자어 익히기
다음 한자어를 소리 내어 읽고 빈칸에 따라 쓰시오.

真空
참 진 / 빌 공
발음

진공(真空): 공기가 전혀 없는 상태.
• 내 방은 진공청소기로 먼지를 빨아들였다.
• 진공 포장을 하면 미생물의 번식을 막을 수 있다.
• 보온병은 진공 상태가 외체 온도를 유지하도록 설계되었다.

정답과 해설

96 (과학 | 생명)

ERI 지수 818 · 과학 | 생명

남아메리카의 바나나 농장들은 대부분 대규모 농업을 한다. 거대한 농지에 어마어마한 수량의 바나나 나무를 일렬로 줄 세워 심는다. ⓐ이곳에 정착한 조식 곤충들은 먹이를 찾는 어떤 것 없이 대량을 들일 필요도 없이 넓게 펼쳐진 식탁에서 마음껏 포식한다. 이로 인해 바나나 잎을 먹는 조식 곤충이 무한하게 증가하게 된다. 인간은 ⓑ이 번데기를 죽이기 위해 점차 살충제의 생산이 위험하는 악순환을 낳는다.

우리가 대규모 농사를 짓기 위해 ⓒ바나나 나무만을 일렬로 줄 세우는 것과 같이, 생물체 간의 다양성과 변이가 사라지고 하나의 생물체로만 이루어진 상태를 원하지 않는다는 뜻이다.

그런 일을 하면 당연히 그 바나나 잎을 먹는 조식 곤충들도 엄청나게 번식을 하게 될 것이다. 동시에 그것을 막지 않는 곤충들은 멸종하게 되며, 그 결과 그 곤충을 먹는 상위 포식자들도 사라지게 되어, 먹 그러나 많은 종이 생멸제가 쉬어 있는 자연 생태계는 많이 사슴의 복잡 하게 얽혀 있다. 그로 인해 하나의 종이 많아지거나 줄어들더라도 생태계 균형이 유지된다.

그런 점에서 인간에서 인간을 다시 돌아보게 된다. ⓓ인간처럼 배타적 특성이 강한 동물이 없다. 다른 동물들을 보면, 이 사슴을 죽여가며 강한 종들도 없다. 아예 것들 압도하거나 싫어하는 모든 것 그런 먹는 곤충들은 '속' 안에는 여러 종이 함께 있다. 한편, 한 속(屬)에도 여러 종(種)이 있다. 예를 들면 ⓔ파리의 경우 '파스가'라는 '속' 안에는 여러 종이 함께 있 다. 반면 인간의 경우 '호모'라는 속에는 현재 호모 사피엔스 하나뿐이다. 생물학자들의 화석 연구를 통해 밝혀졌듯이, 호모라는 '속'에도 상당히 많은 종이 존재했었다. 그리 멀지 않은 선사 시대에도 네안데르 탈인이라는 종이 함께 살았다. 그러나 그 종마저도 멸종하고 현재의 인류인 호모 사피엔스만 남은 것이다.

ⓔ배타적 특성이 강한 인간만이 하나의 종이다. '호모 사피엔스'의 뜻은 '슬기로운 사람'이다. 그러나 정말 현명하다면 ⓔ이런 일을 저지르면 안 된다. 인간은 생물이 다 양성을 파괴함으로써 생물 다양성을 감소시킨다. 마리가 좋지만 인간은 생물이 다 양성을 인정하며 함께 살아야 한다.

→ 종 다양성이 보존되지 않을 때의 위험성
→ 자연물은 순수를 싫어한다. '라고 말했다. 이 비유는 자연 생물체 간의 다양성과 변이가
→ 독점했을 때의 사슴을 통해 균형을 이루는 자연 생태계
→ 배타적 특성을 지닌 인간
→ 생물 다양성 보존의 필요성

주장 파악하기

1 이 글에 나타난 글쓴이의 주장으로 적절한 것은? (①)

① 인간은 생물 다양성을 보존해야 한다.
② 종마다 농사는 대규모 농업을 피해야 한다.
③ 인간의 생명을 위협하는 상충제를 쓰지 않아야 한다.
④ 인간이 현명하다면 바나나 농사를 짓지 않아서는 안 된다.
⑤ 바나나 잎을 먹는 조식 동물들의 번식을 막아야 한다.

해설 이 글은 논설문으로, 글쓴이가 문제 상황을 제시하며 비판적 태도를 보이고 있다. 예를 들어 '인간처럼 배타적 특성이 강한 동물이 없다.'와 같이 자신의 감정을 직접 표현하기도 한다. 그러나 이것이 궁극적인 주장인 것은 아니다. 글쓴이의 궁극적 주장은 마지막 문단에서 생물 다양성을 보존하자는 것이다.

표현 방식과 효과 파악하기

2 ⑦에 쓰인 표현 방식과 효과에 대한 설명으로 적절하지 않은 것은? (①)

① 비유를 사용함으로써 글쓴이의 주장을 직접 제시한다.
② 자연물이 있는 사람처럼 의인화하여 표현하고 있다.
③ 학자의 견해를 인용한 부분으로, 주장의 신뢰성을 높인다.
④ 순수의 문제적 의미는 '다양성이 없어도 확실적인 것을 못한다.
⑤ 순수의 의미를 부정적 의미로 사용하여 독자의 호기심을 자극한다.

해설 비유를 사용하면 참신하고 강한 인상을 주며 주장을 직접 표현하지 않고 우회적으로 드러내기 때문에 의미를 생각하게 만드는 효과가 있다.

주장의 적절성 평가하기

3 ⓒ의 주장의 적절성에 대해 토론한 <보기>의 내용 중 적절하지 않은 것은? (③)

〈보기〉

수현: 옛날에 있던 네안데르탈인 '종'이 멸종한 것이 인류의 배타적 특성을 지녔다는 주장에 대해 가까운 근거에 네안데르탈인이 있었다는 것을 근거로 들어. ········· ①

철수: 그렇지만 네안데르탈인이 멸종했다는 것이 인류의 배타적 특성 때문이었다는 근거는 없잖아. 네안데르탈인의 멸종이 인류 때문이라고 볼 근거는 제시되지 않았어. ········· ②

현우: 네안데르탈인이 현재의 화석의 특성 때문에 멸종했다는 증거는 화석을 통해 알 수 있으니 타당해. ········· ③

정민: 화석으로 여러 가지 '종'이 존재했음을 보여 주는 근거일 뿐이야. ········· ④

채영: 파리의 경우도 '속' 안에 여러 종이 있고 사피엔스가 남은 인간의 경우를 맞추해야 한다. ········· ⑤

어휘 익히기

1 단어 뜻 알기

다음 빈칸에 들어갈 알맞은 단어를 <보기>에서 찾아 쓰시오.

보기
악순환   먹이 사슬   배타적   속

1. 바다의 최고 포식자인 상어는 (먹이 사슬)의 끝에 있다.
   뜻 생물끼리 서로 먹고 먹히는 관계가 사슬처럼 이어지는 것

2. 밤나무는 참나뭇과에 밤나무 (속)에 속한다.
   뜻 생물 분류의 한 단위. 과(科)와 종(種)의 사이에 있음. 종<속<과 순서로 큰 분류이다.

3. 후진국에서도 가난이 다시 가난을 낳는 (악순환)이 발생한다.
   뜻 순환이 좋지 않음. 또는 나쁜 현상이 끊임없이 되풀이됨.

4. 지역 간의 대립을 조장하는 (배타적) 태도를 버려야 한다.
   뜻 어떤 것을 멀리하거나 싫어하는. 또는 그런 것.

2 관용 표현 알기

다음 빈칸에 알맞은 사자성어를 쓰시오.

자 승 자 박

인간은 생태계를 죽이기 위해 생명체를 뿌리고, 그 살충제는 벌레 들뿐만 아니라 점차 인간의 생명까지 위협하게 된다. 이 사자성어는 이처럼 자기의 줄에 자기가 묶이는 것, 자신이 저지른 잘못으로 결국 자신이 고통받게 됨을 뜻하는 말이다.

한자	뜻	음
自	스스로	자
繩	줄	승
自	스스로	자
縛	묶다	박

3 한자어 익히기

다음 한자어를 소리 내어 읽고 빈칸에 따라 쓰시오.

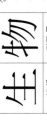 

生物
생물(生物): 생명이 있는 동물과 식물.
- 생물은 지구 생태계를 구성하는 요소이다.
- 한반도에는 약 10만 종의 생물이 서식하고 있다.
- 자연 보호를 통해 생물 다양성을 유지해야 한다.

生 날 생   物 만물 물

生 날 생   物 만물 물

매력을 활용하여 내용 추론하기

4. ㉢이 가리키는 속뜻으로 가장 적절한 것은? (⑤)
① 농업을 대규모로 하는 것
② 남아메리카에서 바나나를 수입하는 것
③ 벌레들을 죽이려고 살충제를 뿌리는 것
④ 머리는 좋지만 지혜롭지 않게 행동하는 것
⑤ 자연을 파괴하여 생물 다양성을 감소시키는 것

해설 글쓴이는 '정말 현명하다면 이런 잘못을 저지르면 안 된다.'라고 했는데, 문맥상 '이런 잘못'의 내용은 다음 문장에...

비유적 (함축적) 표현의 의미 추론하기

5. ⓐ~ⓔ 중 그 성격이 나머지와 다른 하나는? (④)
① ⓐ   ② ⓑ   ③ ⓒ   ④ ⓓ   ⑤ ⓔ

해설 ⓐ는 바나나 잎을 먹고 무한대로 증가한 달팽이며, ⓑ는 문맥상 그 앞에 있는 문장에서 무한대로 증가하게 된 조각고등을 가리키며, ⓒ는 대규모로 농사를 짓기 위해 일렬로 쭉 세워 심은 나무이다. ⓔ는 '바'에서 달팽이'라는 다른 종이 사라진 전 한 종만 남는 것인을 의미한다. 즉 모두 종의 다양성을 낮게 하거나 낮은 상태이다. 그러나 ⓓ는 '마스카린느'라는 '속'에 속하며 다양한 종을 잃고 생물 다양성을 유지하는 데 에이다.

다른 매체로 표현하기

6. [A]를 바탕으로 <보기>를 이해한 내용으로 적절한 것은? (⑤)

<보기>

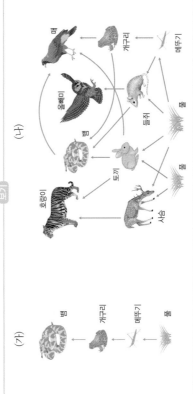

① (가)는 (나)에 비해 생물 다양성이 높다.
② (가)는 (나)에 비해 생태계 균형이 잘 유지된다.
③ (나)는 (가)에 비해 먹이 사슬의 균형이 깨지기 쉽다.
④ (나)는 바나나 나무만 심는 대규모 농장의 생태계와 비슷하다.
⑤ (나)는 먹이 사슬이 복잡하게 얽혀 있어 생물이 멸종 우려가 낮다.

해설 [A]는 생태계의 먹이 사슬에 대한 단순하고 생물 다양성이 낮다. (가)는 먹이 사슬이 단 한 가지 식물만 심게 되면 그것만 먹는 상위 포식자가 많아지고 나머지는 대부분 멸종되게 된다. 반면, (나)는 먹이 사슬이 복잡하게 얽힌 균형을 이룬 생태이므로 먹이 개 같이 저어지더라도 상위 포식자가 영향을 덜 받아 갑자기 멸종되지는 않는다.

ERI 지수 823
과학 | 물리

가 도대체 색이란 게 무엇일까? 햇빛은 정말 흰색일까? 과학자들은 오랫동안 빛과 색에 관한 호기심을 갖고 있었다. 아리스토텔레스와 같은 철학자들도 빛의 흰색이나 색은 물체가 본래 가지고 있는 고유한 성질이라고 했다. 반면, 이러한 생각은 ㉠데카르트 같은 학자들도 색은 빛이 물질을 통과하면서 회전 속도가 바뀌어서 나타나는 것이고 했다.

나 ㉡뉴턴은 프리즘을 갖고 놀고 있던 현상에 주목한다. 둥그란 구멍을 통과해서 들어온 빛이 프리즘을 가지나 길쭉한 모양으로 펼쳐졌다. 뉴턴은 빛은 직선이라고 생각했기 때문에, 이것을 근거로, 뉴턴은 이중 스펙트럼 실험을 생각하게 됐다.

다 나아가 뉴턴은 이중 스펙트럼 실험으로 빛을 다시 가지게 했다. 그랬더니 이제는 더 이상 스펙트럼이 생기지 않고 단일한 흰빛이 나타났다.

라 ㉢이 실험에서 뉴턴은 빛을 구성하는 특정 색으로 분리해 낼 수 있었다. 즉 빛이 합성으로 인해 백색광이 된 것이다. 또한 분리해 낸 및 가지 색의 빛을 합성하면 노란색 빛이 만들어지는 것도 확인할 수 있었다.

마 이후 뉴턴은 물체의 색은 빛에 부딪혀 반사될 때, 그 반사되는 것을 알게 되었다. 예를 들어, 빨간색 파망은 빨간색 빛만 반사하고 나머지 색으로 흡수한다는 것을 알게 되므로 빨간색으로 보인다. 반면 초록색 줄기는 초록색 빛만 반사하고 나머지 색의 빛을 흡수하므로 초록색으로 보인다.

바 현대에 와서 뉴턴이 제기한 이론은 색에 대한 생각을 바꾸지 않았다. 과학 역사상 그의 실험이 색의 성질을 밝힌 매우 중요한 연구였다는 점은 변치 않는다. 그로 인해 광학 분야에 이론을 연 뉴턴의 실험이다.

핵심어 찾기

1 핵심어를 중심으로 **가~마**의 제목을 정한다고 할 때, 적절하지 **않은** 것은? (④)

① **가** : 빛과 색에 대한 전통적 견해
② **나** : 빛이 직진하는 성질
③ **다** : 이중 스펙트럼 실험
④ **라** : 빛의 반사와 흡수
⑤ **마** : 물체의 색이 보이는 원리

해설 **마**에서는 빛의 합성에 대해 설명하고 있으며, '빛의 반사와 흡수에 대해서 설명하고 있는 것은 **마**이다.

요약하기

2 '머리말 - 본문 - 맺음말'의 구조를 생각하며 다음과 같이 이 글의 요약문을 작성할 때, 적절하지 않은 것을 찾아 바르게 고치시오.

머리말	**가**
본문	**나~마**
맺음말	**바**

↑

① 빛과 색의 성질에 대한 생각은 생각은 뉴턴 등장 이후 바뀌게 되었다. ② 뉴턴은 프리즘을 통해 빛이 직진함을 발견했다. ③ 그는 두 개의 프리즘으로 통과시키는 이중 스펙트럼 고안해 빛이 합성광임을 알아냈다. ④ 또한 빛의 반사와 흡수에 대해 연구하였다. ⑤ 그러나 뉴턴의 이론도 완벽하지는 않다.

● 수정이 필요한 곳 : (⑤)

해설 ①은 **가**, ②는 **나**, ③은 **다**, ④은 **마**, ⑤는 **바**의 내용을 바르게 요약한 것에 해당한다.

↑ 뉴턴의 실험이 빛의 성질을 밝힌 중요한 연구였다.

내용 추론하기

3 이 글을 통해 알 수 있는 내용으로 적절한 것은? (①)

① 사람이 보는 색은 물체에서 반사된 빛의 색이다.
② 뉴턴은 색은 물체가 본래 가진 성질이라고 했다.
③ 17세기 이후에도 색에 대한 생각은 바뀌지 않았다.
④ 빛이 직진하는 성질은 과학적으로 뒷받침되는 증거가 될 수 있다.
⑤ 햇빛을 다양한 색의 빛들이 합성된 혼합광으로 사람의 눈에는 안 보인다.

어휘 익히기

1 단어 뜻 익히기

다음 빈칸에 들어갈 알맞은 단어를 〈보기〉에서 찾아 쓰시오.

보기
> 주목　파동　제기　백색광

1. 경찰은 이번 사건을 특히 (주목)하고 있다.
   뜻 | 어떤 것을 눈여겨보거나 관심 있게 살펴보는 것.

2. 공사장 먼지로 인해 주민들이 구청에 불편을 (제기)했다.
   뜻 | 어떤 일에 대해 의견을 내놓거나 문제 삼는 것.

3. 한낮은 실내조명으로 형광등 같은 (백색광)을/를 많이 사용한다.
   뜻 | 흰색의 빛.

4. 강가에 던진 조약돌이 수면에 (파동)을/를 일으켰다.
   뜻 | 물결이나 소리가 움직이는 것.

2 관용 표현 익히기

다음 빈칸에 알맞은 말을 쓰시오.

현대에 와서 뉴턴이 제기한 이론은 약간 바뀌게 되었다. 그러나 과학의 역사상 그의 실험이 빛의 성질을 밝힌 매우 중요한 연구였다는 점은 변치 않는다. 이 말은 이처럼 어떤 범위나 시기를 분명하게 구분 짓는다는 뜻으로, 그만큼 업적이 뛰어나음을 표현할 때 많이 쓴다.

"한 획 을 긋다"

3 한자어 익히기

다음 한자어를 소리 내어 읽고 빈칸에 따라 쓰시오.

合成
합할 합　이룰 성

合成
합할 합　이룰 성

합성(合成): 둘 이상의 것을 합쳐서 하나를 이룸.
- 수소는 암모니아, 메탄올의 합성에 쓰인다.
- 콜라주는 별개의 조각들을 합성하여 새 이미지를 만드는 기법이다.
- 다양한 색의 빛을 합성하면 아름다운 조명을 만들 수 있다.

사실과 의견 구분하기

4 ㉠~㉤을 사실과 의견으로 나눌 때, 의견에 해당하는 것은? (⑤)

① ㉠　② ㉡　③ ㉢　④ ㉣　⑤ ㉤

해설 | ㉠~㉣까지는 과거의 사실을 그대로 적은 것이다. 그러나 ㉤은 글쓴이가 자신의 판단으로 '매우 중요한 연구였다는' 평가를 내리고, 중요한 연구였다는 것이 변치 않았다고 주장하고 있으므로, 의견에 해당한다고 볼 수 있다.

글을 통해 문제 해결 방안 찾기

5 다음 중 이 글을 통해 해결하거나 실마리를 얻을 수 있는 의문으로 적절한 것은? (⑤)

① 빛은 어떻게 유리를 통과하는 것일까?
② 수영장 물속에서는 왜 키가 작아 보일까?
③ 식물은 어떻게 빛을 받아서 광합성을 할까?
④ 전자레인지는 어떻게 음식을 맞춤하게 데울 수 있을까?
⑤ 몇 가지 조명만으로 무대를 비춤 다양한 색을 만들 수 있을까?

해설 | 이 문항은 글을 읽으면서 주변에서 자신이 이런 문제 혹은 이문 해결이나 실마리를 얻으며 읽는다는 것이다. ⑤에서는 분리해 낸 몇 가지 색의 빛을 합성하면 다양한 색의 빛을 만들 수 있다.

내용 상세화하기

6 이 글을 바탕으로 〈보기〉의 이중 스펙트럼 실험을 이해할 때, 적절하지 않은 것은? (②)

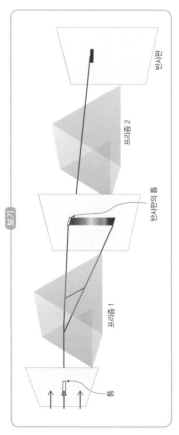

보기
틈　프리즘 1　반사판의 틈　프리즘 2　반사판

① 빛은 직진한다.
② 프리즘은 다양한 색을 가지고 있다.
③ 햇빛은 다양한 색의 빛이 혼합된 것이다.
④ 빛은 반사판과 같은 물체를 만나면 반사되거나 흡수된다.
⑤ 반사판의 틈을 조정하면 빛을 구성하는 색들 중 한 가지만 통과시킬 수 있다.

해설 | 만약 프리즘이 본래 다양한 색을 가지고 있는 것이라면 두 번째 프리즘을 통과할 때도 여전히 무지개색이 나와야 하는데, 그렇지 않은 결과가 나왔으므로 ②는 적절하지 않은 해석이다.

05회 읽기 방법 익히기

❶ 주장의 적절성 평가하기

주장하는 글을 읽을 때는 글쓴이의 주장이 무엇인지, 또 글쓴이가 제시한 주장에 문제점은 없는지 판단하며 읽어야 한다. 서로 다른 의견을 가진 사람들이 각자 자신의 주장을 내세울 때, 이견 마련이 되는 주제 내용 또는 문제점을 '쟁점'이라고 한다. 구체를 예를 들 수 있다. 면 '식사 메뉴'가 다툼의 쟁점이라고 할 수 있다. 생활에서 어느 쪽을 먹을 것인지를 판단하려고 나에 따라 쟁점을 선택하는 것처럼, 사회적으로 보아 이견이 있을 만한 쟁점이 발생하면, 사회적으로 판단해야 할 쟁점이 발생한다.

★ 주장이나 쟁점을 찾고 그 적절성을 평가하려면,

(1) 글에서 다루는 쟁점이 무엇이며, 글쓴이의 주장은 무엇인지 찾는다.
(2) 주장을 뒷받침하는 근거가 있는지 찾는다.
(3) 근거의 출처가 믿을 만하고 타당한지 판단하여 주장의 적절성을 평가한다.

1 다음 글에 나타난 주장과 근거를 정리하고, 주장의 적절성을 평가하시오.

예로부터 인간의 본성은 원래 이기적이고 공격적이라는 주장이 있어 왔다. 현대에 와서도 인간의 이기적 연을 강조한 생물학 이론이 등장하였다. 그것은 '깹팁기 이론'이라고 하는 것으로, 인간의 본성은 이기적인데 이를 도덕이라는 옳은 껍데기로 숨기고 있으며, 큰 어려움이 닥치면 그러한 껍데기가 깨져 쉽게 이기적인 본성이 드러난다는 것이다.

그러나 인간은 오히려 이타적이다. 위기가 닥치거나 어려운 때일수록 베려와 자선, 용기가 더 넘쳐난 다. 예를 들어, 조강의 태풍이나 산사태, 전쟁 등으로 큰 피해를 입었을 때, 사람들은 구하기 위해 직접 뛰 어들거나, 봉사 또는 모금 활동을 하는 경우가 그렇다. 또 국가와 민족을 위해 자기의 목숨을 아낌 않는 독립운동가도 있으며, 자세는 버스나 지하철에서 노약자에게 자리를 양보하는 사람도 흔하다.

이 글에 나타난 주장은 (적절하다, 적절하지 않다).

주장	인간은 이타적이다.
근거	위기가 닥치거나 어려운 때일수록 베려와 자선, 용기가 더 넘쳐난다.

해설 이 글에서는 인간의 본성이 원래 이기적이고 공격적이고 공격적이라는 주장에 대해 반박하며 그 근거로 위기 상황에서 오히려 배려와 자선, 용기가 더 넘쳐난다는 것을 들고 있고, 그리고 어려운 상황에서 다른 사람들을 배려하고 자선을 베푸는 것을 예로 제시하고 있다.

2 다음 글을 읽고 물음에 답하시오.

지구 표면은 여러 개의 지각판들이 좀좀하게 맞닿아 있다. 그래서 태평양판 한쪽에서 지진이 일어나 면 그 판과 붙어 있는 다른 판, 예를 들면 필리핀판으로 에너지가 전달되어 또 지진을 일으키고, 이런 일들이 연쇄적으로 발생할 수 있다.

지진과 화산 활동은 판의 경계 지점에서 주로 발생하여 다른 판에 영향을 미친다. 만약 한태평양 지점에 위치한 일본에 지진이 발생한다면, 다른 판에도 영향을 미친다. 같은 판 안에 있는 우리나라에도 영향을 주지만, 같은 판 안에 있는 우리나라에 마르면, 일본에서 발생한 지진 에너지가 판 내부의 대부분는 맨틀에 교란을 일으키고, 그 영향으로 조금씩 끝대기게 발생한다는 것이다. 동일본 대지진 이후, 한반도 지각 이 일본 열도 방향으로 조금씩 끝대기게 되었다. 이로 인해 한반도 지각에도 지각에도 심각한 힘이 발생 했다. 최근 경주에서 큰 지진이 연쇄적으로 발생한 것도 이와 관련이 있다.

따라서 우리나라도 지진에 대비해야 한다. 이를 위해서는 지진을 전달이 수 있도록 건물을 설계해야 하고, 지진 대비 교육도 해야 한다.

(1) 이 글의 주장을 찾아 쓰시오.

우리나라도 지진에 대비해야 한다.

해설 이 글은 지진에 대비해야 한다는 것이다.

주장하는 글에서 주장은 대개 처음이나 끝에 등장하는 경우가 많다. 주장을 먼저 제시하고 그 이유나 근거를 나열하거나, 문제점이나 근거를 제시하고 끝에 주장을 붙여 마무리한다. 따라서 처음과 끝부분은 특히 유의해서 읽어야 한다. 이 글의 경우도 마지막 문단에 주장이 드러나 있다. 또한 주장을 제기할 때는 대개 '~해야 한다'라는 서술 형식으로 끝나는 경우가 많다.

(2) 이 글에서 주장을 뒷받침하는 근거로 사용되지 않은 것은? (②)

① 한국 지질 연구소의 연구
② 한반도 지각판의 크기
③ 동일본 대지진 이후 지각 변동
④ 우리나라 경주에서 발생한 지진
⑤ 한반도 지각판이 조산대에 가까운 우리나라의 위치

해설 이 글에서 한반도 지각판의 크기는 제시되지 않고 있다.

(3) 이 글에 제시된 주장에 대한 평가로 적절한 것은? (③)

① 대조되는 사례를 보여 줌으로써 주장이 명확하게 드러난다.
② 어느 한쪽의 의견만 제시하고 있어 주장이 공정하지 못하다.
③ 주장을 뒷받침하는 연구 자료와 사례를 제시하여 믿을 만하다.
④ 문제에 대한 해결책을 제시하지 않아 주장이 효과적이지 못하다.
⑤ 아무도 생각하지 못했던 의견을 제시하고 있어 창의성이 풍부하다.

해설 이 글의 주장은 우리나라도 지진에 대비해야 한다는 것이다. 이때, 이러한 주장을 뒷받침하기 위해 한국 지질 연구소의 연구 결과, 동 일본 대지진 이후 우리나라의 지각 변동, 최근 경주에서 발생한 지진, 한반도가 조산대에 가까운 지형 조건 등을 내세 워기 때문에 주장의 신뢰성이 높다고 할 수 있다.

② 글을 통해 해결 방안 찾기

글을 통해 문제에 대한 해결 방안을 찾는다는 것은 글 속에서 퀴즈나 문제의 답을 찾는다는 것이 아니라, 글을 읽을 때, 글과 관련하여 자신이 갖고 있던 삶의 고민이나 사회의 문제를 떠올리고 그에 대한 해결의 실마리를 생각하며 읽는 것을 말한다. 이를 위해서 독자는 글 내용을 자신의 삶이나 사회의 문제와 관련지으려는 적극적인 자세로 읽어야 한다.

★ 글을 통해 문제 해결 방안을 찾으려면,

(1) 글에서 자신이 평소에 가지고 있던 문제(궁금증)와 연관된 부분을 발견한다.
(2) 글에서 제시하고 있는 생각이나 방안이 무엇인지 확인한다.
(3) 글에서 발견한 의미를 삶의 문제에 적용한다.
(4) 해결책(혹은 그 실마리)으로서 적절한지 생각한다.

---

1 다음 글을 읽고 아래 [독자의 고민]을 해결할 방법을 생각하여 쓰시오.

이전에는 햇빛이 단일한 흰색으로 알려졌었다. 그러나 사실 '빨강, 주황, 노랑, 초록, 파랑, 남색, 보라' 등 다양한 빛들의 혼합색임이 밝혀졌다. 즉 빛의 합성으로 인해 백색광이 되는 것이다. 또한 분리돼 내 몇 가지 색의 빛을 합성하면 다양한 색이 나온다는 것도 알게 되었다. 예를 들어, 빨간색과 초록색 빛을 합성하면 노란색 빛이 만들어지는 것과 초록색 빛을 합성하면 노란색 빛이 만들어지는 것임을 색이 합성으로 만들 수 있다.

[독자의 고민]
다음 주에 연극 동아리의 공연이 있다. 나는 연극부 조명 담당이다. 연극의 내용에 맞는 조명을 하려면 기쁜 배우를 표현할 노란색, 우울할 때를 보라색 등의 조명이 필요한데, 우리 학교 강당에는 흰색 조명 장치만 여러 개 있다. 어떻게 하지? 조명 공사를 해 달라고 할 수도 없고······.

예 조명기 앞에 빨간색, 초록색, 파란색의 셀로판지를 붙여서 다양한 색 빛을 합성해 원하는 조명 색을 만든다.

해설 이 문제는 글을 읽으면서 주변에나 주변에 생긴 문제 혹은 의문을 풀기 위한 실마리를 얻으며 읽는다는 참여적 이해를 적용한 것이다. 몇 가지 색의 빛을 합성하면 다양한 색이 나온다에서 힌트를 얻어 무대 조명에 활용할 방법에 대한 아이디어를 떠올릴 수 있다.

---

2 다음 글의 내용을 삶에서 겪는 문제의 해결 방안에 적용할 내용으로 적절한 것은? (②)

평행 광선 / 볼록 거울 / 초점

볼록 거울은 독특한 특징이 있다. 첫째, 볼록 거울은 반사면에 빛을 나란히 보내면, 볼록 거울 위의 한 점에서 나온 것처럼 빛을 반사한다. 이로 인해 반사된 빛을 부챗살 모양으로 퍼뜨린다. 둘째, 평면거울보다 보이는 범위가 넓다. 볼록 거울은 양쪽 가장자리가 굽어 있어서 구석의 물체까지 모두 선 넓다. 볼록 거울은 양쪽, 볼록 거울 속에는 항상 물체보다 작고 바로 서 있는 상이 비추기 때문이다. 셋째, 볼록 거울 속에는 항상 물체보다 작고 바로 서 있는 상이 생긴다.

① 불빛을 모아서 보내도록 등에 조명을 설치한다.
② 가게 안이 잘 보이도록 천장 모서리에 볼록 거울을 설치한다.
③ 불을 피우기 위해 볼록 거울을 사용하여 빛을 한 점에 모은다.
④ 멀리 있는 글씨가 잘 안 보일 때, 볼록 거울에 비친 글자를 읽는다.
⑤ 지과 자료로 찍은 얼인의 모습을 크게 보기 위해 볼록 거울을 사용한다.

해설 ①, ③, ④, ⑤는 볼록 거울이 아닌 오목 거울이 이용에 해당하는 진술이다. 반면, ②의 경우는 볼록 거울이 양쪽 가장자리가 굽어 있어서 구석의 물체까지 모두 비추는 특징을 이용한 것에 해당하는 진술로, 도둑이 주인 몰래 물건을 훔치는지를 살펴볼 수 있도록 편의점 등에서 이미 사용되고 있는 방법이기도 하다.

---

3 다음에 제시된 [삶의 문제]를 해결하기 위해 〈보기〉의 글에서 어떤 해결의 실마리를 얻을 수 있는지 쓰시오.

[삶의 문제]
아침 자습 중에 휴대폰을 보며 키득키득 웃고 큰 소리로 떠드는 친구들이 있다. 이런 친구들 때문에 공부나 책 읽기에 방해가 된다. 선생님께 말씀드리려고 하니 고자질 같아 망설여진다. 이런 친구들이 학교에서 휴대폰을 보는 것을 막는 방법이 없을까?

보기
생체 모방 기술은 자연의 내부적인 구조나 자연의 원리를 모방하는 기술이다. 예를 들면, 연잎 표면을 모방하여 물방울을 떨어뜨리는 원리를 모방하여 방수복을 만들거나, 연잎이 물방울을 밀어 내는 원리를 모방한 방수복을 만들고, 곤충의 눈을 모방하여 카메라 렌즈를 만들거나, 상어의 비늘 구조를 모방하여 수영복을 만드는 것 등이 있다.

최근에는 이러한 생체 모방 기술을 로봇에 적용한 연구가 활발히 이뤄지고 있다. 지진을 모방하여 자유자재로 움직이면서 주변을 감시하는 로봇, 뱀의 움직임을 모방하여 전문 현장에서 사람을 구조하는 로봇, 지렁이와 자벌레의 움직임을 모방하여 미끄한 내장을 누비며 모습을 진단하는 내시경 로봇 등이 개발되었다. 이 로봇들이 곤충 로봇 공학의 대표적 결과물이라 할 수 있다.

▲ 내시경 로봇

예 교실에서 친구들이 큰 소리로 웃거나 떠들 때 어느 정도 데시벨 이상의 소리가 나면 이름 감지하고 경고음을 내는 곤충 로봇이 있으면 좋겠다.

해설 제시된 [삶의 문제]는 휴대폰을 보며 키득키득 웃고 큰 소리로 떠드는 친구들 때문에 공부나 책 읽기에 방해가 된다는 것이다. 〈보기〉의 2문단을 보면, '주변을 감시하는 로봇', '이 로봇들이 곤충 로봇 공학의 대표적 결과물이라 할 수 있다'는 표현이 나온다. 이를 보고, 휴대폰 소리를 감지하는 로봇이나 교실에서 소음을 감지하면 떨림을 수 있다는

음을 내는 곤충 로봇이 있으면 좋겠다.

화산이 준 선물

STEAM 독해

이 글의 중심 화제는 화산입니다. 화산과 관련된 사물, 역사, 과학을 고부해요.
화산과 관련된 신화를 알아보고 화산 활동에는 부정적 측면과 더불어 긍정적 측면도 있음을 알아봅시다.

하와이 신화에는 불과 화산의 여신인 '펠레'라는 암석을 녹여 하와이섬을 만들었으며, 펠레는 킬라우에아 산* 꼭대기에 살고 있다고 전해진다. 하와이 사람들은 검은 마리아라는 젊고 아름다운 여신 '펠레'도 화가 나면 마리아라이 빨갛게 변하고 화산 활동을 일으킨다고 믿어 왔다. 그리스·로마에서도 불을 다스리는 헤파이스토스(로마에서는 Vulcanus(불카누스), volcano(화산)의 유래가 됨.)가 분노하면 화산이 폭발한다고 믿었다. 화산 활동은 지구 내부 에너지에 의한 거대한 지형 형성 작용으로, 지하 깊은 곳의 마그마가 지표 위로 화산 분출물을 내뿜는 현상이다.

전 세계 대부분의 화산 활동은 환태평양 조산대를 중심으로 일어나고 있다. 화산에도 불구하고 환태평양 조산대에는 많은 사람이 살아가고 있다. 그 까닭은 위험을 감수할 만큼 자연계에 등이 분출하여 농경지와 각종 시설물 등에 큰 피해를 일으키기도 하고, 시야를 흐리게 하여 항공 운항에 악영향을 가져오기도 한다. 이렇게 화산 활동은 인간에게 다양한 위험이 있다.

그럼에도 불구하고 화산 주변 지역에는 많은 사람이 살아가고 있다. 그 까닭은 위험을 감수할 만큼 자연계에 매력이 있기 때문일 것이다. 그렇다면 화산 지역 주변의 위험을 극복하거나 적 응하며 살아가는 사람들의 생활 모습은 어떠한가?

▲ 하와이의 불과 화산의 여신 펠레

화산 활동과 관련된 하와이와 그리스·로마의 신화, 화산이 폭발하면 용암, 화산재 등이 발생한다.

▲ 유황 채굴

화산 활동으로 인한 다양한 피해

▲ 지열 발전소

위험이 있음에도 화산 주변 지역에서 살아가는 사람들

먼저 화산 분출로 쌓인 화산재는 토양을 비옥하게 하기 때문에 화산 주변의 땅에서 배농사를 짓거나 포도, 커피, 바나나 등을 재배한다. 그리고 독특한 화산 지형과 아름다운 자연 경관을 이용한 관광 산업이 발달하기도 한다. 간헐천*이나 온천 체험으로 특별한 경험을 하게 해 준다. 또 아이슬란드, 뉴질랜드 등에서는 지하의 뜨거운 수증기와 물을 이용하여 전기를 만들어 쓰는데 이러한 발전 방식을 지열 발전이라고 한다. 지열 발전 방식은 발전소의 가동률이 높으면서도 가장 친환경적인 재생 에너지 개발 방식이다. 마지막으로 인도네시아에서 화를하게 이루어지고 있는 유황 채굴도 화산 활동의 자연혜택을 이용한 예이다. 유황은 의약과 화약, 성냥의 주원료로 쓰인다. 유독한 유황 가스와 화산 북부의 위험에도 불구하고 광부들은 생계를 위해 유황을 캐며 살고 있다. 이처럼 대표적인 자연혜해 중 하나인 화산 활동은 인간에게 피해를 주기도 하지만 다양한 이로움도 주는 두 얼굴의 자연 현상이다.

---

1 다음 지도의 환태평양 조산대에 속하는 국가를 3개 쓰시오.

일포스·히말라야 조산대
환태평양 조산대

한태평양 조산대
태평양
대서양
인도양

— 판 경계 ●지진 발생지 ▲화산

20~21세기에 일어난 규모 6.5 이상의 지진 발생지만 표시

해결 환태평양 조산대에는 일본, 뉴질랜드, 칠레, 필리핀, 미국, 멕시코, 캐나다, 에콰도르, 페루 등
일본, 뉴질랜드, 칠레, 필리핀, 미국, 멕시코, 캐나다, 에콰도르, 페루 등
환태평양 조산대는 화산과 지진 활동이 빈번하게 일어나는데, 화산과 지진 활동이 일정한 주기적으로 분출하는 온천

*간헐천: 뜨거운 물과 수증기, 기타 가스를 일정량 두고 주기적으로 분출하는 온천

*킬라우에아산: 하와이 제도 하와이섬의 동남부 끝에 있는 산. 해발 1,247미터의 정상 부분이 함몰되어 넓고 얕은 칼데라를 이룸.

2 이 글을 통해 알 수 있는 내용으로 적절하지 않은 것은? (⑤)

① 유황은 의약과 화약, 성냥의 주원료로 쓰인다.
② 독특한 화산 지형은 주로 관광 자원으로 활용한다.
③ 화산이 분출할 때 나오는 화산재는 농사에 도움이 된다.
④ 세계 대부분의 화산 활동은 환태평양 조산대를 중심으로 일어난다.
⑤ 지하의 뜨거운 열을 이용한 지열 발전은 발전소의 가동률이 높으면서도 가장 친환경적인 재생 에너지 개발 방식이라고 하였다.

해설 본문에서 지열 발전의 방식은 발전소의 가동률이 높으면서도 가장 친환경적인 재생 에너지 개발 방식이라고 하였다.

3 〈보기〉의 내용으로 보아 다음에 제시된 지역에 탁월하게 부는 바람의 방향을 유추하여 쓰시오.

보기

2010년 4월에 발생한 아이슬란드의 대규모 아이슬란드의 화산 폭발로 유럽 전 지역으로 화산재가 대기 중으로 확산되었다. 이로 인해 유럽 인근 지역의 항공기 운항이 오랜 기간 동안 중단되었다.

아이슬란드 / 노르웨이 / 스웨덴 / 러시아 / 폴란드 / 독일 / 영국 / 프랑스 / 우크라이나 / 루마니아 / 화산재 영향권 / 한국 시각 4월 18일 오전 9시 현재 / (기상청 자료, 2010) / 0 1,000km / 흑해 / 호애

서풍 계열의 바람이 분다.

해설 〈보기〉에서 아이슬란드의 화산 폭발로 유럽 전 지역으로 화산재가 확산되었다고 한 것에서 지도상의 지역에는 서쪽에서 동쪽으로 바람이 분다는 것을 알 수 있다. 유럽 대륙 이 지역에는 연중 (편)서풍이 탁월하게 분다. 따라서 이 당시 아이슬란드에서 발생한 화산재가 서쪽에서 동쪽으로 확산되어 유럽 전역에 영향을 미쳤다.

4 (가), (나) 지역 모두 화산 활동이 활발하여 토양이 비옥하다. 하지만 주요 재배 작물의 종류가 다르다. 그 이유를 해당 지역의 기후 특성과 관련지어 설명하시오.

(가)
▲ 스페인 지역의 포도 재배

(나)
▲ 필리핀의 벼농사

(가) 지역은 고온 건조하기 때문에 포도 농사에 유리하고, (나) 지역은 고온 다습하기 때문에 벼농사에 유리하다.

해설 스페인은 지중해성 기후가 나타나는 지역으로 여름이 매우 고온 건조하다. 따라서 고온 건조한 여름을 견디기에 적합한 포도, 올리브, 오렌지 나무 등을 기워 열매를 수확하는 수목 농업이 행해진다. 반면 필리핀은 고온 다습한 기후 지역으로 주로 벼농사를 짓는다.

5 다음과 같이 화산 및 지진 활동을 배경으로 하는 영화, 소설, 영화 중 떠오르는 것의 제목과 내용을 쓰시오.

가름 브륄로프(1799~1852)가 그린 「폼페이」 최후의 날에는 시기 79년에 일어난 베수비오 화산 폭발로 한순간에 사라진 도시 폼페이의 모습이 생생하게 표현되어 있다. 이 작품으로 상당한 인기를 많았으며 이후 폼페이를 한 소설, 영화 등이 등지어 나왔다.

▲ 가름 브륄로프, 「폼페이 최후의 날」

▲ 영화 「폼페이」 포스터

예 영화 「샌 안드레아스」, 미국 서부의 샌 안드레아스 단층은 대륙판과 해양판이 어긋나는 경계로 지진이 자주 발생한다. 이 영화는 대규모의 지진이 이 지역에 연속으로 발생하는 상황을 영상에 담고 있다. 「폼페이」 등의 영화, 화산 관련 영화 「클레이노」, 그 밖에 생각나는 영화, 소설, 영화의 제목과 내용을 적어 본다.

해설 지진 관련 영화 「샌 안드레아스」, 화산 관련 영화 「클레이노」, 「베수비오 등의 영화, 그 밖에 생각나는 영화, 소설, 영화의 제목과 내용을 적어 본다.

ERI 지수 **745** 예술 | 미술

1 네덜란드의 화가인 고흐(1853~1890)는 '감자 먹는 사람들'이라는 그림을 그렸다. 얼핏 보기에 어둡고 직설해 보이는 이 그림은 검은으로 손꼽힌다. 왜 그럴까? 이 그림에는 정직한 노동을 통해 얻은 양식을 서로 나누는 농부들의 모습이 인상 깊게 그려져 있기 때문이다.

2 고흐는 늦은 나이에 화가가 되었다. 그러나 사람들은 그의 그림을 알아주지 않았다. 그래서 늘 가난하고 고독했다. 그러나 그는 고향으로 돌아와 순박하고 성실하게 일하는 농민들을 보면서, ㉠땀 흘리며 정직하게 일하는 삶의 모습에 큰 위로를 받게 되었다. 그들을 보며 고흐는 삶에서 중요한 것이 무엇인지, 그리고 자신이 무엇을 그리고 싶은지를 깨닫게 되었다.

3 이 그림 속에는 등불 아래 다섯 명의 식구가 낡은 탁자에 둘러앉아 ㉡감자를 먹고 있다.

▲ 고흐, '감자 먹는 사람들'

4 그래나 고흐에게는 이러한 마음의 의도가 더 중요했다. 그렇다면 고흐는 무엇을 표현하려고 했을까? 그것은 삶의 진실함이다. 이러한 그의 생각은 동생에게 보내는 편지에서 잘 드러난다.

"나는 감자를 먹는 사람들이 접시로 내민 손, 자기 자신을 담은 바로 그 손으로 땅을 팠다는 것을 분명히 보여 주려고 했다. 그 손은 땀 흘린 수고와 거짓 없이 얻은 식사를 암시하고 있다." —1885년 4월

5 그는 소작농들의 투박한 얼굴과 어떤 손에서 노동하는 사람들의 순박하고 정직한 삶을 표현하는 것이었다. 그리고 그 그림을 보는 사람들의 마음속에 고흐의 생각과 '감자 먹는 사람들'에 대한 고흐의 의도가 담겨지게 되었다. 이 작품은 고흐의 첫 번째 걸작이 되었다.

중심 화제 파악하기

1 이 글의 중심 화제로 적절한 것은? (④)
① 고흐의 인생과 죽음
② 가난한 소작농들의 삶
③ 좋은 그림을 그리는 방법
④ 고흐의 '감자 먹는 사람들'
⑤ 동생에게 보내는 고흐의 편지

내용 전개 방식 파악하기

2 이 글의 특징으로 적절하지 않은 것은? (②)
① 편지의 한 부분을 인용하여 중심 생각을 뒷받침하였다.
② 고흐와 동생 간의 대화를 인용하여 실감 나게 표현하였다.
③ 독자에게 질문을 함으로써 글에 대한 호기심을 불러일으켰다.
④ 그림 속의 장면을 묘사할 때는 현재 시제를 사용하여 생생하게 표현하였다.
⑤ 글의 앞부분과 뒷부분에 고흐의 그림이 주는 느낌을 제시하여 통일감을 주었다.

중심 생각의 발전 과정 파악하기

3 이 글이 전개되면서 중심 생각이 점차 발전해 나가는 과정을 다음과 같이 나타낼 때, 성격이 다른 하나는? (③)

① 1문단 → 이 그림에는 정직한 노동을 통해 얻은 양식을 서로 나누는 농부들의 모습이 인상 깊게 그려졌다.

② 2문단 → 고흐는 삶에서 중요한 것이 무엇인지, 그리고 자신이 무엇을 그리고 싶은지를 깨닫게 되었다.

③ 3문단 → 가정면서도 독특한 붓놀림으로 자신만의 세계 개념을 만들어 냈다.

④ 4문단 → 감자를 먹는 사람들의 순수 땀 흘린 수고와 거짓 없이 노력해서 얻은 식사를 암시하고 있다.

⑤ 5문단 → 고흐는 삶의 진실되고 아름다운 모습을 표현하려고 했다.

4 ㉠~㉤ 중 주제나 의도를 담은 것이 아닌 것의 기호를 쓰시오. ( )

단어 뜻 읽기

1 다음 빈칸에 들어갈 알맞은 단어를 <보기>에서 찾아 쓰시오.

보기

걸작   투박하다   기법   소작농

1. 처음으로 만든 도자기 공예라 그런지 그릇이 매끈하지 않고 (투박하다).
   뜻 | 생김새가 맵시가 없이 거칠고 튼튼해 보이기만 하다.

2. 피아노를 빠르게 연주하는 피아니스트의 (기법)이/가 뛰어나다.
   뜻 | 어떤 일을 하는 특별한 솜씨나 방법.

3. 베토벤의 '운명 교향곡'은 클래식 음악의 (걸작)이다.
   뜻 | 아주 훌륭한 예술 작품.

4. 할아버지는 너무 가난하여 자기 농지를 갖지 못하고, 평생 (소작농)(으)로 살았다.
   뜻 | 남의 논밭을 빌려서 짓는 농사. 또는 그런 농민.

관용 표현 읽기

2 다음 빈칸에 알맞은 사자성어를 쓰시오.

"대기만성"

고흐는 늦은 나이에 화가가 되었다. 사람들은 그의 그림을 알아주지 않았다. 그래서 늘 가난하고 고독했다. 그러나 그는 인상파를 대표하는 가장 위대한 화가가 되었다. 이 사자성어는 이처럼 큰 그릇을 만드는 데는 시간이 오래 걸린다는 뜻으로, 크게 될 사람은 늦게 이루어짐을 이르는 말이다.

한자어 익히기

3 다음 한자어를 소리 내어 읽고 빈칸에 따라 쓰시오.

한자	뜻	음
大	크다	대
器	그릇	기
晩	늦다	만
成	이루다	성

正直 正直
바를 정 곧을 직

정직(正直): 거짓 없이 참되고 곧은 것.
• 나는 정직을 가장 중요한 가치로 읽고 싶었다.
• 이순신의 정직하고 청렴한 성품은 선비의 모범이 되었다.
• 거짓말로 변명하기보다는 정직하게 말하여 꾸중을 듣는 게 나았다.

문맥을 활용하여 추론하기

5 이 글을 바탕으로 할 때, 미술에 대한 고흐의 생각으로 가장 적절한 것은? (⑤)

① 힘든 현실은 그림의 좋은 소재가 된다.
② 고가가 많을수록 위대한 작품이 탄생한다.
③ 화가는 지독한 고독과 가난을 이겨 내야 한다.
④ 걸작을 남기기 위해서는 수많은 연습이 필요하다.
⑤ 그림은 그것이 무엇을 표현하려고 하는지가 중요하다.

해설 고흐는 생각을 가장 정직하게 서술한 것은 ⑧문단에 나타나 있다. 그러나 고흐에게는 이러한 마음이 기교보다는~어떤 주제나 의도를 표현하고자 하는지가 더 중요하다. 와 ⑤문단의 고흐에게 그림은~표현한 것이었다. 이다.

느끼거나 깨달은 점 공유하기

6 이 글의 관점에서 「감자 먹는 사람들」을 감상한 내용으로 적절하지 않은 것은? (⑤)

① 접시와 차는 조라하고 소박한 삶을 표현한 것이야.
② 투박한 얼굴과 야윈 손은 삶의 아름다운 모습을 보여 주고 있어.
③ 음식을 먹는 사람들의 거친 손은 정직한 노력을 암시하고 있어.
④ 앙상한 얼굴은 음식으로 힘든 노동으로 지친 모습을 보여 주고 있어.
⑤ 식사 장면은 노동자들의 반복되는 일상을 있는 그대로 옮긴 것이야.

해설 ⑧문단의 그림은 세상을 그대로 옮기는 것이 아니라, 마음속에 떠오르는 생각을 표현하는 것에서, ⑤와 같이 '노동 자들의 반복되는 일상을 있는 그대로 옮긴 것'이라고 보는 것은 '감자 먹는 사람들'에 대한 적절한 감상이라고 할 수 없다.

두 글을 비교하며 읽기

7 <보기>는 고흐의 그림, 「감자 먹는 사람들」을 보고 쓴 시이다. 이 글과 <보기>를 비교한 내용으로 적절하지 않은 것은? (③)

보기

「감자 먹는 사람들」

불빛 흐린 시골 할머니 집

밤하늘에 별을 창창 심어 누운 빼라리라는 대청마루
삶은 감자 대령해요.

쪼가운 감자를 건네주시는 할머니 손은 무쇠 장갑
세월을 건디며 펜작한 건 뜨겁지도 않구나.

자식들을 먹여 살리신 강하고 진실한 손
굽은 손가락, 감자 같은 굽은 마디마디

고흐의 그림 속에서 우리 할머니가 떠오른다.

① 그림을 보고 느낀 감상을 각각 다른 형식의 글로 표현하였다.
② 이 글은 대상에 대해 설명하고 있으나, <보기>는 이야기를 풀어놓듯이 썼다.
③ 이 글은 친근한 말로 쉽게 서술하였으나, <보기>는 딱딱한 한자어를 많이 썼다.
④ 이 글이 예술 작품의 의미를 분석했다면, <보기>는 자신의 정서를 바탕으로 썼다.
⑤ <보기>에서 '감은 손가락', '굽은 마디마디'는 이 글에서 글쓴이가 말한 '힘든 노동'을 상징한다.

해설 이 글과 <보기>는 모두 고흐의 '감자 먹는 사람들을 화제로 하고 있어여 각각 '비평문과 '시'라는 다른 형식으로 쓰였다. (보기)는 이야기를 풀어놓듯이 쓰여 일상어를 많이 사용하고 있는데 이 글은 한자어가 상대적으로 많이 쓰였다. 따라서 (3은 이 글과 (보기)에 대한 설명이 뒤바뀌었다.

[A] 본문 (읽기 지문)

1 하이든(1732~1809)은 4악장의 교향곡* 형식을 완성하였으며 100곡이 넘는 많은 교향곡을 남겼다. 그래서 '교향곡의 아버지'라고 불린다. 그중에 교향곡 45번 「고별」은 독특한 독특하기로 유명하다. ㉠이 곡은 하이든이 제자와 인간미를 더 돋보이게 한다.

2 음체 예술가들은 귀족 가운데 후원을 받아 예술 활동을 하는 경우가 많았다. 하이든도 에스테르하지 후작*의 도움을 받아 궁의 음악가로 단정으로 근무하며 많은 곡을 작곡했다. 에스테르하지 후작은 음악을 정말 사랑했던 후 유 궁전은 본든 아이마아한 별궁을 옮가기에 짓고 봄부터 가을까지 자기서 지내기 보냈다. 이 기간 동안 교향곡과 열린 음악회를 조대해 음악회를 즐겼다.

3 하이든은 이런 단원들을 인타깝게 여기다 도와줄 수 있는 방법이 없을까 생각했다. 마침내 그는 한 가지 ㉡요.....

[A] 구역 부분

㉮ 하이든은 새로운 교향곡을 작곡했다. 드디어 새로 작곡한 곡을 연주하는 날이 왔다. 보통 그의 교향 곡은 느리고 빠른 네 부분으로 구성되는데, 2악장은 느리고 서정적인 곡으로, 3악장은 우아하고 빠른 춤곡으로, 4악장은 빠르고 경쾌한 음악으로 끝났다.

그런데 이 곡은 좀 특이하였다. 4악장에 이르러 갑자기 잔잔한 연주로 바뀌면서, 악기 연주자들이 한 명씩 연주를 멈추더니 자기 보면대의 촛불을 끄고 차례로 퇴장하는 것이었다. 그리고 최후에는 지휘자은 하이든과 바이올린 주자만 무대에 남았다.

이 곡을 다 듣고 ㉢미소를 짓었다. 그리고 다음 날 음악단 단원 모두에게 휴가를 내렸다.

4 나중에 ㉮이 곡 작별한다는 뜻이 '고별 교향곡'이라는 제목이 붙게 되었다. 그러나 ㉯이런 이유 때문이 아니더라도, 이 곡은 음악적으로도 뛰어났다. ㉰마지막 악장이 이반적인 형식을 벗어나 독창적으로 만들어 정음에도 불구하고, ㉱4개의 모든 악장이 아름답고 웅장한 악기의 선율을 변함이 들려주기 때문이다. 이행 듯 ㉲하이든은 제자와 인간미를 갖춘 위대한 음악가이다.

* 교향곡 : 관악기, 타악기, 현악기 등로 함께 연주하려고 만든 긴 곡. 보통 4악장으로 되어 있음.
* 후작 : 옛날에 유럽에서 귀족을 다섯 등급으로 나눈 것 가운데 둘째. 공작, 후작, 백작, 자작, 남작의 순이다.

문제를 활용하여 추론하기

1 ㉠과 같이 말한 이유로 적절한 것은? (②)

① 음악을 사랑하는 마음을 느낄 수 있기 때문에
② 다른 사람의 어려움을 외면하지 않았기 때문에
③ 매일 음악회를 열 만큼 열정적으로 일했기 때문에
④ 수많은 교향곡을 만들고도 잘난 척하지 않았기 때문에
⑤ 긴 시간 동안 휴가 없이 일해도 불평하지 않았기 때문에

해설 교향곡 45번 「고별」에서 하이든이 '인간미'를 느낄 수 있었던 이유는 그 곡을 작곡한 동기와 관련된다. 하이든은 오 랫동안 가족과 떨어져 살게 된 단원들을 가엾게 여겨 이 곡을 작곡했는데, 이는 단원들의 어려움을 외면하지 않고 해결하려는 마음에서 비롯된 것이다.

문제를 활용하여 추론하기

2 ㉡의 내용으로 적절한 것은? (④)

① 음악으로 에스테르하지 후작의 괴팍한 성격을 훈내 내려고 해.
② 이번 기회에 그동안 감추어 왔던 나의 음악적 재능을 보여 줘야겠어.
③ 이번 기회에 내가 그동안 해 왔던 교향곡 작곡 방식을 완전히 바꿔야겠어.
④ 후작의 기분을 상하게 하지 않으면서 음악을 통해 단원들의 요구를 전해야겠어.
⑤ 오랫동안 가족을 만나지 못한 단원들의 인타까움을 내가 후작에게 직접 말해야겠어.

해설 ㉡ 뒤에 이어지는 [A]의 내용을 단서로 문맥을 파악해 보면, 후작이 음악을 다 듣고 단원 모두에게 휴가를 내려 준 다는 것을 알 수 있다. 따라서 ㉡은 음악던 단원들이 요구를 했던 후작이 암시적으로 전하여 전하이 않아지리로록 해야겠다는 생각임을 추측할 수 있다.

문제를 바꿔 표현하기

3 [A]에 제시된 일화를 연극으로 바꾸기 위해 학생들이 토의한 내용이다. 적절하지 않은 것은? (③)

① 은하: 하이든이 악장이 있으니, 지휘도 맡았을 거야. 그럼 마지막까지 무대에 남아야지.
② 해솔: 햇날에는 전기가 없어서 촛불을 켜고 연주했으니, 촛불을 끄고 퇴장했을 거야. 촛불은 위험하니 작은 램프로 대신하면 어떨까?
③ 해정: 느린 음악이 나오면 지휘자와 바이올린 연주자만 남기고 모두 한꺼번에 우르르 나가야 해. 남아지지 않게 조심해.
④ 이자: 교향곡을 다 듣은 후작의 대사로는, "(깨닫은 듯이) 아, 내가 단원들 휴가를 보내 주지 않았구나."를 넣으려고 해.
⑤ 봉순: 마지막 부분에는 음악던 모든 단원들이 모두 가방을 싸고 기쁜 마음으로 고향 집으로 돌아하 는 장면을 넣으면 좋겠어.

해설 '악기 연주자들이 한 명씩 연주를 멈추더니 자기 보면대의 촛불을 끄고 차례로 퇴장하는' 것이기 때문에 '모두 한꺼번에 우르르 해 는 듯이 해는 토의 내용으로 적절하지 않다.

중심 내용 파악하기

4 ㉮~㉲ 중 4 문단에서 가장 중요한 내용에 해당하는 것은? (⑤)

① ㉮　② ㉯　③ ㉰　④ ㉱　⑤ ㉲

해설 각 문단마다 중심 문장이 있는데, ④문단의 중심 문장에 해당하는 것은 ㉲이다. 이는 이 글 전체의 주제와도 관련이 있다.

어휘 익히기

1 단어 뜻 알기

다음 빈칸에 들어갈 알맞은 단어를 〈보기〉에서 찾아 쓰시오.

보기

| 후원 | 요인 | 보면대 | 일화 |

1. 고양이는 쥐구멍에 숨은 생쥐를 잡을 ( )이/가 비오로지 않았다.
뜻 문제를 풀 뛰어나게 좋은 생각.

2. 지휘자는 지휘봉을 (보면대)에 탁탁 두드리며 연주하라고 했다.
뜻 음악을 연주할 때 악보를 펼쳐서 놓고 보는 대.

3. 연말이면 우리 학교 학생들은 불우 이웃 돕기 성금을 모아 보육원을 (후원)한다.
뜻 사람이나 일을 뒤에서 돕는 것.

4. 그 가수는 어린 시절 막 데뷔했을 때 겪었던 (일화)을/를 재미있게 이야기했다.
뜻 널리 알려지지 않은 흥미로운 이야기.

2 관용 표현 알기

다음 빈칸에 알맞은 말을 쓰시오.

"다람쥐 쳇 바 퀴 돌듯"

음악을 정말 사랑했던 후주의 별궁에서 지내는 6개월 동안은 매일 손님을 조대해 음악회를 열었다. 이 기간 동안 단원들은 가족들을 만나거나 자유 수도 없이 연주만 하였다. 이 속담은 이처럼 앞으로 나아가지 못하고 제자리에서만 맴도는 것 처럼, 또는 앞으로 나아가거나 발전하지 못할 때를 뜻한다.

3 한자어 익히기

다음 한자어를 소리 내어 읽고 빈칸에 따라 쓰시오.

告 알릴 고   別 헤어질 별

告別
알릴 고 헤어질 별

告別
알릴 고 헤어질 별

비유적·함축적 표현의 의미 파악하기

5 ⓒ에 암시하는 내용으로 적절한 것은? (②)

① 재미있는 다른 교향곡들을 떠올리며 즐거워했다.
② 교향곡을 만든 의도를 이해하고 기발한 재치에 감탄했다.
③ 악단이 극을 맞진 것을 알고 화가 나서 헛웃음이 나왔다.
④ 음악이 주는 교훈이 이럴 적 처럼 잘못을 반성했다.
⑤ 4개의 악장이 엄마나 다양하게 연주되는지 놀라서 미소가 나왔다.

글의 내용을 도식으로 표현하기

6 이 글을 읽고 〈보기〉와 같은 발표 자료를 만들려고 한다. 빈칸에 들어갈 내용을 찾아 쓰시오.

보기

| 제1악장 | 제2악장 | 제3악장 | 제4악장 |
| 소나타 형식의 빠른 악장 | (느리고 서정적인) 악장 | 우아하고 빠른 ( ) 악장 | 빠르고 경쾌한 악장 |

통합적인 재구성하기

7 이 글이 「고별 교향곡」과 〈보기〉의 「미천루: 브뤼주의 고래」 두 예술 활동에 깃든 공통된 생각으로 적절한 것은? (③)

보기

▲ 스튜디오 KCA, 「미천루: 브뤼주의 고래」

① 예술가의 작업은 후대의 작가들에게 큰 영향을 끼친다.
② 예술가는 어떤 재료로도 훌륭한 작품을 만들어 낼 수 있어야 한다.
③ 예술 작품을 통해 사회적이 일어나는 감동이나 문제를 해결할 수 있다.
④ 예술가는 다른 사람의 후원이 없으면 위대한 작품을 만들어 낼 수 없다.
⑤ 예술은 고귀한 것이고, 사회에서 일어나는 감동이나 문제는 하찮은 것이다.

ERI 지수 762 예술 | 미술

1 현재까지 발견된 그림 중 가장 오래된 것은 구석기 시대에 만들어진 동굴 벽화이다. 1879년 스페인의 한 고고학자는 딸과 함께 '알타미라 동굴'을 탐험했다. 동굴의 천장이 낮았기 때문에, ㉠아버지는 그림을 보지 못했다. 그러나 여섯 살 아이가 동굴 천장에 그려진 어마어마한 그림들을 발견하게 된다. 그림에는 멧돼지, 말, 이리, 그리고 수많은 들소가 살아 움직이듯이 다양한 색으로 실감 나게 그려져 있었다. 바위의 들어가고 나온 결을 살려 자연스럽게 그린 뛰어난 솜씨였다. 당시 고고학자들은 이렇게 생생한 그림들이 선사 시대에 그려졌을 리가 없다며 가짜라고 했다. 그리고 더 이상의 조사가 이루어지지 않았다.
➡ 알타미라 동굴 벽화의 발견과 당시의 평가

2 그로부터 60여 년이 지난 1940년, 프랑스의 '라스코 동굴'에서 잃어버린 개를 찾던 두 명의 소년이 우연히 수천 점의 동물 그림을 발견했다. 스페인의 알타미라 동굴에 이어, 라스코 동굴에서도 동물 벽화가 또 발견된 것이다. ㉡그제야 발굴단은 다시 조사에 들어갔다.
➡ 라스코 동굴 벽화의 발견

(발굴: 땅속에 묻힌 것을 파내는 것.)

3 이들 동굴 벽화에 채색된 광물질을 조사한 결과, 이 두 벽화는 약 1만~2만 년 전에 그려진 진짜로 밝혀졌다. 당시 과학자들은 벽화가 이렇게 오랫동안 잘 보존된 것에 놀랐다. 아마도 과거에는 지하로 통하는 동굴 입구가 막혀 있어서 사람의 출입이 없었기 때문이었을 것이다. 그러나 그 이후로 방문객이 갑자기 많아지면서, ㉢세균의 번식으로 인해 벽화가 조금씩 훼손되고 있다.
➡ 두 동굴 벽화의 제작 시기와 보존 이유

(광물질: 금, 은, 철, 석탄처럼 땅속에 묻혀 있는 물질인 광물로 된 물질. / 훼손: 물건을 함부로 다루어 깨지거나 상해서 못 쓰게 만드는 것.)

4 그렇다면 원시인들이 들소, 멧돼지 등 동물들을 그린 이유는 무엇일까? 원시인들은 사냥으로 먹고살았으며 들소와 같은 동물들이 주된 식량이었다. 따라서 들소를 잡는 것은 부족들에게 가장 중요한 일이므로, 사냥에서 성공하기를 빌었을 것이다. 원시인들은 그림 속에 영혼이 있다고 믿는다. 그래서 동굴 벽에 들소를 그림으로써 그 들소의 영혼을 빼앗고 또 잡을 수 있다고 믿었던 것이다. 또한 들소들이 움직이거나 죽는 모습이 매우 생생하게 그려져 있으며, 어떤 것에는 실제 창으로 찌른 자국들이 남아 있다. 이것을 보면 그림 속의 들소를 찌르면서 공포를 없애고 용기를 키웠음을 알 수 있다.
➡ 원시인들이 동굴 벽에 동물들을 그린 이유

5 이처럼 선사 시대 원시인들이 벽에 동물을 그린 것은 예술 활동이라기보다는 많은 사냥감을 얻도록 소원을 비는 행위이다. 즉 그림 그리는 행위를 함으로써 보이지 않는 신에게 실제로 그런 일이 이루어지도록 비는 제사 의식에 ㉣가깝다. 따라서 동굴 벽화는 원시인들의 기원이 담긴 그림이라고 할 수 있다.
➡ 원시 시대 동굴 벽화의 의미

(기원: 바라는 일을 이뤄 달라고 비는 것.)

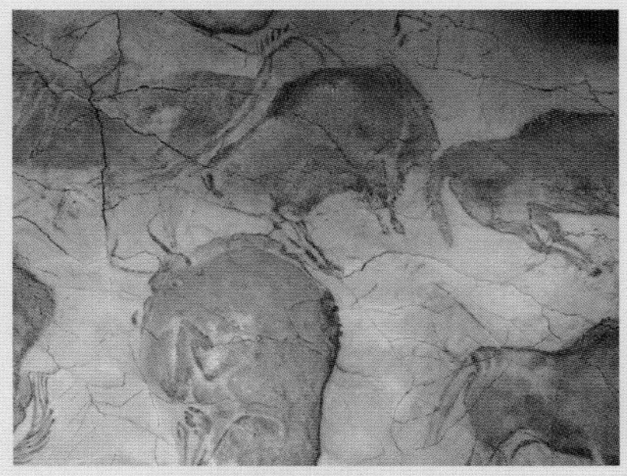
▲ 알타미라 동굴 벽화

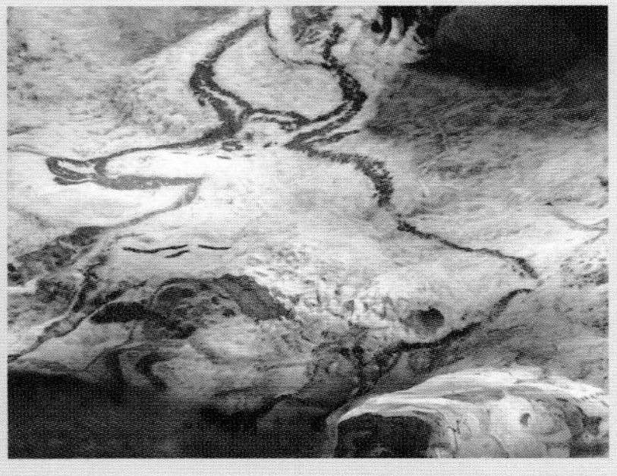
▲ 라스코 동굴 벽화

중심 내용 파악하기

1 1~5문단의 중심 내용을 제시한 것으로 적절하지 않은 것은? (②)

문단	중심 내용
1	알타미라 동굴 벽화의 발견과 당시의 평가 ······ ①
2	라스코 동굴 벽화에 얽힌 전설 ······ ②
3	두 동굴 벽화의 제작 시기와 보존 이유 ······ ③
4	원시인들이 동굴 벽에 동물들을 그린 이유 ······ ④
5	원시 시대 동굴 벽화의 의미 ······ ⑤

해설 2문단은 라스코 동굴 벽화의 우연한 발견에 대한 내용으로 '전설'과는 관련이 없다.

내용 전개 방식 파악하기

2 이 글의 논지 전개 방식에 대한 설명으로 적절하지 않은 것은? (①)

① 1~2문단은 글쓴이의 추론을 중심으로, 3~5문단은 사실을 중심으로 서술하였다.
② 3문단은 동굴 벽화를 조사한 결과와 동굴 벽화가 보존이 잘된 이유를 분석하였다.
③ 4문단은 먼저 질문을 제시하고 그에 대한 답을 찾는 방식으로 설명하였다.
④ 5문단의 시작하는 말, '이처럼'은 앞에 나온 내용을 이어받는 역할을 한다.
⑤ 5문단은 화제인 '동굴 벽화'의 의미를 정의하며 글을 마무리하고 있다.

해설 1~2문단은 알타미라 동굴 벽화와 라스코 동굴 벽화가 발견된 사실을 소개하고 있고, 3~5문단은 동굴 벽화의 기능에 대한 글쓴이의 생각을 중심으로 서술하였다. 따라서 ①이 적절하지 않다.

배경지식을 활용하여 추론하기

3 ㉠을 통해 추측할 수 있는 내용으로 적절한 것은? (④)

① 아버지는 실력이 부족한 고고학자였을 것이다.
② 아버지는 평소 천장을 잘 올려다보지 않았을 것이다.
③ 아버지와 딸은 누가 더 빨리 그림을 찾나 경쟁했을 것이다.
④ 천장이 낮아서 아버지는 고개를 숙이느라 앞만 보았을 것이다.
⑤ 동물들 그림이어서 어른보다는 어린아이가 더 좋아했을 것이다.

해설 ㉠ 앞의 '동굴의 천장이 낮았기 때문에'라는 단서를 통해 아버지가 고고학자인데도 왜 아버지가 아니라 딸이 먼저 벽화를 발견했는지를 추론할 수 있다. 즉 키가 큰 성인은 천장이 낮기 때문에 고개를 숙이고 걷느라 앞만 보고 천장을 잘 보지 못했을 것임을 추측할 수 있다.

문맥을 활용하여 추론하기

4 ㉡의 이유로 적절한 것은? (⑤)

① 나중에 발견된 곳에 동물 그림이 더 많았기 때문에
② 두 명의 소년과 개 한 마리가 동굴에서 실종되었기 때문에
③ 최초 발견에서 60년이 지나서야 발굴단에게 시간이 생겼기 때문에
④ 동굴 벽화에 채색된 광물질이 몇만 년 전 것으로 판명되었기 때문에
⑤ 가짜라고 생각했던 선사 시대의 동굴 벽화가 연이어 발견되었기 때문에

해설 1문단의 '더 이상의 조사가 이루어지지 않았다.'에서 조사가 멈췄음을, ㉡의 바로 앞에 나온 문장을 통해 동물 벽화가 '연이어' 발굴되었음을 알 수 있다. 따라서 '그제야' 다시 조사에 들어갔음을 짐작할 수 있다.

어휘 익히기

1 ─ 단어 뜻 읽기

다음 빈칸에 들어갈 알맞은 단어를 〈보기〉에서 찾아 쓰시오.

보기

발굴	광물질	훼손	기원

1. 역사 속에 숨기가 들어가는 바람에 그림이 (훼손)되었다.
   뜻 | 물건을 함부로 다루어 깨지거나 상해서 못 쓰게 만드는 것.

2. 요즘도 경주에서는 신라 시대 유적을 (발굴)하고 있다.
   뜻 | 땅속에 묻힌 것을 파내는 것.

3. 우리 몸에 필요한 영양소에는 다양한 (광물질)도 포함된다.
   뜻 | 금, 은, 철, 석탄처럼 땅속에 묻혀 있는 물질이 광물로 된 물질.

4. 오랜 가뭄으로 고생한 농부들은 비가 내리기를 간절히 (기원)했다.
   뜻 | 바라는 일을 이뤄 달라고 비는 것.

2 ─ 관용 표현 읽기

다음 빈칸에 들어갈 사자성어를 쓰시오.

"갑론을박"

알타미라 동굴 벽화를 발견한 당시 고고학자들은 이렇게 생생한 그림들이 선사 시대에 그려졌을 리가 없다며 가짜라고 했다. 이 사자성어는 "갑(甲)이 논(論)을 하면 을(乙)이 반박(駁)한다"는 뜻으로, 이처럼 서로 다른 의견을 내세우는 상황을 말한다.

한자	뜻	음
甲	첫째	갑
論	논하다	론
乙	둘째	을
駁	논박하다	박

3 ─ 한자어 익히기

다음 한자어를 소리 내어 읽고 빈칸에 따라 쓰시오.

原	始
근원 원	처음 시

原	始
근원 원	처음 시

원시(原始): 시작하는 처음. 처음 시작된 그대로 미개한 것은 아니다.
- 원시 시대 사람들은 ~
- 부락들이 아마른 일째에는 원시 부족이 여전히 산다.
- 동물들을 신으로 숭배하는 것은 원시 신앙이 한 형태이다.

---

5 문제 해결 방법 찾기

〈보기〉를 참고로 하여, ㉢의 문제에 대한 '진단과 해결책을 제시한 것으로 적절하지 않은 것은? (②)

보기

국립 수목원은 돌로 만들어진 문화재를 보호하기 위해, 돌에 살고 있는 지의류를 조사하기로 했다. 지의류는 이끼처럼 광합성을 하지만 이끼는 아니고, 일종의 곰팡이이다.

① 지의류는 암석 재질을 바꾸어 놓는 것이다.
② 곰팡이는 암석 재질을 위하여 만들어 암석의 벗겨짐, 닳아 없어짐, 갈라짐, 시키도록 해 물질을 등을 생기게 한다. 특히 밀폐된 장소에 붙는 암석 재질의 문화재에 붙는 관광객이 내뱉는 이산화 탄소나 작은 숨기로도 잘 생존한다.

① 관광객들의 출입을 제한하는 구성을 정해서 암석 벽화를 보호해야 한다.
② 곰팡이 제거를 위한 약품을 변화에 발라 관광객이나 변색을 막아야 한다.
③ 관광객들이 내뱉는 호흡에서 이산화 탄소가 생겨 곰팡이나 이끼가 번식할 수 있다.
④ 밀폐 전에는 동굴 입구가 막혀 건조한 상태를 유지했으므로 곰팡이가 없었을 것이다.
⑤ 관광객들의 방문이 많아지면 동굴 입구로부터 숨기가 들어와 곰팡이가 생길 수 있다.

6 단어의 의미 파악하기

다음 밑줄 친 단어 중 ⓐ과 같은 뜻으로 쓰인 것은? (①)

① 참새는 하는 짓이 오리에 꼭 어린이에 가깝다.
② 우리 집은 학교에서 가까운 거리에 있다.
③ 알아나 보니, 시간이 벌써 정오에 가깝다.
④ 나는 그와 형제처럼 가까워서 친하게 만난다.
⑤ 두 사람은 아마도 가까운 미래에 결혼할 것이다.

7 내용의 타당성 평가하기

다음 질문에 대한 답을 이 글에서 찾아 정리하여 쓰고, '당시 고고학자들'과 '뮬손이'의 각 주장이 적절하면 ○표, 적절하지 않으면 ✕표 하시오.

(1) 당시 고고학자들이 알타미라 동굴의 벽화를 가짜라고 주장한 근거는 무엇인가?

↑ 당시 고고학자들의 주장의 적절성   ✕

(2) 뮬손이가 그림 속의 뮬소를 제단면서 공포를 없애고 용기를 가졌을 것이라고 주장한 근거는 무엇인가?

↑ 뮬손이 주장의 적절성   ○

1 '머피의 법칙'이라는 말은 많은 미국의 공군 대위 머피의 이야기에서 시작되었다. 그는 어떤 실험을 하다가 연달아 실패를 하게 되었는데, 그 실패가 매우 사소한 것에서 시작되었다는 것을 깨달았다. 그래서 그는 부하들에게 이런 사소한 것이라도 문제로 발전할 수 있으므로, 항상 조심하고 대비하는 것이 중요하다고 말했다.

→ '머피의 법칙'이라는 말이 생겨난 유래

2 그런데 '머피의 법칙'이라는 말은 머피 대위가 한 말과는 다른 뜻으로 쓰인다. '머피의 법칙'은 생활 속에서 일이 좋은 쪽으로 풀리지 않고 꼬일 때, '머피의 법칙'이라는 말을 쓴다. 흔히 사람들은 자기에게는 좋지 않은 일만 잘 생긴다고 생각하며 이런 일으로 쓸 수 있는 사소한 것을 쉽게 넘긴다. 그래서 문제를 일으킬 것이라고 생각하지 않는다. 그래서 문제를 일으킬 수 있는 사소한 것을 쉽게 넘긴다. 그 리고도 운이 나쁘다고 한다. 예를 들면, 식빵의 잼 바른 면이 바닥에 떨어질 떨어질 운이 나빠서 그럴 걸까?

→ '머피의 법칙'이라는 말이 사용되는 상황

3 식빵이 떨어지는 데는 여러 가지 조건이 영향을 미친다. '빵을 잡아당기는 중력, 식탁 높이, 빵의 크기, 빵이 떨어지는 각도' 등이 그것이다. 식빵의 두 면 중 어떤 면이 바닥에 떨어질까? 식빵도 동전처럼 앞 면과 뒷면이 있다고 하자. 이것을 확률로 표현하면, 앞면으로 떨어지는 경우 50%, 뒷면으로 떨어지는 경우 50%이다. 그런데 밑면이 앞면에 잼을 발랐다면, 그리고 식빵에서 앞면에 잼을 발랐다면, 앞면과 밑면이 바닥으로 떨어지는 확률은 같지 않다. '잼의 무게', '잼 바른 면을 위로 두 것' 등과 같은 사소한 조건들이 추가되어 확률이 달라지기 때문 이다.

→ 식빵의 잼 바른 면이 바닥에 떨어질 확률에 담당하는 요소들

4 과학자들은 이 조건들을 공식에 넣어 계산해 보았다. 그랬더니 잼 바른 면을 위로 놓은 상태에서 떨어지면 식빵이 약 180°를 회전하고 잼 바른 면이 뒤집혀서 땅바닥을 향해 떨어진다는 결과를 얻었다. 식빵은 약 '반 바퀴' 즉 180°를 회전하고 잼 바른 면이 뒤집혀서 땅바닥을 향해 떨어진다는 결과를 얻었다. 식빵은 약 '반 바퀴'로도 확률이 높은 셈이다. 그런데 영국의 한 방송에서 실제로 실험을 해 보았다. 잼 바른 식빵을 무려 9,821번이나 식탁 위에서 식탁 위에서 떨어뜨렸는데, 어느 잼을 바르지 않은 잼을 떨어질 때의 확률이 50%보다 높다. 이렇게 실제 경험을 통해 연은 확률이나 모두 잼 바른 면이 바닥으로 떨어질 확률이 더 높았다. 단지 운이 나빠서 그렇게 될 것이 아니다. 그러므로 잼을 발랐다면 더 조심해야 한다.

→ 잼 바른 면이 바닥에 떨어질 확률이 높아진

5 이와 같이, 우연처럼 보이는 현상도 그 뒤에 확률이 숨어 있다. 따라서 운이 나빠서 나에게만 나쁜 일이 일어난다고 생각하지 않은 현상의 점 연할 짓는 것은 옳지 않다. 나쁜 일이 생길 수 있는 조건이 있는지를 살펴보고 만일의 사태에 대비하는 태도의 중요성 남 가능성을 예측하고 확률을 살펴 대비하는 것이 더 중요하다.

주제 파악하기

1 이 글의 주제로 적절한 것은? (④)

① 수학자도 부지런해야 확률을 구할 수 있다.
② 수학적 공식으로 모든 현상을 다 계산할 수 있다.
③ 머피의 법칙은 우연의 일치이므로 신경 쓸 필요가 없다.
④ 머피의 법칙을 피하려면 실수를 예측하고 대비해야 한다.
⑤ 경험으로 얻은 확률이 계산으로 얻은 확률보다 더 정확하다.

해설 1문단에서 머피는 엇단 실패가 매우 사소한 것에서 시작된다는 것을 깨달았다고 하였고, 5문단에서 운이 나빠서 자신에게만 나쁜 일이 일어난다고 생각하지 말고 나쁜 일이 일어날 가능성을 예측하고 대비하는 것이 더 중요하다고 하였다.

중심 내용 파악하기

2 1~5 문단의 중심 내용으로 적절하지 않은 것은? (②)

① 1 : '머피의 법칙'이라는 말이 생겨난 유래
② 2 : 잼 바른 식빵을 먹을 때의 식탁 예절
③ 3 : 식빵의 잼 바른 면이 바닥에 떨어질 확률을 결정하는 요소들
④ 4 : 식빵의 잼 바른 면이 바닥에 떨어지는 경우의 확률값
⑤ 5 : 운을 탓하기보다 확률을 살펴 대비하는 태도의 중요성

해설 각 문단의 중심 내용을 찾을 때는 글쓴이가 하려는 가장 중요한 말이 무엇인지를 생각해야 하며, 그 말이 전체 글의 흐름에 맞는 것이어야 한다. 2문단의 사람들이 실제로 운이 나빠서라고 생각하는 경향이 있음을 제시하고, 그 예 로 잼 바른 식빵을 떨어뜨리는 경우를 들고 있다. 따라서 식탁 예절에 대해서 말한 것이 아니다.

내용 적용하기

3 다음 중 '머피의 법칙'이라고 말할 만한 예가 아닌 것은? (①)

① 반가가 지면 꼭 전등도 따라온다.
② 내가 쓰려고 하면 기계가 고장이 난다.
③ 친구랑 축구를 하기로 약속한 날 비가 온다.
④ 내가 줄을 선 곳이 늘 늦게 줄어든다.
⑤ 하필 공부하지 않은 부분에서 시험 문제가 나온다.

해설 1문단에서 '생활 속에서 일이 좋은 쪽에 잘 풀리지 않고 꼬일 때, 머피의 법칙에 빠졌다.'라는 말을 쓴다.'라고 하였다. 다른 것들은 모두 일이 잘 풀리지 않고 꼬이는 상황이지만, ①의 경우는 번개가 친 뒤에 천둥이 이어지는 것이 당연한 자연 현상이므로 머피의 법칙과는 거리가 멀다.

질문에 대한 답하기

4 1~2 문단을 읽고 다음 질문에 대한 답변을 찾아 나아갈 때, 빈칸에 들어갈 말을 쓰시오.

왜 하필 나에게만 안 좋은 일이 일어날까?

(예 자신만 재수가 없다고 생각한다. / 자신만 운이 나쁘다고 생각한다.)

해설 실제로 매우 사소한 곳에서 시작될 수 있다. → 그런데 사람들은 자기가 실패할 것이라고 잘 생 각하지 않는다. → 그래서 사소한 것을 쉽게 넘어가거나 발견하지 못한다. → 그 결과, 운이 나빴다고 생각한다. 2문단을 보면 사람들은 '운이 나빠서' 그러므로 운이 나쁘고 한 다.'라는 부분에 대한 답임을 알 수 있다.

1 단어 뜻 알기

다음 빈칸에 들어갈 알맞은 단어를 〈보기〉에서 찾아 쓰시오.

보기: 사소하다   증력   확률   우연

1. 물건이 위에서 아래로 떨어지는 것은 (   )이/가 작용하기 때문이다.
   뜻 지구 위에 있는 모든 것을 지구 중심으로 끌어당기는 힘.

2. 미국의 항공 우주국은 소행성이 지구와 충돌할 (확률)을 ( )톤/는 2700분의 1이라고 발표했다.
   뜻 어떤 일이 일어날 가능성을 수로 나타낸 것.

3. PC방에서 나오는데 선생님을 딱 마주친 건 (우연)의 일치였다.
   뜻 뜻하지 않은 일이 저절로 닥치는 것. 또는 그 뜻밖의 일.

4. 이 일은 일상생활에서 흔히 겪는 (사소한) 실수일 뿐이다.
   뜻 보잘것없이 작거나 적다.

2 관용 표현 알기

다음 빈칸에 알맞은 사자성어를 쓰시오.

"설 상 가 상"

한자	뜻	음
雪	눈	설
上	위	상
加	더하다	가
霜	서리	상

사람들은 일이 잘 풀리지 않고 계속해서 꼬이면, 제수가 없다고 생각하며 '머피의 법칙'이 빠졌다고 푸념한다. 이 사자성어는 눈 위에 또 서리가 내린다는 뜻으로, 좋지 않은 일이 겹쳐 발생함을 이르는 말이다.

3 한자어 익히기

다음 한자어를 소리 내어 읽고 빈칸에 따라 쓰시오.

對備
對 대할 대 / 備 준비할 비

대비(對備): 앞일을 미리 헤아려 준비하는 것.
• 흉수에 대비하여 양식을 미리 넣어 두어야 한다.
• 지구 온난화에 대비하려면 탄소 배출량을 줄여야 한다.
• 유비무환이란 어떤 일이 닥칠 것을 대비하면 걱정이 없다는 뜻이다.

對備 / 대할 대 / 준비할 비

對備 / 대할 대 / 준비할 비

생략된 내용 예측하기

5 ㉠ 뒤에 들어갈 말로 적절한 것은? (④)

① 아니면 불행이 표시일까?
② 아니면 마피의 법칙 때문일까?
③ 아니면 정험이 없어서 그런 걸까?
④ 아니면 이편 이유가 있는 것일까?
⑤ 아니면 제수가 나빠서 그런 걸까?

해설 이 글은 머피의 법칙에 대해 소개하고 있지만, 사실은 머피의 법칙이 단순한 우연이나, 아니면 과학적으로 혹은 논리적으로 이유와 원인이 있어서 예상할 수 있는 것인지를 묻고 있다. 그리고 글쓴이는 머피의 법칙은 우연이 아니라 원인이나 이유가 있는 것으로, 예상 가능한 확률이라고 말하고 있다. 따라서 ㉠ 뒤에는 ④가 들어가는 것이 문맥상 자연스럽다.

시각 자료와 글 관련지어 해석하기

6 이 글을 바탕으로 다음과 같이 잼 바른 식빵이 떨어지는 현상을 분석할 때, 적절하지 않은 것은? (③)

잼 바른 면 / 떨어짐 / 회전
식탁 높이 = 식빵 5개 길이에 해당

① 식빵을 잡아당기는 중력 때문에 땅으로 떨어진다.
② 잼 바른 식빵은 떨어지면서 약 반 바퀴를 회전하고 바닥에 닿는다.
③ 식빵의 잼 바른 면을 위로 두고 떨어뜨리면 항상 잼 바른 쪽이 바닥에 닿는다.
④ 잼 바른 면을 위로 두었느냐 아래로 두었느냐는 어느 면이 땅바닥에 떨어지느냐에 영향을 미친다.
⑤ 식탁 높이, 빵이 떨어지는 각도 등이 어느 면이 땅바닥에 떨어지느냐에 영향을 미친다.

해설 ❸~❹문단을 시각 자료로 표현한 금과 관련지어 이해할 수 있는지를 묻는 문항이다. ③의 경우는 ④문단에서 약 62%의 확률이라고 했으므로, '항상'이라고 하는 것은 적절하지 않다.

심화 문제에 대한 해결 방안 찾기

7 〈보기〉는 일기 예보에 대한 수학적 확률을 적용한 예이다. 빈칸에 알맞은 숫자를 쓰시오.

보기

일기 예보에서 내일 비가 올 확률이 80%라고 한다. 창고 지붕에 구멍이 나서 수리를 해야 할지 맞지 고민이다. 오늘 지붕을 미리 고치면 20만 원의 비용이 들어가지만, 수리를 하지 않고 지붕이 비올 경우 물건이 다 젖어 70만 원의 손해가 생긴다. 어떻게 하는 것이 이익일까?

지붕을 수리하지 않을 경우 생기는 '손해'	70만 원 × 80%(비 올 확률) = 56만 원
지붕을 수리할 경우 들어가는 '비용'	20만 원

↑ 비 올 확률이 80%나 되기 때문에, 비용을 비교해 보았을 때, 미리 수리를 하게 되면 (36)만 원을 아끼는 셈이 된다.

해설 수리를 하면 20만 원의 비용이 들어가지만, 비 올 확률이 80%라 되더라도 수리를 하지 않았다가 비가 오면 56만 원의 손해가 생긴다. 따라서 수학적으로는 수리를 하게 되면 56만 원-20만 원=36만 원을 아끼는 셈이 된다.

05회 읽기 방법 익히기

❶ 비유적·함축적 표현의 의미 파악하기

글에 비유적 표현과 함축적 표현을 적절하게 사용하면 글이 훨씬 생생하게 느껴지고, 독자에게는 상상할 수 있는 재미를 준다. 비유적 표현이란 직유법, 은유법, 의인법 등 수사법을 사용하는 것을 말한다. 함축적 표현은 수사법을 사용하지 않아도 어떤 의도나 다른 뜻을 숨기고 있는 것을 말한다. 보통 글에 나타난 단서나 정황지식을 이용하면 숨은 뜻을 추측한다.

★ 글에서 비유적·함축적 표현을 찾으려면,
(1) 비유를 보든 대상의 특징이나 속성(성격)을 파악하여 숨은 속뜻을 짐작한다.
(2) 문맥을 따져 어떤 장면(상황)에서 그 말이 쓰였는지 파악한다.
(3) 비유나 함축어 사용된 표현의 속뜻을 풀어서 그 자리에 대신 넣어 본다.
(4) 문맥에 맞게 자연스럽게 어울리는지 판단한다.

1 다음 글에 사용된 비유적 표현과 함축적 표현을 찾고 그 의미를 쓰시오.

음악을 정말 사랑했던 후작은 빈궁에서 지내는 6개월 동안은 메이강이 손님들을 초대해 음악회를 열었다. 이 기간 동안 고향과 멀리 떨어진 빈궁에서 연구를 해야 했던 단원들은 가족들을 만나려 갈 수 없었다. 1772년에는 여름 궁전에 머무는 기간이 두 달이나 더 길어졌다. 평소에도 오랫동안 가족과 떨어져 개미처럼 일하던 단원들은 불만이 하늘을 찔렀다. 그러나 후작 가문에서 월급을 받는 처지라, 어느 누구도 후작에게 대놓고 말할 수 없었다.

비유적 표현	불만이 하늘을 찔렀다.	→ 뜻: 불만이 매우 많았다.
함축적 표현	여름 궁전에 머무는 기간이 두 달이나 더 길어졌다.	→ 뜻: 평소 때보다 두 달이나 더 집에 가지 못했다.

해설 | '불만이 하늘을 찔렀다.'라는 표현은 불만이 매우 많았다는 의미이다. 또, '여름 궁전에 머무는 기간이 두 달이나 더 길어졌다'는 평소 때보다 두 달이나 더 집에 가지 못했다는 의미임을 추론할 수 있다.

2 다음 글을 읽고 물음에 답하시오.

산업 디자인에 대한 관심은 산업 혁명 이후 본격적으로 생겨났다. 산업 혁명 이전에는 제품을 만들 때 인간의 손으로 오랜 시간에 걸쳐 한두 개씩 만들었다. 그러다 보니 산업 혁명 이후에는 제품이 기계에 의해 생산되면서, 똑같은 모양의 상품이 대량으로 빠르게 만들어졌다.

이때 공장에서 모든 제품이 만들어지는 ㉡기계 만들주의가 결국은 생활 속의 아름다움을 파괴하게 될 것이라는 우려가 강해졌다. 그래서 산업 디자인이 필요하게 되었다. 물건을 얼마나 아름답게 만드느냐, 얼마나 편리하게 만드느냐, 얼마나 소비자 마음에 들게 만드느냐가 중요한 문제라는 것을 깨닫게 되었기 때문이다.

(1) ㉠의 비유적 표현에 들어 있는 속뜻을 쓰시오.

노력, 정성, 수고

해설 | '땀'은 일반적으로 노력, 정성, 수고 등을 의미한다. 이는 수사법 중 대유법에 속하는데, 대유법은 사물의 일부분이나 특징으로 전체를 나타내는 방법을 뜻한다.

(2) ㉡의 함축적 표현에 들어 있는 의미로 가장 적절한 것은? (②)

① 기계가 사람을 대신하여 모든 제품을 생산하게 될 것이다.
② 제품의 개성이 사라지고 모두 똑같은 제품을 사서 쓰게 될 것이다.
③ 제품이 대량으로 생산되면서 지구가 쓰레기로 몸살을 앓게 될 것이다.
④ 기계가 만든 제품을 사용하면 사람들의 얼굴도 기계처럼 변할 것이다.
⑤ 기계의 생산 능력이 뛰어나므로 사람들이 일자리를 빼앗길 것이다.

해설 | 기계 만들주의는 똑같은 제품의 대량 생산을 말하는데, 이 때문에 생활 속의 아름다움인 개성과 다양함이 사라짐을 우려하고 있다고 볼 수 있다.

3 다음 글의 밑줄 친 함축적 표현에 담긴 의미를 쓰시오.

「백조의 호수」는 러시아의 작곡가 차이콥스키가 작곡한 발레 음악으로, 세계의 발레 음악 중 아름다운 것으로 손꼽힌다. 그러나 1877년 처음 공연되었는 그리 환영받지 못했다. 그 당시 발레 공연에서 음악은 보조적 역할을 하는 데 머물렀다. 우아한 무용수의 춤을 돋보이게 받쳐 주기만 하면 되었다.

그런데 차이콥스키가 만든 「백조의 호수」 음악은 반주 정도가 아니었다. 그 자체로 완성도 높은 관현악곡이었다. 단순한 춤곡에 익숙했던 사람들은 차이콥스키의 춤곡이 어렵다며 다르고 어렵다며 연주를 거부했다. 그러나 차이콥스키의 음악이 만든 가름을 인정받았다.

▲ 「백조의 호수」 공연 모습

차이콥스키가 만든 곡을 싫어했다.

해설 | 1문단의 '그리 환영받지 못했다.'라는 단서와 전후 문맥을 통해 볼 때, '얼굴을 찌푸렸다'는 차이콥스키의 발레 음악을 싫어했다는 뜻이다.

2

다음 글을 읽고 물음에 답하시오.

동양과 서양의 인물화를 주장하는 여러 가지 면에서 다르다. 아래의 왼쪽 그림은 조선 시대 화가인 김명국이 그린 「달마도」이다. 단순하고 과감한 붓 자국의 인상적이며 진하고 연한 먹의 농도를 잘 사용했다. 또한 화려하게 채색하지 않고 먹색으로 표현하여 흐릿하게 정신세계를 잘 나타내고 있다. 이 그림은 달마 대사의 모습을 생긴 그대로 그린 것이 아니다. 달마 대사에 대한 전체적인 인상과 느낌 등을 중시하여 그 정신을 나타내려고 노력한 것이다.

이와 달리 오른쪽 그림은 홀바인이 그린 「헨리 8세」이다. 다양한 색을 사용하여 섬세하고 정교하게 인물을 그리고 있다. 왕의 위엄을 드러내기 위해 당당한 자세를 강조하고, 왕의 생김새와 복장, 화려한 옷과 모자, 여러 가지 장식 등을 사진처럼 정확하게 그리고 있다. 그렇기 때문에 서양에서는 객관적인 사실을 기록으로 남기는 방법으로 미술을 많이 이용했다.

이렇듯 과거에는 동양과 서양의 인물화는 그 차이가 비교적 뚜렷했다. 그러나 최근에는 그 차이가 거의 없어지고 있다.

▲ 김명국, 「달마도」(17세기)

▲ 홀바인, 「헨리 8세」(1540)

(1) 이 글에서 글쓴이의 주장을 찾아 쓰시오.

과거에는 동양과 서양의 인물화는 그 차이가 비교적 뚜렷했다.

(2) 주장을 뒷받침하기 위해 어떤 사례를 근거로 들었는지, 2가지를 찾아 쓰시오.

「달마도」, 「헨리 8세」

(3) 이 글의 설명 방식과 논증 과정의 타당성을 바르게 설명한 것을 골라 √ 표 하시오.

문제를 보여 주고 해결책을 제시하는 방식이 사용되었는 데, 그 과정이 타당해 보여.	'원인과 결과'를 설명하는 방식이 사용되었는데, 그 과정이 적절하지 않아 보여.	차이점을 중심으로 두 대상을 '대조'하는 방식이 사용되었 느데, 그 과정이 타당해 보여. (√)

( ) ( ) (√)

해설 이 글은 동양과 서양의 인물화는 그 차이가 뚜렷했다는 주장을 하기 위해, 동양의 「달마도」와 서양의 「헨리 8세」를 사례로 들어 동양과 서양의 인물화를 차이를 상세하게 설명하고 있다. 따라서 차이점을 중심으로 대상을 설명하는 대조의 방식이 사용되었으며 그 논증 과정은 타당하다고 할 수 있다.

---

❷ 논증의 타당성 평가하기

논설문이나 광고문과 같이 주장과 그 주장을 뒷받침하는 근거가 쉬워 있다. 글쓴이는 여러 가지 근거를 모아 자신의 주장을 정당하게 된다. 이때 적절한 근거로 이루어진 주장을 가지고 와서 의견이나 주장을 내세우는 것을 논증(논리적인 증명)이라고 한다. 논증의 과정이 타당해야 한다. 이를 위해서는 의견이나 주장이 이전이나 타당해야 하며, 이것을 뒷받침하는 근거가 적절한 것이어야 한다. 따라서 그 근거가 적절한지를 판단하며 읽어야 한다.

★ **논증의 타당성과 근거의 적절성을 평가하며 읽으려면,**

(1) 주장이 무엇인지 파악한다.

(2) 근거가 있는 주장인지, 아니면 근거 없이 단순히 의견만 내세우는지 파악한다.

(3) 주장에 대한 근거가 있다면 근거가 믿을 만한지, 출처가 분명한지 등을 판단한다.

(4) 근거가 주장을 뒷받침하기에 적절한 것인지 따져 본다.

1

다음 글을 읽고 글쓴이의 추론이 타당한지 평가해 보시오.

그렇다면 원시인들이 동굴, 벽 등에 동물들을 그린 이유는 무엇일까? 원시인들은 사냥으로 먹고살 있으며 동물로 같은 동물들이 주된 식량이었다. 따라서 동물을 잡는 것은 부족들에게 가장 중요한 일이므로, 사냥에서 성공하기를 바랐을 것이다. 원시인들은 그림 속에 영혼이 있다고 믿는다. 그래서 동물 벽에 동물을 그림으로써 그 동물을 붙잡을 수 있다고 믿었던 것이다. 또한 동물들이 음 직이거나 죽는 모습에 생생하게 그려져 있으며, 어떤 것에는 실제 창으로 찌른 자국들이 남아 있다. 이것을 보면 그림 속의 동물을 제트먼저 공격을 했고 믿었음을 알 수 있다.

(1) 주장과 근거를 찾아 다음과 같이 정리하시오.

• **주장 →** 원시인들은 동굴, 벽에 동물들을 그림으로써 동물들이 영혼을 빼앗어 또 잡을 수 있었다고 믿었다 고 믿었다.

• **근거 →** 동물 그림을 보며, 동물들이 음직이거나 죽는 모습이 매우 생생하게 그려져 있으며, 어떤 것에는 실제 창으로 찌른 자국들이 남아 있다.

(2) 근거가 주장을 뒷받침하기에 적절한지 평가하여 해당하는 것에 √ 표 하시오.

적절하다.	적절하지 않다.
√	

해설 이 글에서 글쓴이는 동굴 벽에 동물 그림으로써 동물을 잡을 수 있다고 믿었고, 그림 속의 동물을 제트먼저 공격을 했 어 동물 용기를 기원을 것이라고 추론한다. 그리고 그 근거로 실제 창으로 찌른 자국들이 남아 있는 동물 그림이 애를 들고 있다. 이를 바탕으로 추론이 타당성을 평가해 볼 수 있다.

47 정답과 해설

MEMO

정답과 해설

★ 주차별 읽기 방법을 생각하며 읽으면 더 큰 학습 효과를 얻을 수 있습니다.

7단계 심화	**❸ 주차** 학습 중

주장의 적절성 평가하기

글을 통해 문제 해결 방안 찾기

7단계 심화	**❹ 주차** 학습 중

비유적·함축적 표현의 의미 파악하기

논증의 타당성 평가하기

비유적·함축적 표현의 의미 파악하기

글에 비유적 표현과 함축적 표현을 적절하게 사용하면 글이 훨씬 생생하게 느껴지고, 독자에게는 상상할 수 있는 재미를 준다. 비유적 표현이란 직유법, 은유법, 의인법 등 수사법을 사용하는 것을 말한다. 함축적 표현은 수사법을 사용하지 않아도 행동, 상황, 말 속에 어떤 의도나 다른 뜻을 숨기고 있는 것을 말한다. 보통 글에 나타난 단서나 배경지식을 이용해 숨은 뜻을 추측한다.

★ 글에서 비유적 · 함축적 표현의 의미를 찾으려면,

❶ 비유를 든 대상의 특징이나 속성(성격)을 파악하여 속뜻을 짐작한다.

❷ 문맥을 따져 어떤 장면(상황)에서 그 말이 쓰였는지 파악한다.

❸ 비유나 함축이 사용된 표현의 속뜻을 풀어서 그 자리에 대신 넣어 본다.

❹ 문맥에 맞게 자연스럽게 어울리는지 판단한다.

주장의 적절성 평가하기

주장하는 글을 읽을 때는 글쓴이의 주장이 무엇인지, 또 글쓴이가 제시한 주장에 문제점은 없는지 판단하며 읽어야 한다. 서로 다른 의견을 가진 사람들이 각자 자신의 주장을 내세울 때, 의견 대립이 되는 주된 내용 또는 문제점을 '쟁점'이라고 한다. 예를 들어 짜장면을 먹을지, 국밥을 먹을지 다툰다면 '식사 메뉴'가 다툼의 쟁점이라고 할 수 있다.

쟁점에서 어느 쪽을 선택하느냐에 따라 글쓴이의 주장이 정해진다. 이때, 주장의 적절성을 파악하려면, 사회적으로 받아들일 만한 의견인지, 믿을 만한 근거에 의해 뒷받침되는지, 어느 한쪽에 치우치지 않고 공정한지 등을 판단해야 한다.

★ 주장이나 쟁점을 찾고 그 주장의 적절성을 평가하려면,

❶ 글에서 다루는 쟁점이 무엇이며, 글쓴이의 주장은 무엇인지 찾는다.

❷ 주장을 뒷받침하는 근거가 있는지 찾는다.

❸ 근거의 출처가 믿을 만하고 타당한지 판단하여 주장의 적절성을 평가한다.

논증의 타당성 평가하기

논설문이나 광고문과 같이 주장하는 글에는 주장과 그 주장을 뒷받침하는 근거가 섞여 있다. 글쓴이는 여러 가지 근거를 모아 밝혀지지 않은 부분을 추리하거나 자신의 의견을 주장하게 된다. 이때 적절한 근거 자료와 이유를 가지고 와서 의견이나 주장을 내세우는 것을 논증(논리적인 증명)이라고 한다.

논증의 과정은 타당해야 한다. 이를 위해서는 의견이나 주장이 타당해야 하며, 이것을 뒷받침하는 근거가 적절한 것이어야 한다. 따라서 의견이나 주장이 들어 있는 글을 읽을 때는 논증의 과정이 타당한지, 또 그 근거가 적절한지를 판단하며 읽어야 한다.

★ 논증의 타당성과 근거의 적절성을 평가하며 읽으려면,

❶ 주장이 무엇인지 파악한다.

❷ 근거가 있는 주장인지, 아니면 근거 없이 단순히 의견만 내세우는지 파악한다.

❸ 주장에 대한 근거가 있다면 근거가 믿을 만한지, 출처가 분명한지 등을 판단한다.

❹ 근거가 주장을 뒷받침하기에 적절한 것인지 따져 본다.

글을 통해 문제 해결 방안 찾기

글을 통해 문제에 대한 해결 방안을 찾는다는 것은 글 속에서 퀴즈나 문제의 답을 찾는다는 뜻이 아니라, 글을 읽을 때, 글과 관련하여 자신이 갖고 있던 삶의 고민이나 사회의 문제를 떠올리고 그에 대한 해결의 실마리를 생각하며 읽는 것을 말한다. 이를 위해서 독자는 글 내용을 자신의 삶이나 사회의 문제와 관련지으려는 적극적인 자세로 읽어야 한다.

★ 글을 통해 문제 해결 방안을 찾으려면,

❶ 글에서 자신이 평소 가지고 있던 문제(궁금증)와 연관된 부분을 발견한다.

❷ 글에서 제시하고 있는 생각이나 방안이 무엇인지 확인한다.

❸ 글에서 발견한 의미를 삶의 문제에 적용한다.

❹ 해결책(혹은 그 실마리)으로서 적절한지 생각한다.